李長貴編著

社會心理學

臺灣中華書局印行

社會心理學 目錄

第一篇　個人參考架構形式的程序

第二篇　社團結構的程序

第四篇　社會現象構成的程序

第一章　社會心理學的沿革

社會心理學成爲現代社會科學或行爲科學中之主要科目之一，是二十世紀中葉的事。早在一九〇八年，羅斯和馬克杜嘉兩氏（E. A. Ross and W. McDougall）、先後出版兩本社會心理學的課本，到謝爾富(M. Sherif)在一九四八年出版社會心理學綱要(An Outline of Social Rsychology)，在此期間在美國社會心理學界亦曾出版三十七本的社會心理學的課本。但此間之著作大部分爲現象的分析和說明，缺乏健全的實驗基礎。因此在許多學者眼光中，認爲社會心理學之成爲正式的學問，應是二十世紀中葉的事。社會心理學的中心問題，乃是人類的社會現象。這個問題古代哲人和現代的社會和行爲科學者，曾使用不同的研究方法加以揭開有關於社會的問題。如伯拉圖、亞里斯多德、黑格爾等歷史上聞名的哲人，對人類的社會現象，用了不少的精力，加以觀察和解釋。不過，他們的方法太偏重於主觀的論斷，缺乏了客觀或科學上的依據。自第一次世界大戰以後，美國的學術潮流，由傳統上的純理論解脫，認爲學問不祗是理論上的定義和說明，或實體的塑造模型而已。學問中的實際和功利，佔了一半以上的成份。古代的社會現象的研究，都採用個人主觀的演繹法；個人使用他的主觀解釋人和社會現象。現代的社會心理學者所使用之客觀方法(Objective Method)是歸納的方法；由現象推出社會心理學的原理。

第一次世界大戰後，人類的社會和行爲，日趨複雜。一九三〇年左右，世界經濟狀況的惡劣和共產主義的蔓延，希特拉的集權和殘害猶太人，種族的歧視和暴亂等社會問題，刺激了社會心理學者對領導人物、輿論、謠言、種族關係和價值的衝突等題目，開始研究。近代的社會變遷，社會革命和社會潮流等，使社會心理學者更注重於社會中的實際問題的研究。今日的社會心理學已經不是主觀的描述學問，而是客觀的科學依據和學問。

研究人類的社會現象時，社會心理學者從實際的經驗，觀察到社會心理學的材料，不可能祇限在社會心理的場域。他們擴展社會心理學的範圍到政治科學、經濟科學和文化人類學(Cultural Anthropology)，從這衆多的學問以解釋和研究人類的社會現象。因此，社會心理學的定義是使用科學方法瞭解和解釋人類的思想、感情和行爲怎樣的影響他人和他事，以及他人和情況怎樣地影響人類。社會心理學的歷史和今日社會心理學的研究中心證實了這個定義。我們以下所要討論的是社會心理學的沿革。作者的觀點始終認爲社會心理學的歷史是多樣性的，所以不可能用單一的標題或學理，說明社會心理學的演進。因此，著者將社會心理學的演進分爲：概念中心的潮流、現象中心的潮流和單元分析的中心潮流，又本章的最後將敘述實驗中心的潮流，共四大潮流，構成今日的社會心理學。

壹　概念中心的潮流

十九世紀中，分析社會現象的哲學者企圖創立單一的主配原則；譬如，他們解釋暴動時，許多學者會使用「提示」(Suggestion)或情緒傳染(Emotional contagion)說明暴動的發生和演進。這種方法成爲當時學術界的主流。社會科學者探求單一的公式去解釋社會中的謎。因此，這種潮流影響了社會心理學研究的中心。所謂概念中心的潮流，乃指一些社會心理學者企圖組成一套解釋社會現象的心理原則。這些原則如苦樂原則、自我原則、同情原理、羣居原理、模仿原理和提示原理等，都是以學者主觀判斷中的社會現象來解釋社會現象的動因。自一九〇八年羅、杜兩氏的兩本社會心理學課本問世以來，這種解釋現象的單一公式的方法，已不敷使用，因此，羅斯首先使用多元原則或原理去解釋社會的現象。藉著羅氏的社會現象的多元論創舉，更開闢了社會心理學的場域，減少了哲學上或主觀上的偏見。一九〇八年以後，雖有以多元原則的方法，探求社會現象的動因，但也避免不了傳統遺留下來的思想束縛。許多學者雖使用多元原則，但多元中仍有一主配原則，如制約反應、增强原理、焦慮原理、性慾原理、挫折原理、角色原理等，任主觀之所欲，摘取其中的主配原則，再加上一些次要原理去說明人類在社會中的現象。這種解釋的方法，在今日社會心理學界中仍有其餘影。減少社會現象的動因變素(Variables)，易構成解釋上和分析上的偏見，因此，現代的社會心理學者都反對解釋原則的體系的建立。

首先，我們先看苦樂的心理原則(Pleasure and Pain Principles)。便參(Teremy Bentham, 1748-1832)主張苦樂是行爲的主配原則，人類的行爲只是簡單地尋求快樂，避免痛苦。便參主張快樂可用數值衡量，他雖然不提出衡量的方法，但確認快樂可以從動機力量和活動方面衡量。這個原則後來影響到弗洛以德(Freud)在行爲精神分析學上以快樂原則去解釋人格的基石一客我一的意義。不快樂或痛苦的經驗抑壓後，成爲無意識（Unconscious）而存在於個人的性格中，且無意識是行爲發生的根本原因。嗣後，主張這個原則的社會心理學者認爲苦樂是行爲的動機，且是生理和心理的緊張解除的方法。雖然，苦樂原則確實支配和影響人類的行爲，但這原則也不能妥善地解釋行爲的全般。一九〇八年，鐵特克那（Titchener）主張苦樂原則不是唯一的行爲決定因素。到一九二三年馬克杜嘉甚至反對苦樂原則，他說，苦樂不可能是行爲的動機，苦樂不過是本能的指標而已。

第二　自我原則

何伯斯（Thomas Hobbes, 1588–1679）早就主張行爲的發端源自自我的熱情或自我的力量。人類獲得快樂的前提是力量。因此，人類不斷地爭取力量，藉著力量建立自我。這個自我的原則，影響到後來社會心理學中的自尊，力爭格式的意識，甚至自我防禦機能等主要的題目，無一不與何伯斯的自我原則建立關係。何氏的思想最明顯地影響尼采（Nietzsche）在一九一二年所著「意欲力量」（The Will to Power）一書，尼采將何伯斯復活且抹上哲學的色彩。尼采認爲行爲是被爭取力量的意欲所驅使。阿特達（Altred Adler, 1912）根據何氏的觀念，發展了存在的原理與爭取力量的原理的平行說。何尼（Horney, 1939）也認爲成爲男性（Becoming Masculinity）之慾望，無意識地影響了女性的行爲和精神健康。嗣後，阿爾波特（Allport, 1943）的自我包容（Ego-involvement）、李克（Lecky, 1945）之自我意像（Self-image）等，都是以概念原理爲基礎的社會行爲論。在今日的社會心理學場域中，自我的原理，仍佔相當重要的部分和篇幅。

第三　同情原理

在概念中心的潮流中，最明顯的事實是選擇一個主配的概念，去解釋社會現象中的行爲動態。「同情」這個概念始自伯拉圖。伯氏解剖人的精神狀態爲三方面：腹部爲感情和情緒的儲藏所，胸部爲努力和行動的儲藏所，頭部爲理性和思想的儲藏所。早時期的社會心理學者根據這暗示，將社會心理主要的概念體系定爲同情；愛情（Affective）；模仿；努力（Conation），和提示等認識方面的五部分。許多社會心理學者交替地使用著這五個概念，如羅斯使用之以形成其提示和模仿的原則。

同情這一概念早在一七七六年史密司（Adam Smith）在「國富論」一書中提及社會公義是同情的機能；同情心乃決定個人對公義的判斷。嗣後，史賓沙（Herbert Spencer, 1870）分別同情的類型爲呈現同情和代表同情兩種。他以家庭爲例，說明同情的產生，如父母關懷兒女是因爲小孩無法自存，所以，父母就產生了同情心。克羅波金（Peter Kropotkin 1902）在「互助」一書中根據同情原理解釋博愛是人類團結的本性。一九〇八年，馬克杜嘉主張同情是人類的本能。賴波特（Theodore Ribot, 1897）主張同情是社會生存的基礎。最近，許多社會心理上的材料，由同情的社會性發展了合作的概念（Co-operation），而這些概念都建立在道德的基礎上。同情的概念現在似乎已轉到社團的研究，工業心理和臨床心理方面。事實上，「同情」一詞已在現代社會心理學的課本中絕跡了。

第四　模　仿　Imitation

社會心理學者對社會順從的行爲（Conformity）和脫軌行爲（Deviant Behavior）非常重視。這方面的原始材料是來自白芝浩（Walter Bagehot, 1873）的習慣研究的範圍裏。習慣的功能是使行爲容易地表現，且適合於社會的要求和社會的規範。巴爾威（Baldwin, 1895）發現模仿是兒童精神或心理發展的中心。模仿可略分爲有意模仿和無意模仿兩種。因此人類常常從他人或文化中把既存的行動和方式抄寫在他個人的心理構造。米特（Mead, 1934）研究原始文化時，觀察到在許多文化中，個人學習角色和行爲的捷徑是由模仿他人的角色而來的。在許多模仿的因素中，言語佔最重要的地位。米特也主張模仿之前須有動機的力量摻入個人的機能中。當然，模仿背後的動機是與增强（Reinforcement）連接的意思是說，由模仿得來報償或滿足的經驗時，就養成了制約反應的行爲。模仿的概念經弗洛以德(1921)的修改後，就成爲摹擬（Identifiation），摹擬的含義即指複雜的心理程序方面的機能活動。因此，模仿的概念，自開始被研究後，經過五、六十年的時間，至少發展了幾個重要的心理學上的概念，如制約反應（Conditioning）、認知結構（Congnitive structure）和摹擬等。

第五　提　示 Suggestion

過去的社會心理學的主要概念是同情、模仿和提示。從這三概念各自發展爲博愛、努力和認知的三條路線。提示是這三重要概念中最受重視的一個。這個概念到李蒙（Lebon, 1890）所著的「羣衆」一書才開始注意到提示的心理能（Psychic energy）。羣衆心和提示的力量有着莫大的關連。羣衆接受其領導者提示，往往都是非邏輯的情緒活動。提示的概念在阿爾波特（Allport, 1924），墨克達流(Bechterew, 1932)，和哈爾(Hull, 1934)等人的著作中屢屢可見。

提示和催眠術有直接的關係。又催眠術首先是臨床心理學的方法之一。拜尼特(Binet, 1900)首先反對使用催眠術，他認爲催眠術是非道德行爲。但由於他們的反對，反而增加了提示在社會現象中的重要性。到一九四八年，克雷志和克拉輝（Krech an Krutchfield）研究提示和個人經驗與需要有緊密的關係；經驗增加時，提示和力量減低，相反地，需要增加時，個人接受提示也增加。甘勵（Cantril, 1941）研究提示和危急或緊急情況的關係時，發現了羣衆若缺少精神關連(Mental contest)或是在精神方面無系統的組織或精神關連的固硬化（Rigidity of mental context)時，個人接受他者的提示是最容易的。提示在現代社會中已廣泛地被使用，如在商業上的廣告、戲劇、電影、電視等，提示的力量意識地或無意識地影響個人的態度和觀念。

總之，社會中心的潮流，在社會心理學發展過程中扮演著相當重要的角色。由於社會心理學上各種概念的廣濶被使用，激發了現代社會心理學者將這些概念搬進實驗室。初期的社會心理學中，概念雖統配了其他的因素，但奠定了現代社會心理學的骨架。

貳　現象中心的潮流

所謂現象中心的潮流乃指社會心理學者對羣衆現象、羣衆心理和互動(Interaction）方面的研究。這方面的研究，可追溯到古代的哲人，如柏拉圖不歡迎民主政體的主要原因是基於羣衆的不合理性。自一八九〇年以後，許多學者對集體行爲加以研究，其中如李蒙認爲集體行爲總帶有集體神經質的感染因素。

第一　羣衆的傾向

李蒙主張羣衆活動均受羣體空氣的傳染。個人在羣衆中容易失掉自我的意識，而將自我的意識銷溶於羣衆的行動中，而羣衆的行動往往是缺少思維和邏輯。李氏認爲羣衆富有女性的特性，意思乃指感情的傳染性和情緒容易被提示激昂的性質而言。羣衆行動的前提是意像。所謂意像即指羣衆中的個人接受提示者的意見後，對提示的事件產生一種心像之謂。從意像產生情操（Sentiment），然後構成集體的行爲。李氏對羣衆的研究遠比其他學者更甚。羅斯也研究羣衆現象中的力量，他指出羣衆行爲乃經由提示後的互動和感應。在這種條件下才產生羣衆的力量。當他研究羣衆的蹂躪行爲和理性的關係時，發現了暴動行爲和理性是反比例的。同時他認爲羣衆互動時，愈荒誕無稽的提示，愈會吸引羣衆、激動羣衆，且使羣衆相信。暴動有可怕的傳染性。嗣後，馬丁(E. D. Martin, 1920, The Behavior of Crowds)研究羣衆行爲時，發現羣衆現象是一種夢遊的狀態，也是一種幻想狀態。這些狀態使羣衆的行爲成爲自動的推進力。這一羣研究羣衆行爲的先驅者，開闢了今日社會心理學者將研究對象轉移到羣體動力的問題上去，另方面又使羣衆的研究轉向到社會黨派和不良集團方面。

第二　羣　衆　心

前述一羣社會心理學者都肯定了個人的互動能產生共同的思想、感情和意志。羣衆互動後產生了三個因素，思想、感情和意志，稱爲羣衆心。自一八五〇年至一九三〇年，許多社會學者、哲學者、人類學者和心理學者皆企圖研究羣衆心，但最近在這一方面的研究已漸形遜色，甚至這個題目在今日社會心理學者的著作中，已經成爲陌生的名詞。事實上，今日社會心理學上所研究的社會機構，如家庭、學校、社團等；皆與早時的羣衆心有密切的關係。羣衆心裏所研究的思想、感情和意志等問題是今日社團中的主要問題。依著者的看法，今日社會心理學中交互傳達(Communication)的問題，與昔時的羣衆心有密切的關係。

接著李蒙的研究，楊格(Jung, 1922)研究集體下意識(Collective unconscious)的心理動力。集體無意識的心理動力，與羣衆的行動有著密切的關係。今日社會心理學者雖不使用「羣衆心」一詞，事實上羣衆心已在現代美國的社會復甦，如黑白間的種族歧視和社會階級間的距離等，都可追溯到羣衆心的各現象。

第三　文化決定因素

文化是過去和現在的人類行爲的積蓄。我們所以不使用文化是過去和現在的人類行爲之總和的原因是過去的文化可能已不合時宜，有被刪除掉的可能。阿爾波特(F. H. Allport 1924)研究文化因素對社會心理的影響時，發見了文化能使該文化中的人羣產生羣體錯誤性(Group fallacy)。他指出羣體容易支配個人行爲機能的方向，使行爲在羣體中系統化和固定化。華麗斯(Wallis, 1925)和尤特(Judd, 1926)也在研究文化因素對個人所表示的贊同或反對的關係時指出，文化因素對個人有極高度的影響力，能使個人的主觀意見增强。馬克杜嘉(1928)研究社會環境和物質環境對行爲的影響時，認爲這兩種環境使個人構成特殊的心理和行動機能。到一九四〇年，阿爾波特和馬克杜嘉更注意到人們心理結構固定化或系統化後，對順從社會規範的影響相當高。巴遜和謝爾(Parsono and Shils, 1951)研究人格的問題時，發見整個的文化體系影響個人，且文化體系成爲個人的參考架構。所以，他們肯定地說，社會結構最重要的部分不是人格，而是文化中的角色。這些強調文化因素的潮流，影響到今日社會心理學中對文化因素的重視，特別是爲文化人類學對社會心理的關係的研究，舖了一條和其他學問交流的路徑。

叄　單元分析中心的潮流

十九世紀末和二十世紀初，自然科學者非常重視分析元素的方法，這種方法也影響了社會心理的研究潮流。所謂單元分析的潮流乃指社會心理學者對本能、習慣、態度、情操等的單一題目的分析。

第一　本能的分析 Analysis of instinct

自古代哲人笛卡兒(Descartes)研究人類的社會本性以來，嚮往他的論說者，都加以發揮他的哲理。但達爾文之自然淘汰的學說產生了新的刺激和反抗傳統的觀念，訂定了行爲的進化程序。由達爾文的學說和實驗，激動了社會心理學者對本能問題的興趣，如馬克杜嘉將他的社會心理學體系，完全建立在本能的概念假設上。本能影響了人類在社會中的認知、興趣、情操、行動等社會心理學所包含的題目。馬氏認爲本能能夠組成一連串的社會特性，他說個人的宗教心可能混合好奇的本能，恐懼的本能、情緒的本能等。他解釋本能時，即指本能可能導致行動或思想的因素。因此，他在「社會心理學」一書中，從序論到結論，都被本能原理所統配。桑代克（Thorndike, 1913, The Original Nature of Man）和杜威(1917)的思想中，主張社會心理和本能有密切關係。在一九一〇年至一九二〇年間，馬克杜嘉的本能論對社會心理學的影響，遠比弗洛以德爲强。但到了一九三二年，馬氏放棄了「本能」的字彙，因經行爲主義者對他猛烈的評擊後，他使用異字同義的方法來說明本能論。他使用「傾向」(Propensities）時，其內容爲食物的需要、厭惡、性、懼、好奇、羣居……等十八種的「傾向」並以之代替「本能」。今日的社會心理學雖不用「本能」一詞，但馬氏的影響，如基級動機和反射構造(Reflex）仍在今日心理學的場域佔了重要的地位。馬氏對人類本性的精密分析後，所留下的社會心理學中慾望的觀念、需要的觀念和動機的觀念等仍爲今日社會心理學主流中的重要因素。

第二　習慣的分析

詹姆斯（William James, 1890）肯定了本能的存在和重要性時，也肯定了習慣在社會心理學中的地位。詹氏認爲習慣是本能的轉移到社會方面上去。因爲一種本能行動的重複，自然會構成習慣行爲。由於詹氏之主張，「習慣」這個題目，曾經流行了三、四十年之久。其影響到何爾特（Holt, 1915），華特遜(Watson, 1919,)，和阿爾波特(1934)的思想和著作。甚至杜威（Dewey, 1922）也認爲習慣是社會心理學的主題，但杜威在習慣上加上新的意義，即環境的變化會帶來習慣的改變。目前習慣的觀念，似不太受一般社會心理學者的重視，乃將習慣併入態度的方面，使態度的研究更加添了其範圍和其重要性。

第三　態度的分析

態度是社會心理學者從本能、習慣、社會行為、社會現象等各方面研究的焦點。態度的觀念自社會心理學者開始研究至今日仍保持了重要的地位，且在社會心理學課本中佔據相當的篇幅。自一九一八年多馬斯（Thomas）和齊拿尼基（Znaniecki）定義社會心理學為態度研究的科學後，相繼地出現一羣學者致力於研究與其態度有關的題目。分析態度的先驅者司賓沙(Herbert Spencer, 1862, First Principles）首先分析態度和適當行為的關係。嗣後，有蘭格（N. Lange, 1888）的原動態度論(Motor attitudes），其核心乃集中於態度與生理的關係和認知關係。文斯達巴(Munsterberg, 1889）從態度的觀念發展了認知和注意的學理。這等初期的態度分析者界定了態度是神經心理的狀態(Neuropsychic state)，隨時都能引發精神和生理的行動。這種分析潮流在德國社會心理學場域裏，發展了行為分析的內省法。在美國方面，愛克（Ach, 1905）將認知、判斷、記憶、學習和思想等現象歸納於態度的題目中。且强調上列項目中，若無態度去支助時，這些項目的現象便陷入混亂狀態。態度是個人聽覺受到刺激後的反應預向。此後，無數的社會心理學者相繼研究態度，弗洛以德將態度並列於他所研究的期待、愛情、嫉妒、偏見等各項目中，態度的研究在今日社會心理學上佔據那麼重要的地位，是受了精神分析學的影響。當社會心理學者研究態度時，如對金錢的態度、厭惡外國人的態度、尊敬科學家的態度等的問題時，產生了另一新的觀念，就是價值（Value）的問題。價值觀念的產生，在法麗斯（Faris,

1925)分析態度時，將態度的型體分類爲意識和無意識態度，精神和生理態度，個人和羣體態度等，啓發了楊格（Young, 1931）對態度和客體價值的研究，以及態度和經驗的關係研究。到了一九三〇年左右，態度被認爲是個人對客體反應行動的精神性質（Mental disposition）。從這段時間以後，態度就成爲社會心理學的基石。到了一九三七年，馬克杜嘉使用「預向性」（Tendencics）去取代「態度」一詞。一九四五年馬雷和摩根（Murrdy and Morgan）贊成馬克杜嘉的意見，他們認爲態度一詞的含義太含糊，而主張使用情操代替它。

總之，單元分析中心的潮流注重本能，習慣和態度方面。可是單一概念的分析並不能代表行爲的全般。今日社會心理學課本裏，本能和習慣幾乎絕跡，但態態方面的研究佔了相當的篇幅。

肆　實驗中心的潮流

一八七九年，馮特（Wundt）在德國雷布基（Leipzig）創設心理學的實驗中心以來，在哈佛大學的詹姆斯以及其他研究社會心理的學者，相繼地將社會心理有關的各變素(Variahles)帶進實驗室裏。初期的實驗中心卽從事於研究個人與他人的關係。杜立布德(Triplett, 1897)首先實驗騎自行車的現象，發現到個人單獨騎車的時間比一羣人一起騎時慢百分之二十的時間。然後他又實驗一羣十至十二歲的兒童捲線的動作時，發見團體中的個人動作比個人單獨的動作快百分之十。他的實驗結論乃指出羣體情況（Group situation）的工作效率遠比個人單獨工作爲强。雖然，這些結論忽略了情緒的競爭因素，和動機因素，而只肯定他人看個人時，或個人被他人注意時，個人的工作效率急增的斷言。這一時期的研究，不太注重規則化和分類化的實驗，只是著手於零星問題和籠統問題的實驗。嗣後，梅野（A. Mayer, 1903)關心到教育上的問題，他實驗國校兒童在家庭練習和在課堂練習的差別時，發現羣體對記憶詩文、作文、數學等學習的成功遠比單獨學習爲高。摩勵(Moede, 1913, 1915, 1920)和阿爾波特(F. H. Allport, 1924) 也在探討小羣體時，產生了一連串的新問題，如互動問題，社會競爭行爲的問題和羣體共思（Group thinking）的問題。嗣後，華特遜（Watson, 1928）和蓼因（Kurt Lewin, 1948, 1951）相繼地實驗羣體的交互問題。其間，蓼因、李筆特和懷特（Lewin, Lippitt and White, 1939）介紹了羣體中的社會空氣的觀念(Social Climate or Group Atmosphere)，他們組成三種形式的指導：君主式、民主式和放任式的指導者，指導羣體的活動時，自然構成羣體不同的風氣，影響到羣體的工作率和生產率。由此，許多社會心理學者就關心到羣體動力（Group Dynamics），羣體結構（Group Structure），羣體決定（Group Decision）和羣體黏著力（Group Cohesion）等諸問題，且將這些問題搬進實驗室裏。從此以後，社會心理方面的研究急增，使社會心理學的理論逐步建立在實驗基礎上。

另一方面，社會心理學的早時期研究，較注重於問卷法（Questionnaire）的使用。卡爾噸(Garton, 1883)使用問卷法測驗想像的問題。施達巴克(Starbuck, 1899)也使用問卷法測驗成人的宗教信仰和實行。嗣後，由問卷法的使用發展了訪問法和尺度法，補足問卷法的缺點。柯提烈特（Quetelet）、卡爾噸、貝阿遜（Pearson）、惠下（Fisher）等開始使用統計方法，解釋搜集來的資料。在早期的研究中，最特殊者是沙士頓（Thurston, 1927）的態度衡量尺度和毛勵哪（Moreno, 1934）的社會測量方法，個人間互相吸引的研究等方法，這些在社會心理學場域開闢了新的領域。卡爾拉布（Gullup, 1936）的民衆意見與總統候選人競選的測驗等一連串的研究，發展了今日抽樣和意見研究的常模。

事實上，社會心理學的實驗中心的潮流，始自一九二〇年左右。有關實驗方法的著作，有馬惠和馬惠（Murphy and Murphy, 1936, Experimental Social Psychology）的實驗社會心理學。其間提供了八百多個的社會心理方面的研究。到了一九三七年，他們再增訂此書，增添一百多個研究。到今日實驗潮流已經主配了社會心理學界，且供給社會心理學方面的原始資料（Primary resources）。

社會心理學課本方面，自一九〇八羅斯和馬克杜嘉所著二本問世以來，到一九五二年共出現了五十二本。其中，一九二三年至一九二七年著有八本，一九二八年至一九三二年有八本，一九三三年至一九三七年有八本，一九三八年至一九四二年有七本，一九四三年至一九四七年有六本，一九四八年至一九五二年有十五本。這些課本大略可分爲二大類：(1)實驗手冊方面即由實驗推出理論；(2)解釋和概念方面，學者憑著自己主觀的意見，發揮社會心理學的原理。

伍　社會心理學的方法

社會心理學的研究方法或由資料推出原理，然而並不是絕對的數值衡量法。因爲，社會現象和社會情況不斷地演變；去年的研究可能已不適合於今日的同類問題的解釋。又人類各變素的差異，也無法推出一個普遍的原理能適合羣體中的每一個人。因此，社會心理學研究的結論只是程度上的結論和某一特殊情形的解釋而已。在人類的活動場域裏，從刺激和反應，作用和反作用等的互動作用中，顯示出個人的行爲。因此，社會心理學的方法可歸納於下列類別。

第一　分　析 Analysis

分析個人的行爲可以從三方面着手。第一方面是人格體系的研究：這種分析包括個人的態度、需要、特性、情緒、學習和認知。譬如，研究問題少年的性格時，能夠瞭解到他們的侵略行爲强於一般正常的少年，又問題少年對社會的認知，可能視社會是一個很難生活於其中的地方。人格體系的分析不只限於人格方面的描述，而應是以人格爲主的研究，且與社會各有關的變素（Variables）做許多相關的說明。第二方面是文化體系的分析：這研究包括社會觀念和非社會觀念的材料怎樣地影響個人，而使個人構成信念的體系、價值體系、理想體系等，亦是這個些體系如何地影響個人的行動，態度、感情等。例如、「問題少年」在某些社會就沒有這種現象。因此，特殊的文化中能形成某種與此一文化有關的行動。最明顯的例子是嬉皮與文化的關係。文化方面的分析大部分注重於觀念上的衝突，如傳統社會和工業社會交替時期或農業社會轉入工業社會的變易中，舊的生活、思想和社會道德觀念與新進方法的衝突，導致社會潮流和社會現象的變化。第三方面是社會分析：因爲個人誕生在一個既有組織的社會體系中，個人需要接受和順從既存的規範，參與社團、依賴社團、接受社團爲個人的參考羣等。同時個人與他人須建立人際、羣際的關係和互動的關係。

以上三方面的分析，心理學者分析人格體系；社會學者分析社會體系；人類學者分析文化體系。社會心理學者却綜合和研究這三個體系的關連。因此社會心理學是門綜合的學問。

第二　實驗和非實驗

社會心理學者重視以科學方法說明行爲、情況和現象的因果關係和前後關係（Anecedents and Consequents）。社會心理中的研究題目，必先建立有關變素的系統，嗣後建立假設，且藉著假設的方式搜集資料或　實驗的內容。因果或前後關係的研究，大半使用相關關係的研究（Correlational study），發掘變素和他變素間的關係強度。但因果或前後關係中的自變素和因變素，在許多情況中無法判斷。兩種變素的認定是實驗設計的基本要件。有時候，因果或先後關係有同時出現的可能。如在一般所設想的夫妻的臉型相似這個問題裏，到底是相似後才結婚或是結婚後才相似，這個問題的變素先後，似有雞及卵孰先孰後混淆不清，有時候，因果關係非常明顯，且統計上有顯著性時，我們就引出一個結論說，某原因變素決定某結果變素，譬如以抽煙和肺癌爲例，兩者具有統計上的顯著性。這種結論常會導致許多錯誤，是因有忽略其他變素影響的可能性。

社會心理學的研究分爲實驗和非實驗兩方面。在實驗情況中，實驗者設計實驗步驟後，揷入一種刺激或互動的情況，進而觀察或評價或衡量交互的程度。實驗中必儘可能地控制其他變素的影響或干擾，免得產生結果上的差異。非實驗研究也稱爲場域方法（Field Method）。這個方法的內容甚廣濶，包括有觀察法、訪問法、意見研究法、問卷法等。

實驗方法和場域方法對資料的搜集和解釋各有所長。實驗方法的使用比較適合於精細的衡量，但其結論似不太可能推出結論的一般化(Generalization)。場域方法的結論，一般化比實驗方法可靠，但對於因果關係的研究，這個方法似乎不大合適。

初期社會心理學課本

年代	著者	書名	發行者
1908	E. A. Ross	Social Psychology	New York: Macmillan
	W. McDougall	Introduction to Social Psychology	London: Methuen & Co.
1917	C. A. Ellwood	An Introduction to Social Psychology	New York: D. Appleton & Co.
1912	E. S. Bogardus	Essentials of Social Psychology.	
1922	J. M. Williams,	Principles of Social Psychology	New York: Knopf
1923	R. H. Gault	Social Psychology: The Behavior Called Social	New York: Holt
1924	F. H. Allport	Social Psychology	Boston: Houghton Mifflin
	E. S. Bogardus	Fundamentals of Social Psychology	New York: Century Co.
1925	K. Dunlap	Social Psychology	Baltimore: Williams & Wilkins
	C. A. llowood	The Psychology of Human Society	New York: Appleton

	R. H. Thouless	Social Psychology	London: Clive
	L. L. Bernard	Introduction to Social Psychology	New York: Holt
1927	K. Young	Source Book for Social Psychology	New York: Knopf
1928	R. Mukerjee and N. N. Sengupa	Introduction to Social Psychology	London: Heath
1929	B. C. Ewer	Social Psychology	New York: Macmillan
	J. R. Kantor	An Outline of Social Psychology	Chicago: Follett Pub. C.
	C. Murchison	Social Psychology: the Psychology ofPolitical Domination	Worcester, Mass: Clark Universit[y] Press
1930	K. Young	Social Psychology	New York: Crofts
1931	E. T. Krueger and W. C. Reckless	Social Psychology	New York: Longmans
	G. and Lois B. Murphy	Experimental Social Psychology	New York: Harper & Bross
1934	L. G. Brown	Social Psychology: the Natural History of Human Nature	New York: McGraw-Hill
	A. Meyerson	Social Psychology	New York: Prentice-Hall

1935	C. Murchison(ed.)	Handbook of Social Psychology.	Worcester, Mass: Clark University Press
	J. J. Smith	Social Psychology	Boston: Bruce Humphries
1936	J. F. Brown	Psychology and the Social Order	New York: McGraw-Hill
	E. Freeman	Social Psychology	New York: Holt
	H. Gunrnee	Elements of Social Psychology	New York: Farrar & Rinehart
	R. T. LaPiere and P. R. Farnsworth	Socail Psychology	New York: McGraw-Hill
1938	D. Katz and R. L. Schanck	Social Psychology	New York: Wiley
	J. M. Reinhardt	Social Psychology	Philadephia: Lippincott
	R. T. La Piere	Collective Behavior	New York: McGraw-Hill
1940	C. Bird	Social Psychology	New York: Appleton Century
	O. Klineberg	Social Psychology	New York: Holt
1941	S. H. Britt	Social Psychology of Modern Life	New York: Farrar & Rinehart
1942	M. H. Krout	Introduction to Social Psychology	New York: Harper & Bros
1947	T. M. Newcomb and E. L. Hartley	Reading in Social Psychology	New York: Holt

1948	M. Sherif	An Dutline of Social Psychology	New York: Harper & Bros
	D. Krech and R. S. Crutchfield	Theory and Problems of Scial Psychology	New York: McGraw-Hill
	M. F. Vaughan	Social Psychology	New York: Odyssey Press
1949	N. S. Phadke	An Outline of Social Psychology	Kolhapur: College Press
	A. L. Beeley	Outlines of Social Psychology	Utah: University of Utah Press
	A. R. Lindesmith and A. L. Strauss	Social Psychology	New York: Dryden Press
1950	T. M. Newcomb	Social Psychology	New York: Dryden Press
	S. S. Sargent	Social Psychology	New York: Ronald Press
	O. Friedman	ıntroduction to Social Psychology	London: Sylvan Press
1951	E. L. Queener	Introduction to Social Psychology	New York: William Sloan
1952	S. E. Asch	Social Psychology	New York; Prentice-Hall
	L. W. Doob	Social Psychology	New York: Holt
	R. E. L. Faris	Social Psychology	New York: Ronald Press
	E. L. Hartley and R. E. Hartley	Fundamentals of Social Psychology	New York: Knopf
	W. J. H. Sprott	Social Psychology	London: Methuen & Co.

第二章　社會心理學的結構的基本原理

一九〇八年是社會心理學誕生的年代。在在這一年以前，從哲學、生理學、心理學等已孕育了社會心理學的胚胎。到了這一年，有二位著名的學者相繼出版了二本有關社會心理學的書。這二位學者是社會學家羅斯（Edward Ross）和心理學家馬克杜嘉（William McDougall）。從那個時候起，社會心理學就成爲心理學中的一門學問。羅斯著作的動機是受那時候心理學範圍中包括提示（Suggestion），羣衆行爲，人類互動的形體等的影響，促使他組織一門新的學問，免得長久混雜心理和社會的因素。他的目的是從人類的交互和聯繫中，找出思想和行動發展的公式。馬克杜嘉却受到達爾文的本性觀念和人類社會行爲的非邏輯性的論說所影響企圖找出適當的原因，加上方法，以促使社會的進步。兩氏所研究的核心是以個人和社會爲本題，進而發展他們的理論。但兩者不相同的立場也很明顯。羅氏認爲社會行爲的開端源自互動、提示和模仿，馬氏認爲這是受人的本性所影響的。這二種傳統的社會心理學的內容，成爲今日社會心理學的指南。今日的社會心理學者却綜合了這兩方面的思想。這種影響的餘跡，在今日美國的大學，都可以看出，有的將社會心理學分劃在社會學的範圍，有的把這門學問類別在心理學的範圍。

事實上，社會心理學的資料來自社會學，心理學和有關的社會科學，如人類學、政治學和文化等。不論如何分類，社會心理學者必關心兩方面的資料：個人心理動態和環境的交互關係。社會心理學健全的結構，不能偏重於某一方面，而忽視了他一方面。因此，社會心理學是由許多學問滙合而成的新學問。心理學方面的資料包括態度、動機、人格、學習、價值等；在社會學方面包括社團、社會潮流、階級、格式、動態、規範等。前者是個人行動的結構和程序；後者是社會文化和社會體系的機能結構和程序。事實上，心理的因素促成社會、文化和社會體系之型態，同時，社會型態也明顯地影響個人的心理因素。

今日社會心理學的內容不如心理學有明顯的範圍和題目，這是今日社會心理學者共同承認的事實和努力統一的企圖。著者企圖綜合現有之零碎材料，提供出社會心理學結構的基本原則，供給學習社會心理學的學生，使得以解釋和分析社會現象和動態。

科學研究的目的乃在覓求資料，施以適當的處理後，瞭解或解釋現象的原因，且發展適當的學說，以支持解釋現象的原則。因此，社會心理學的資料就在實際情況下和實驗場域中搜集，並且以心理學和社會學既已研究出來的學理爲依據，組織新假設、去探究社會心理學的資料。實驗方法大半以實驗心理學爲借鏡，和以社會學上的尺度法、測量法、訪問法等，發展社會心理學的內容。同時也使用文化人類學之觀念和資料，揷入社會心理學的體系中。

本章陳述幾個現行社會心理學的原理：⑴刺激和反應原理，這原理包括增强和消滅對行爲的養成，習慣力量對行爲的影響，以及行爲和情緒的關係等。⑵認知原理包括認知和行爲的關係，認知和行爲的意識論。⑶人格原理包括人格結構論，憂慮的理論，自我防禦機能論，以及精神分析學論。⑷

場域原理包括其一般概論，心理環境論，羣體動力等。(5)角色原理包括角色的期待，角色的認知，以及角色的行使等。

壹　刺激和反應原理

刺激與反應在心理學上皆應用於行爲方面的解釋；但在社會心理學上，從這個原理有向兩方面發展的傾向。第一方面是刺激與反應的連續原理。第二方面是刺激與反應增强原理（Theories of S-R Contiguity and Reinforcement）。自巴夫洛夫（Pavlov, 1927）和桑代克（Thorndike, 1932）相繼研究刺激和反應的原理以來，許多行爲方面和情緒方面的原理由此引出。特別格式搭學派和行爲主義者廣濶地使用這個原理。哈爾（Hull, 1943, 1950）、毛娃（Mowrer, 1950）和葛斯勵（Guthrie, 1952）代表刺激和反應原理的支持者和解釋者。他們的主張代表了刺激和反應的整個學理體系。譬喻，小孩聽到賣冰棒者的鈴聲，鈴聲代表制約反應的刺激，嗣後，發生一連串的反應行動；跑回家去，找錢包、拿出五毛錢，再跑到賣冰者的單車旁邊等活動。由刺激揭開這位兒童向目標尋求的行動。以後，吃冰棒的經驗更形增强。倘若這位小孩未曾聽到或經賣冰者的鈴聲，必不會引發一連串的反應行動的。社會心理學者根據刺激和反應的原理，適當應用這原理於社會心理學方面。杜魯曼（Tolman, 1951）和巴遜（Parsono, 1951）採用刺激和反應的原則，將之用於社會情況對人格結構的影響。當然，刺激和反應原理是學習程序中的原則之一。何霧蘭（Houland, 1951）也依此原理的增强，解釋學習中的識別（Discrimination)。

第一　刺激和反應的連續與增強對獲得和消滅(Aquisition and extinction)的關係

個人的社會行爲的獲得或消滅與刺激和反應有密切的關係。在刺激和反應的連續原理方面，葛斯勵(Guthrie, 1952)研究外界的刺激和內在的反應，他主張一個刺激能產生一種反應是最簡單的行爲公式。但事實上，一個刺激會產生一連串的連續反應。譬如，飢餓時，聽到下課的鐘聲，這鐘聲促使學生收拾課本，筆記簿和用具，嗣後，走向飯廳、排隊、選擇坐位等連續的反應活動。心理學者使用這個原理來解釋社會中的行動的，爲數不少。在這個原理下的見解，均認爲行動是外界的刺激體和內在反應的因果關係。

如外界的刺激不能產生內在反應時，可能是有阻礙反應的原因介於刺激與反應之間。葛斯勵指出消滅的原因有(1)制約刺激不達到行爲反應界線的水準；(2)能力的消耗構成疲倦的狀態；(3)反應的可能被副反應消滅。

從對刺激和反應的增强原理之觀察，哈爾(Hull, 1943)主張內驅力的緩和或減低是學習的基本原則。哈爾的原理根據巴夫洛夫的制約反應和桑代克的手段反應(Instrumental respouse)而實驗。哈爾根據他倆的原理並綜合在一起，以研究增强和次要增强的原理。

第二　哈爾的原理

哈爾對行爲的研究理論具有相當的貢獻。他廣泛地使用量的方法代替了質的描述。從一九四三年起，他主張實驗的科學性，且由實驗中得到一個概念，乃是行爲的習慣（Habit strength）。習慣力量源自其他有關的附屬因素（Associative factors）而來的。這個原理主張刺激的因素，不只是單數，而是多種的複雜刺激原因。這個原理隨即被社會心理學者所運用來尋求社會刺激的各種因素。因此，哈爾的原理解決了以往用單一原理說明行爲時所遇到的困擾。

第三　毛娃的原理（Mowrer, 1947）

毛娃注重行爲與情緒方面的關係。他首先衡量行爲中的有關反應，如情緒反應。從實驗裏，他獲得一個結論，就是削減恐懼也是增强原素之一。此即削減痛苦和恐懼的增强原理。這個原理已被許多社會心理學者所支持。

第四　刺激和反應原理與社會心理學的關係

過去，刺激和反應的原理在教育心理學方面使用最廣，在今日社會學、人類學、臨床心理學或精神分析學方面，也廣泛地使用這個原理。社會心理學根據此原理，解釋人類的社會行爲。因爲社會的情況和現象不斷的刺激人類，使人們不可能靠著常套(Sterotype)的習慣行爲反應這些刺激，所以個人不斷地學習反應的新方法，去適應生存的方式，不論在何人，生存於社團中，必承擔某種角色。角色的存在是相互刺激和反應的關係。所謂社會是動態的社會，這些動態的現象或情況傳到個人後，便產生刺激。因此，在社會互動中，刺激和反應的因素，佔有相當重要的地位。

社會結構方面，如階層和社團等問題、或羣體間衝突、歧視、態度等，無一不與刺激和反應建立關係。社會中個人所表現的人格型態，也是在整個社會化程序中，由刺激和反應所構成的。刺激和反應的原理已被社會心理學者公認爲社會行爲的決定因素。

貳　認知原理（Cognitive Theory）

認知原理乃談及個人如何瞭解和認識周圍的世界。個人的行爲是根據自己所認知的要素，在環境中行動。個人在社會中由認知程序經驗了社會事實和情況，並且將這些事實和情況象徵化後，貯藏於腦神經裏，這些儲存的象徵成爲行爲的預向和參考，同時也決定個人對情況的反應的形式和程序。

第一　認知與行爲的一般論

認知與行爲的關係，早在一九三九年，史蒂芬（Stevens）主張認知是個人私自的經驗，並且主張應與認知有關的洞察、瞭解、觀念的思考和自我意像等爲精神之意識活動。這種論說經過數位心理學者的反對後，研究認知的問題就成爲心理學中的要題。這些反對史蒂芬的認知精神論者，不願意使「認知」這個重要的題目，成爲一個抽象的名詞，而失去其實際上的功能，因此，對認知的實驗便開始了。事實上，杜魯曼（Tolman, 1932）介紹研究行爲時的兩個主要字彙，就是行爲整體說（Molar）和行爲分子說（Molecular）。前者乃指行爲的反應，是整體的反應，身體各部分的因素都必須考慮；後者乃說明行爲的各個細節部分的原因，可是個人行爲的動態不可能由分子說獲得瞭解。行爲分子說和整體說的研究後使心理學者不很滿意於刺激反應的原理爲整個行爲的動態的最好說明。杜魯曼繼之在發展行爲的整體論時，創立了研究時的客觀性；他認爲行爲是環境和整個機體的交應關係的成果，並非祇是感官系統和運動系統的單獨反應。因此，他所主張的整體論裏，特別强調行爲是各部機能的關聯活動，又跟整個機能活動和完成目標的動作有密切的關係。這種論說的中心乃在主張認知和目的的關係。因此認知就成爲行爲的方向和價值的先決條件。到一九三六年，杜氏再增添認知的新涵義：認知是干預變素(Intervening variables)，它揷足於刺激情況和反應行爲的中間。這思想促使高爾斯登(Goldstain, 1939)企圖組織一套行爲機能的層次(Hierachy)，他將認知列於行爲的最高峯，肯定了認知是行爲的最基本的決定因素。從此以後，心理學者更肯定行爲的整體論。事實上，所論及的整體論有些不均衡的地方，爲要補充機體的整個活動和外界現象的關聯，殷卡(Duncker, 1945)和柯拉(Kohler, 1947)開始研究現象和認知的細節關係。繼之，數位學者就開始周詳地設計認知及其有關因素的實驗體系。

第二　認知和行爲的意識論

一九五〇年以後，研究認知的問題，轉移到社會認知的基本結構。梅可提(Michotte, 1950)用幾何圖形的方法，開始實驗認知的原理。他實驗甲物體移向乙物體時，速度影響了感官的印象；若甲物體移向乙物體時，速度增加，能使感官上感覺到雙物體的激動；若移動速度緩慢時，兩物體就如同結合在一起。假如甲物體移到乙物體上之後，乙物體開始移動離開甲物體，即感官上的印象，有兩物體不相容之感覺。若甲物體移到乙物體上，停留一些時候後，乙物體才開始移動，經過一段距離後，甲物體追隨其後，這就是感官上兩物體爲好伴侶的感覺。倘若甲物體移到乙物體上之時，乙物體立即移動到一段距離，甲物體才尾隨之，這時候感官上的感覺是兩物體似有不相容或不和諧之處。從這個實驗，證實了刺激體的刺激速度和網膜中保留的外界現象，影響認知的結構。這個實驗推出了認知的選擇性原理。刺激體和感受器之間的距離、動率、方向等都能構成認知的整個體系。梅可提的實驗打破了傳統上的認識和情緒的分立論，建立了在認知中，情緒因素的重要性。

這些立論隨即被適用於社會行動的認知論上。如人際關係中的衝突或競爭等，莫不關係到認知的原理。認知原理的學者嗣後就强調行爲和現象環境的關聯，現象是行爲的刺激原因。兩者的因果關係能適當地解釋社會中的許多情況。

叁 人格原理

社會心理學亦採用精神分析學上的人格原理爲骨架而發展它的體系。弗洛以德的精神分析學概念，已被社會心理學家應用到行爲的表現方面、動機方面和思想方面。弗洛以德並不分別心理學和社會心理學，在他的思想中，常把這兩門學問混在一起，個人的心理不能離開社會現象而單獨討論。特別是精神分析學中的人格原理、個人的社會化和人格的社會適應都有密切的關係。

第一 人格結構論

弗洛以德（Freud, 1940）在晚年，將心理分析的原理歸納於「客我」（Id）、「自我」（Ego）和「超我」(Super-Ego) 三大部分。一九二二年以前，他將「客我」和無意識比擬爲同樣的作用，「自我」和潛意識相比擬，而「超我」和意識爲同樣的元素。一九二二年以後，他的想法又演進到無意識與「客我」的識別。到了一九三三年，弗氏就認爲無意識是精神生活的本質，並且支配人類的整個行爲。

「客我」是人格中沒有系統的部分。它的活動可由夢和精神病態中找出其能量的活動方式。「客我」的本能是由父母體中繼承過來的。「客我」的特性是生理的滿足和欲望的衝動。它的滿足程序却不顧到社會中的倫理、價值和道德。「客我」的功能是維持生理的平衡，並且被快樂的原則 (Plsasuce principle) 和第一歷程 (Primary process) 所統配。快樂原則乃指由生理上來的緊强得到滿足或發洩的生理程序。第一歷程是指生理的欲望與需要轉移到以肌肉上的活動和心思上的幻想去滿足需要的活動程序。第一歷程與認知有密切的關係，如飢餓中所幻想的食物，都帶有認知的性質。

「自我」是有系統的人格組織。弗氏將自我的內容分爲認知、習慣、記憶和思考等心理特性。「自我」是人格活動的中樞，也是「客我」和外界的媒介。「自我」是人格的行政執行機構，「客我」的衝動和「超我」的禁令都通過「自我」的協調和處理。「自我」的產生乃源自「客我」的動能和社會規範的衝突而獲得，也可以說是「客我」和現實的世界交互作用中的經驗。「自我」的功能乃保護個人生命安全的心理程序。因此，個人能適切地適應環境時，「自我」已經形成了。因「客我」的活動是盲目的，所以它的活動很容易因受到外界的壓力而毀滅，但「自我」是理智的，它可以找出適當的方法滿足「客我」的欲求。「自我」乃藉著實有原則行使其功能。因爲「客我」的第一歷程之滿足活動，在社會中遭受挫折和壓力後，產生了實有原則。它的目的是控制「客我」的衝動，且適當地輔導「客我」的滿足。「自我」形成之後，實有原則替代了快樂原則，但這並不是表示快樂原則已被消滅。因此，「自我」是適應社會的一套完善的技術。所謂第二歷程即指自我的思考和判斷的心理活動，尋求實有世界中適當的「客我」所需的目標。「自我」的健全便是思考和判斷的健全。

「超我」是人格的道德部分，它代表了社會的標準。「超我」不斷地努力，以求到達至善的領域。「超我」包含兩部分：良心和自我理想。按照弗氏的說法，「超我」的養成是性錯叢(Oedipus complex)無法得到解決的後果。性錯叢乃指三歲以後對異性父母的愛慕，同時對同性父母的嫉妒心理。又父母的刑罰和報償養成了孩子行爲的理想規範。因此，「超我」代表了父母的權威和社會的理想。當「自我」破壞了「超我」的規範時，個人產生罪感。「超我」也不斷地命令、修改和判斷「自我」。因之，「自我」的活動必向超我的準則看齊。

第二 憂慮的理論

所謂憂慮是情緒上痛苦狀態。從心理分析上的解釋，憂慮是「自我」受到威脅的信號。弗洛以德將情緒的狀態分爲三項：愛情、憤怒和恐懼。愛情源自生的本能；憤怒源自死的本能。憂慮對「自我」和超我的形成影響甚大。易言之，人格的形成和憂慮的經驗有密切的關係。弗洛以德將憂慮劃分爲實體憂慮(Reality anxiety)，神經憂慮和道德憂慮三種。實體憂慮乃指個人的認知對外界刺激的情緒反應，因爲外界的刺激能使個人感受到痛苦的經驗，且使個人陷入情緒反應的痲痺。實體憂慮的反應可能導致兩方面的後果，一方面是消極的情緒反應：個人企圖從實有的世界逃避到幻想界裏；另一方面個人可能表示强烈的積極反抗和侵略。按精神分析學上的看法，實體的憂慮源自嬰兒之無能爲力的經驗而來的，他需要父母的幫助、撫養、供給等，如他與父母間的關係受到威脅時，他就產生憂慮，神經憂慮是個人認知中的內在情況，是當愛情的反應受到威脅時而產生的心理狀態。神經憂慮源自個人意識到的本能滿足的行爲，可能導致人際關係的破壞的一種情感。精神分析學上的解釋，乃指個人懼怕「客我」做出的不合社會的行爲。神經憂慮往往找不出其憂慮的對象，雖無有客體的威脅，但是個人因驚悸而痲痺了心智程序。精神憂慮是個人爲保護自己，避免外界的侵害所表示的情緒反應；道德憂慮是由「超我」的認知中對外界的危險所表示的情緒反應。道德憂慮表現於恥辱和罪感。

憂慮的淵源乃是個人從外界接受刺激後，迫使「自我」無法控制，失却其協調的作用時所產生的。精神分析學者認爲憂慮的泉源，所追溯到個人誕生時之痛苦經驗（Traumatic experience），這是憂慮的原型，另一方面，憂慮是個人認知中的痛苦經驗。憂慮無非是個人在危急情況中的警訊。最先的憂慮經驗是實體的憂慮，嗣後才發展精神和道德的憂慮。實體的憂慮也產生於嬰兒期所認同的愛情對象的人際關係裏，當嬰兒爲損失愛情對象而焦慮時，或有閹割叢（Castration complex）的焦慮時，都能產生恐懼。根據弗洛以德的分析，男孩子的憂慮與閹割叢有相當密切的關係；女孩子的憂慮與愛情對象的損失有莫大的關係。事實上，個人在整個的社會化程序中，不斷地遭受到各種的威脅和禁戒。容易使個人的「自我」遭受壓力，使「自我」感受到有四面楚歌的經驗。因爲「客我」滿足的方法，往往是非明智的，這種非明智的選擇使自我擔憂，又「自我」也不斷地被「超我」的標準所衡量。在這些交互關係中，「自我」負荷不了「超我」和「客我」的壓力時，自然會產生有意識或無意識的憂慮。

因此，憂慮是自我的心理機能遭受到「客我」的生理機能和「超我」的社會機能的壓力而來的。當「自我」的負荷過重時，「自我」的結構便開始解體，三者間的連繫漸趨於不協調。在這種情形下，憂慮便出現了。

第三　自我防禦機能論（Ego-mechanism）

前述「客我」，「自我」和「超我」的機能協調，是人格養成爲特殊形態的主要原因。「自我」與「客我」或「自我」與「超我」之間發生衝突時，「自我」能適當地加以處理，將衝突中的緊張和不愉快的情緒，用自欺的方法蒙蔽自己。這種心理程序稱爲「自我防禦機能」。「自我防禦機能」常常竄改事實和曲解事實，使「自我」安適地適應下去。「自我防禦機能」的內容，不能在此一一詳述，但其主要的功能有「抑壓」(Repression)，「退化」(Regression)，「反應結構」(Reaction-formation)，「投射」(Projection)，「托辭」(Rationalization)，和「昇華」(Sublimation)等。「抑壓」的機能作用乃在於對付本能的氾濫，「自我」不斷地施壓力於本能，因爲本能的滿足常是不顧手段，違反社會和違背良心。「自我」惟恐本能的過度放縱而致負荷不了其責任，因此，本能的滿足常常被「自我」抑壓。「退化」是「自我」應付「客我」的方法，也是第一歷程替代第二歷程的方法。當心理行使這種倒反的機能時，人格就趨於不正常的狀態。「反應結構」和「投射」並不盡相同，如在「我恨你」這一句話裏，「投射」是主體和客體互換，其意思是因爲「你恨我」，我才恨你。但「反應結構」却變換動詞「恨」爲「愛」，其形式是「我愛你」。「投射」在一切防禦機能中爲最明顯和有效的防禦工具。「昇華」乃是「自我」將本能轉移到更高的文化價值上面去。特別是性本能的欲望轉移到藝術、文藝創作或科學方面去。

第四　精神分析的人格原理與社會心理學的結構

人格原理對社會心理學的貢獻甚大。心理學中的內容結構諸如社會化程序，家庭的結構和動力，社團的心理和文化的因素等，受人格原理的影響至鉅。社會心理學中常常討論規範、價值和參考架構等問題，這些問題形成的程序，以人格原理中的超我形成的原則爲基礎。又順從社會的行爲也直接與「超我」發生關係。個人在社會中的適應，不斷地受到基級社團、家庭的薰陶。弗洛以德非常重視家庭中的交互關係。父母組成家庭後，產生兒女。嬰兒因生理的需要和母親的接觸，並且父親插足在母子之間，這種三角形的關係，使父母學習了做父母的新角色。從兒子方面來說，他也體驗了愛情和敵對及從兄弟姊妹間的交互關係中，體驗了競爭和合作。從家庭中的經驗，個人獲得人格塑造的原型。家庭組織的動力，嗣後也影響了社會中的各樣羣體。弗氏斷然地肯定家庭是政治社團、經濟社團、社交社團、娛樂社團和宗教社團的原型(Prototype)。

社會心理學中非常重視羣體的結構和程序 (Group Structure and Group Process)，人格原理中的摹擬(Identification)是羣體動力的基要因素。如成員與領導者的關係，以及成員與其他成員間的認同等，都淵源自人格發展中的摹擬作用。羣體中成員的合作與競爭都與摹擬者有密切的關係。

現代的社會心理學受精神分析學的影響甚鉅，特別是角色的原理和認知的原理，都與人格原理有密切的關係。許多心理學者，如愛克蔓(Ackerman, 1950)、羅威斯丁(Loewenstein, 1951)等，研究歧視的問題時，都從人格原理或精神分析的原理，找出歧視的根原。精神分析學也適用於問題少年的研究、社會化的研究及人際關係的研究。拜翁 (Bion) 自一九四八年以後，注重複雜的社會現象，貝爾(Bales, 1950)和密勒、史達因(Miller and Stine, 1961)所研究的小羣體中個人的行爲時，都以精神分析學上的思想爲研究的基礎。人格原理對社會心理學範圍中的各種研究，其間接的影響並不亞於直接方面。諸如精神分析學上的概念，自我實在，自我理想，變位、衝突等，都源自精神分析學上的概念。

肆　場域原理 (Field Theory)

「場域原理」這個名詞，淵源於十九世紀中的物理學的主要概念。馬克斯威爾(Maxwell, 1921, Matter and Motion)站在哲學的觀點，說明物理的場域原理，並將之運用到一般社會現象上。物理學上的場域原理，始自牛頓 (Newton) 的運動定律；每一運動的發足乃由衝激以後，產生排斥的力量。另者，由兩物體的互相吸引產生動能。嗣後更發現了電磁場裏的各種現象。在物理學中的「場域原理肯定了能源的分佈在某一特殊的場域中。這個原理後來就激發了其他的科學家對場域原理的興趣，特別是在物體與其他物體之間的關係存在與互依關係方面。

心理學上使用場域原理以說明人格的整體和人格整體的活動者，是蓼因(Kurt Lewin, 1935, 1936, Psychosocial Prohlems of Minority Group, Principles of Topological Psychology, The Conceptual Representation and the Measurement of Psychological Forces)。以後又有許多著名的社會心理學者，如愛修(Asch)，克拉輝(Crutchfield)，惠斯丁嘉(Festinger)，牛卡姆(Newcomb)等，都採用「場域原理」發揮社會心理學的各種知識。蓼因運用「場域原理」說明行爲的預向性。行爲的發足源淵自目標的吸引力或排斥力；由目標和行爲的交互關係中，產生希望、慾望和行動等心理現象。蓼因的「場域原理」的結構乃基於「心理場域」中的思考、行動、要求和希望等，是生命延續所須具有的機能。「心理場域」中的各種因素是互依的，並非分離的獨立因素。心理因素均有共存共動的性質。又蓼因也研究個人與環境的互相關係，從這關係中，產生了本能的特性、遺傳的特色、智力的特性和習慣的特性等。

第一　場域原理的概念

場域的理論是一種假設推斷的體系。蓼因提出四種方法做爲研究心理現象的步驟。這四個部分是生命空間(Life space)，結構觀念(Structural Concepts)，動力觀念(Dynamic Concepts)，和心理環境變化的觀念。

所謂生命空間乃指行爲是受其他行爲有關的因素所影響。其公式如下：

行爲　$B=f$(生命空間 LS)$=f$(人P·環境 E)。

生命空間即指人與環境的交互作用。環境通常是指刺激體和心理環境。一羣個人在同樣環境中，與環境交互作用後，不會產生相同類態的行爲表現，其原因是個人具有其特殊的心理環境。人即指個人的特性，他的需要、信念、價值、認知體系和動機等。這些個人的特性與環境交互作用之後，產生生命空間。行爲乃指生命空間的變化。個人的特性或環境不一定產生行爲，譬如小孩睡眠時，用車帶他回家，這種活動的程序，並不能稱爲「行爲」。

結構觀念即指行爲的質的關聯。譬如一位學生在吃晚餐前，決定今夜的工作是要看電影、寫論文、做工作或訪問朋友。如要看電影時，必有先買票，買票前必先檢查衣袋裏的金錢是否足够等一連串有關的質的關聯行爲發生；倘若他決定要寫論文時，必關聯到圖書館裏的材料是否有人使用及圖書館是否開放等問題。每一行爲的前提，必先考慮到行爲有關的思維動作。這是行爲的結構觀念。

動力觀念即指心理事跡發生的可能性。其範圍包括緊張的體系和心理環境的動力。所謂緊張體系乃指需要未得滿足時，產生內在的緊張的狀態。因此，個人的活動是削減緊張的動作。蔡卡尼克 (Zeigarnik, 1927) 依據蓼因的緊張體系，實驗未完成工作和完成工作的對比，其商數常常大於1其公式如下：

$$\frac{\text{未完成工作的回憶}}{\text{完成工作的回憶}}=1.9$$

這公式暗示了未完成工作的緊張强於已完成工作的緊張。當緊張產生時，不祇是身體某部分的需要，而是身體各部分的動能相繼地傳遞，因此與個人的心理體系有密切的關聯。社會心理學運用緊張的體系以解釋個人的社會需要和企圖，進而發展到羣體的活動、羣體的參與和人際的影響。

心理環境的動力方面，蓼因指出三種衝突的形式：第一種是個人處於兩正價之間，並且這兩正價的力量相等時，個人產生心理上的衝突。第二種是個人處於兩種不可避免的負價之間時，所產生的心理矛盾。第三種是個人處於正價和負價之間(Positive and negative valences)時，所產生的心理混亂狀態。這些衝突的形體都能造成個人的心理氣氛和心理的動力。

第二　心理環境的變化概念

場域原理的心理學者均主張行爲變化的前提是心理環境的變化。蓼因(1952)的著作中，主張學習是動機的變化，羣屬感和個人理想的變化。從認識結構中(Cognitive stucture)顯然地可以看出學習是認識的再結構或變化。這些變化包括個人期待的變化和社會認知的變化。

個人期待的水準包括有二項事實：目標和努力。個人在追求目標的程序中，常常遭遇到成功或失敗的經驗。獲得成敗的經驗以後，就會影響個人對第二次之成功和失敗的預測，因爲經驗是個人參考的尺度(Scale of reference)。一般的實驗指出，個人第二次的工作期待的水準，總比第一次爲高。期待的水準也受個人生活中的文化環境的影響。他所屬的社團命令個人務須達成某種程度的期待。因此，個人期待的參考尺度是反映個人的「自我」意像，他人的寄望或羣體的規準。期待準則的原理廣泛地應用於社會現象方面，特別是個人在某種特殊的社會環境中，如政治壓力、經濟壓力或其他有關的壓力下，個人的期待水準自然能適合於該社會情況中的特殊狀況。社會中無數的活動均包含有個人期待的因素。期待的準則也能構成文化或羣體中的價值體系和規範。

個人之向他所期待的目標進行，乃由兩方面的壓力所構成的。一方面是自己內在的需要，另方面是外界的壓力。當這兩方面的壓力相等時，個人自然會向他的預期目標進行。在這方面的研究當以卡特萊特（Cartwright, 1952）爲最典型。事實上，期待源自個人的需要體系和外界的要求，其所表現的不盡相同。李畢特和懷特(Lippitt and White, 1952)研究兒童在⑴君主方式⑵民主方式⑶放任方式這三種不同方式的領導下所表現的，以在君主方式領導下之兒童，最不容易獲得羣體活動的動機；相反地以民主方式領導下的兒童，均富有自己內在動機衝力，表現於各種的活動。這些領導方式可以比擬爲社會環境和個人需要的交互活動。

在社會認知方面，研究者都針對著在某種情形下，個人的認知所受這種情況的影響程度。海達(Heider, 1944, 1946)認爲社會認識開始於個人與他者的交互關係中。社會認知的養成是根據個人的認知不均衡的心理活動程序而來的。因爲，個人的心理中，不容許外界的實體或現象與心理的程序發生矛盾的狀態。若外界現象和心理程序構成矛盾時，個人就養成一套社會認知。養成的方法，一方面個人可能會修改他的內在主觀性，同時也會曲解客體或現象的事實，使它附合個人所需要的體系結構。因此，在個人的認知和現象的交互中，個人會加添或削減一些事實，使認知和社會現象或情況相平衡。倘若個人所認知的兩項事實甲與乙，而兩者構成矛盾時，個人可能修改對甲或對乙的看法，削減或增添某一方，使之平衡。依這種實驗，克勵志和克拉志輝(Krech and Crutchfield, 1948）及愛修(Asch, 1952)曾肯定認知的變化是由於主客體間的不平衡而產生平衡的心理狀態的後果。這原理後來形成爲態度形成原理的基礎。事實上，歧視形成的程序也是這樣的。

第三　行動的研究和羣體動力

當蓼因揭開社會因素中的心理潛力的重要性時，他發現行動和認知是交流互的影響。他並注意到個人受特殊的環境影響後，所構成的特殊行動。他首先分析兒童所受的社會影響，嗣後，又研究小羣體的性質，這些研究啓發了羣體中的個人怎樣地受羣體的影響。起初，這種研究就被搬進愛喔華大學，接著在麻省理工學院的羣體動力的研究中心（一九四五），研究羣體的潛在力量對個人行動的影響。蓼因的研究核心是以行動研究（Action research）和羣體動力（Group dynamics）爲主。

行動的研究，首先注意到以個人在社會中所受的壓力和歧視爲主題。蓼因針對社會中的難題，如由歧視而產生的社會問題，工業中的衝突問題、結婚中的衝突問題和戰爭中的風紀問題等，促進其他的社會心理學者對行動研究的興趣。他們發現前述的諸問題，不只是個人的人格偏差，而是行爲的壓力所構成的。事實上，羣體動力的研究，比較關心研究方面的設計和結果，並且由研究的結果，推出學理和行動的關聯。羣體動力的內容最注意羣體的氣氛、羣體的目標、羣體的決定等題目。羣體動力的研究者，包括卡特萊特(Cartwright)，惠斯丁嘉(Festinger)，弗達志(French)和李畢特(Lippitt)等。

羣體動力的中心原理乃是主張羣體的本質，不在成員性質的相似或差異，而是在成員間關係的互依性和交互性。羣體動力的內容，很少論到一羣體與其他羣體的接觸關係，而僅注重羣體中內在交互的特性、內在結構和動力的性質。更詳細地說，就是注重羣體中的黏著力（Cohesiveness），黏著力意思是成員與其他成員間，對企圖解決羣體難題時，他們的合作和交互的心理因素。這種心理的團結力量，可以保留個人在羣體中活動，並且這力量也是各個人在羣體中活動的力量。另外還有羣體中內的傳遞問題（Communication）。惠斯丁嘉認爲當羣體對成員的壓力，促使成員有一致的行動時，會產生良好的交互傳遞的程序。克勵（Kelley, 1951）以爲社團的結構產生傳遞的各種不同的方式。有些社會心理學者認爲情緒的狀態是羣體間互相傳遞的重要因素。其外，羣體動力還研究羣體決定和羣體工作效率間的關係，及羣體的結構和個人佔有結構中的某位置時，所產生的心理狀態。

總之，由蓼因的場域原理的各種概念，影響社會心理學者對社會現象的構想和社會問題的解決法。今日，仍有無數的社會心理學者，從事於這等研究的工作，奠定了社會心理學中各問題的原理和有效的解決方法。

伍　角色原理（Role Theory）

社會心理學者使用角色的原理解釋人類在社會中的複雜行爲。角色的原理不祇是從社會心理學的資料而獲得的；它實包含有文化、社會和人格等因素。由文化得來的觀念乃指在社會中，文化劃定個人在社團中某位置的權責；由社會得來的觀念乃指社團中既存的各種不同的地位，應活動的範圍的確定；由人格得來的觀念即指「自我」觀念的形成和發展。角色所包含的這三方面，具有行爲交互的特性；個人接受某角色後，依角色的描述(Role description)而行動。角色不能單獨存在，它的存在是關係的和交互的。現代社會心理學者的看法，他們認爲行爲是自我(Self)和角色交互的結果。

角色一詞在社會心理學上的定義，不下數十種。密得(Mead, 1934)和一羣社會學者主張角色就是社會化的程序中，「自我」內在化於角色裏。在這種定義下，自然視角色爲態度和行動的綜合表現。嗣後，有些學者反對密得使用態度和行動的綜合表現爲角色定義。經過學者們互相的修改和建議後，今日大多數的學者已承認角色是個人的行動與他的地位(Position)和格式(Status)有關的交流。因此，角色的研究包括角色的期待(Role expectation)，角色的認知(Role perception),角色的行使(Role enactment)和自我等。

第一　角色的期待

社會結構中的地位安置裏暗示了角色期待的體系。所謂角色的期待包括兩種含義：第一種是權利，權利即指持有角色者與其他角色交互中預期必獲得的利益。第二種是義務；即指其他角色者對持有角色者的期待。當個人行使角色時，必須包含角色的期待。角色的期待是社會行爲的動因。

既然角色的期待是行爲的動因，而且角色含有權利和義務兩個因素，則角色的分析必傾向於行動和品質方面。譬如分析母親的角色時，母親供給嬰兒的需要，這是行動方面的分析。母親的溫暖態度、慈母的儀容或母子間的心理關係等爲品質的分析。當社會心理學者研究角色的期待時，大部分研究都集中於結婚關係中，職業關係中或人際關係中的互相間行動的期待。柯特勵(Cottrell, 1942)研究角色期待和個人適應的關係時，發見兩者的關係甚爲密切。羅斯(Rose, 1951)研究大學女生時，發現她們對成人應持有的角色極其含糊，而一般的成人對角色的期待，也沒有明顯的要求。綜合許多學者的研究所得的結論指出角色期待的含糊與社會變易成平行的關係。易言之，多變的社會對角色的期待的比較單純的社會要含糊。這個結論解答了女性角色期待的含糊的原因，因變易的社會中，社會對女性角色的安排，似乎在不斷地演變中，並且這種演變使女性對角色期待產生了模糊不清之感。

角色的衝突是在兩種情況下發生的：第一種情形是個人同時持有兩種或兩種以上的角色；第二種情形是持有角色者和他角色者衝突。當一個人同時持有兩種或兩種以上的不同角色時，不相同的角色期待隨即產生。如果這兩種角色中的價值，要求和表現互不相容時，所產生的狀態稱爲角色衝突。事實上，這種衝突屬於心理上的衝突。但在兩個不相同角色者的交互之中，其他角色者的心理活動若不迎合持有角色者的期待時，兩者之間也會產生衝突。爲要解決角色的衝突，布朗(Brown, 1952)介紹角色扮演的方法，就是個人扮演其他者的角色(Role-playig)時，能經驗到他人的角色期待。

角色期待中的品質(Quality)方面或心理方面的屬性，沙勵蔓(Sullivan, 1950)由角色期待中的品質(Role expectation qualities)的原理發展出人格的各種不相同的氣質。在他的測驗中發現女人的角色期待的品質比男人爲高。易言之，在女人的角色交互中，心理因素遠超於男人。

第二　角色的認知

認知是有機體對外界刺激經感官傳達腦神經的內在反應。這種反應能產生社會行爲。角色的認知乃指個人受到社會刺激後，所發生的有組織的反應。個人的行動不斷地與其本身認知中的角色對照；角色認知的流動程序有意識地或無意識地迫使個人就範於其認知中的角色，使角色的認知與角色持有者的自我意識相平衡。這就是個人能認知他自己的角色位置與他角色互動的關係。在角色認知的程序中，個人首先安置其他角色者的交互位置，如嬰兒首先認知母親與他的關係，嗣後，才漸漸發現角色交互中，他應持守的行動。易言之，個人若不能適當地認識他本身的角色以及他者的角色時，即不能建立正確的自我意像(Self image)。

依據實驗的結果，若個人對其他角色者的認知正確時，兩者間的交互也趨於正常和適當。沙敏和哈立克(Sarbin and Hardyck, 1952)研究姿態行爲(Postural hehavior)與角色的認知關係時，他們使用各種姿態的人體線條，讓被測驗者反應對姿態的認知，包括行動、感覺和其他有關的印象。結果指出兩者的關係相當密切。

第三　角色的數目

角色的數目卽指個人在同一時間裏，持有數種不相同的角色，且這多種的角色對行爲的影響甚巨而造成相當複雜的現象。角色的複雜也影響個人與他人交互中的心理狀態。如在某一小羣體的討論中，因各個人持有不同且複雜的角色，而表現出不相同的討論行爲；有些人却專門供給解決難題的信息，有的却專門鼓勵羣體的合作，有的却常常持有相反的意見。馬志勵斯(Mazelis, 1953)研究羣體領導者的角色時，其結論裏强調領導者角色是多樣的，他必具有足够的能力統籌羣體中數種不同的角色，使之協調，並且他本身也必須具有對數種角色的瞭解經驗。

如果一個人包容在角色複雜的情況中，可能產生甲角色和乙角色的衝突的現象。譬如某人是商人，同時他是議員，也是一位虔誠的基督教徒。他知道禮拜日的顧客特別多，商店務須他管理，安排和照料，但他也知道他必須到教堂去協助教會的工作。有時候，在生意佳期中，他必須出席議會處理案件。在這複雜的情形下，這三種不同的角色對他的壓力，他可能重視某角色的重要性，加强某角色的行使(Enactment)。因此，角色的數目愈多，個人愈不能完成角色中的期待，而構成角色中的自我矛盾和自我混亂的心理現象。

第四　機體的包容性 (Involvement of organism)

當個人持有數種角色時，這數種角色對個體的影響有程度上之差別。這就是說個人行使角色時之深度，隨各個人的主觀判斷而不相同，若個人認爲他所持有的甲角色比乙角色爲重要且經由甲角色能適當地表現自我的價值時，卽機體(Organism)和甲角色的關係强度增加。當一位賣菜的小婦，她持有生意人的角色與買菜的家庭主婦們交互，這位少婦倘若遇到她的兒子生病時，她持有母親的角色，與生病的兒子交互，此刻，交互的深度顯然地與顧客的交互不同；她與她生病的兒子交互顯然地受深度的情緒所影響。這就是說持有母親的角色的機體包容性遠比持有生意人的角色爲大。機體包容性愈大，個人生理機能和心理機能的活動亦趨於頻繁。這時候個人內在的能量的流動量亦增加，同時能量的消耗也增加。當個人對某一角色的機體包容性增深時，我們可以說他對某工作具有熱心和活動。這個原理可以解釋個人在社團中的活動趨勢。如果他主觀的判斷中，認爲他在社團中現持有的角色，富有意義和重要性時，他的機體中的心理和生理的活動的包容性遠比其他沒有重要性的角色更有精力和熱誠。因此，一個人持有數種角色時，行使這種角色的程度有顯然的差別。

角色行使時，機體包容性的深度與自我觀念的意識深度有平行的關係。倘若深度增加時，情緒和流露也增加。不論機體包容性或自我觀念的增加，都可能傳達到對方的增强。我們列舉宗教信仰爲例，當個人意識到他的罪感時，他的宗教情緒隨卽被激昂。因爲這個人接受極深度的罪人角色，所以他的宗教活動就包容了他的整個人格。

第五　自　我

角色的原理是以自我原理爲基礎。詹姆斯（William James），柯勵（Cooley），法麗斯（Faris），和楊格（Kimball Ygung）等，到現代的社會心理學者，一致承認自我是社會互動中的產品，因此自我富有社會性的意義。自我原理的研究和提倡，經歐爾波特（Allport, 1937）的解釋後，才在社會心理學研究的項目中佔了很重要的地位。今日的社會心理學者，無一不論及自我這個題目。自我是行動和認知客體的關鍵。既然如此，自我是由個人認同經驗中（Experience of identity）對事物，對自己，對他者的交互後，養成的人格結構。

自我不能用直接的觀察方法衡量其趨勢。雖然如此，個人與他人交互中不斷地表現其自我的強度，自我的動機，和自我的表現。當自我和事物交互時，顯出其特殊的性格，其獨創力和適應力，若要了解自我的機能，必須由自我所表現的現象和非言語行爲中推論。這種研究的推論代表了自我的特質分爲特性（Trait），態度，情操，和習慣等，這些分類都基於互動中的個人行爲。以下我們將詳細地討論自我形成的原理。

社會心理學者認爲自我是個人的有機體（Organisim）和外界客體；包括刺激物體和情況，交互中產生自我的結構。在這一定義上，自我是認知的結構；因個人與各種不同的客體刺激體的交互中，形成了一套的經驗，並且藉着這一套經驗判斷新遭遇到的客體刺激和情況。客體的刺激和情況對個人的意義，首先與嬰兒的生理機能有莫大的關係。嬰兒時期的活動，全部受生理平衡（Homeostasis）的原則所支配。生理平衡的活動始於生理不平衡的狀態中，求得平衡的狀態，消彌不平衡時之緊張。這種活動的方法，刻於神經體系中。比喻我們教孩子不要在路上吃東西。吃東西是生理平衡的活動。不要在路上吃東西是社會禁戒，並非生理原因。因此生理平衡的活動，處處受社會規範的限制，而這些限制的禁令，併入腦神經中成爲活動指針。

自我是特質的組織（Organigation of qualities）：從嬰兒時期起，個人在整個的成熟過程中，與他人，他事件和物體交互中，形成一種特殊的性格。在各不相同的成熟程序的階段中，神經系統的發展也各不相同。因此外界同刺激體對年幼的兒童來說，却有不同的涵義和刺激反應的程度。另外有個人和社會因素的交互亦決定自我的形態。個人周圍的父母，兄弟姊妹，朋友等影響到自我的心理結構。換言之，父母如何對待或處理嬰兒生理平衡和心理平衡的活動是自我形成的主要關鍵。比喻嬰兒未達五個月時就被斷乳的，到他長成後總比五個月以後才斷乳的人，多呈現悲觀的性格。

施克爾和哈特蔓(Sickles and Hartman, 1942)主張自我的組成由三部份；生理自我(Somatic self)，接受和感觸器管的自我 (Receptor-effector self)，和初期推斷的自我 (Primitive construed self)。其外，精神分析學者再加上兩種自我的進展形式；併入自我 (Introgecting self) 和社會自我 (Social self) 等。

生理自我卽指嬰兒初期的自我形式乃賴於生理的需要所激發的內在緊張，這種緊張使嬰兒漸漸意識到自我的重要性。這種自我形成的時期裏，其特色乃是將需要和自我的意識建立起來。在生理活動的程序上，需要源淵自機能的活動下產生能量的消耗，倘若能量的供給和能量的需要構成不均衡狀態時，產生肌肉的緊張。肌肉的緊張亦立卽變爲心理的緊張。當嬰兒與父母交互之際，父母供給嬰兒的需要時，供給的方法和供給者之情緒和態度，使嬰兒學習了自我和非我 (Nonself) 的分別。這就是嬰兒生理自我的發展。因此，嬰兒自我結構(Ego structure) 的發展，乃先建立生理自我的界線；意思就是說嬰兒能適當地識別自我和客體的關係，並且適當地調適主客間的交互。生理自我是嬰兒的活動中心，生理自我也是自我意識和認知結構的基本原型。客體刺激的强弱對嬰兒的自我結構的影響甚巨；過激的刺激往往能造成性格上的偏差或心理上的不均衡發展。倘若嬰兒本身意識了不正常的自我結構或不能適當地迎合他人的自我，嬰兒也能盡其能力，力求平衡，這種平衡的方法，併入嬰兒的人格部份後，養成了殊異的性格。

接受和感觸自我的主要功能乃緩和內驅力的緊張。接受器和感觸器的活動隨着年齡而不同。一位三四個月的嬰兒飢餓的時候，供給食物者在他的認知中也不過是一位緩和緊張者而已。因爲自我的發展有兩方面的因素；神經系統的發展和外界客體對神經細胞的刺激程度。嬰兒的生理平衡的活動必須經由他者的援助，始能平息生理不平衡下所產生的緊張。他者供給的緩和方法，經由接受和感觸器後，在嬰兒心理體系中產生感情。一般而言，這種程序始於五個月的嬰兒。這段時間自我的結構與接受和感觸器之功能有莫大的關係。

初期推斷的自我始自六個月的嬰兒。這個時候神經肌肉(Neuromuscular)的連繫活動趨於協調；爲此，嬰兒漸漸使用他的行動抗制或表現其內在的需要，也漸漸地認識他者對本身的意義和關係。當嬰兒能容忍外界或內在的刺激時，他的自我結構和自我的意識，已經進入了一個新的階段。這時候嬰兒已呈現固定的反應，這就是說嬰兒的初期推斷的自我已開始了。

自我形成的第四個階段是併入自我。這個時期嬰兒漸漸運用手勢發達意義。這也是嬰兒學習手勢和身體的動作所包含的感情活動之開始。藉着手勢和身體的活動，嬰兒就開始實驗自我的強度和適用。這一時期，嬰兒亦開始使用言語。言語的發展程序是以自我中心有關的字句開始，到了這個階段兒童也可能瞭解他人的行動，並且依此行動反應嬰兒本身的情緒和動作。嬰兒最初的反應乃是根據他人的贊同或不贊同，這也是兒童羞恥的泉源。

第五種自我進展的形態是社會自我。所謂社會自我即指幼兒能識別他者的社會機能，並且能瞭解他者與本身的關係。當他能稱呼「媽媽」，「哥哥」等人時，同時也開始瞭解這些人物與他本身的機能關係(Functlonal relationship)。他開始學習他者的社會角色，按其認識程度與他者交互。這時候幼兒從周圍的人，已漸漸體會到他本身在社會中的位置。

自嬰兒時候開始學習的自我，與他成人以後的自我結構有密切的關係。自我的原型源自這五個形態。自我的結構和角色的行使有密切的關係，因此角色的原理乃以自我爲核心。

第六　角色原理的研究

角色是社會互動的基本條件；若沒有角色的關聯，就少有互動的關係。因爲社會中的互動也是角色的交錯關係。社會心理學者非常重視個人在羣體中的角色，但研究角色時却產生了許多的困難。因爲角色是行爲交互上的觀念，其研究範圍之廣泛和研究中心之模糊，使研究者擔心他們對角色所下的假設是否眞正地代表角色的內容。雖然有這些困難，但仍有一些社會心理學者大膽地假定了幾個研究角色的對象。

第一個假設的題目是角色和緊張的關係：這兩者的關係的研究是否能眞正地代表角色本身，依學者的主張乃根據自我是反應外界刺激的體系，個人因自我結構的不同，對外界的同刺激體，不能有相同的反應。當外界的刺激傳達到個人時，從心理上講，即個人就產生內在的緊張，嗣後，自我能否忍耐或壓制緊張或無法抵制緊張的發洩，及視自我的結構而定。精神分析學者曾指出一般具有心理病態者，很難容忍由內外刺激所引起的緊張，他們都依衝動（Impulse）而行動，他們不太關心他者之認可或反對。又那些具有神經質病態者（Neurosis），往往不能抵禦自我在環境中的緊張壓力。因此，一位不能自制的人格，其自我的結構具有濃厚的初期推斷的自我特性。而那些具有高度的自制力者，其自我結構具有併入自我的特性。因此，自我結構的特性乃受其結構的形式所支配，推斷和行使個人在各種情況下的角色行爲。

第二個研究的題目是接受他角色的技術：自我結構的形式，若停滯在初期推斷的自我的階段中時，這種人當然不能瞭解他人的角色。當然這種人的社會自我的結構也呈現幼稚的狀態。生理自我的特性若佔據了個人的特性時，這種人也不可能接受他者的角色(In-taking-role-others)。自我結構的體系若在某一時期中固定化，即個人就不能適應社會的演變或變遷，在這種情形下，必然產生心理的諸病態。沙敏在一九五二年刋載於變態社會心理的雜誌裏指出，精神分裂者具有濃厚的接受和感觸器官的自我結構以及初期推斷的自我現象。因此，具有心理病態者，往往顯示其自我結構的不均衡。

總之，學者以自我和角色的交互爲角色之核心。自我的殊異形態是以經驗爲基礎，自我的演進與角色的行使有密切的關係。自我的健全表現於個人對角色的勝任；其中包括自我的穩定和動搖（Stability and lability of the self)以及角色行使的硬性和可塑性(Rigidity and flexibility)。

第二篇 個人參考架構形成的程序

個人的行爲構成社會的現象。行爲是個人參考架構(Frame of reference)的表現。內在架構的養成是源自個人的適應程序中的經驗。當個人的內在架構形成後，他的判斷，認知，態度和動機都受內在架構的影響。內在架構是個人機能關係的體系 (System of functional relationship)。內在架構的形式乃是基於個人過去的內外刺激的交互下，養成了一組內在的心理活動的形式。因此，個人的參考架構遇到刺激時，個人的心理機能隨即遵照參考架構的形式而反應。

參考架構是個人內在的心理機能的體系，執行和衡量個人行爲的動向，同時也使個人對外界的刺激，依此架構解釋，定義及反應。本篇將討論參考架構所包含的動機，認知和態度。因爲這三者是個人判斷外界的情況和現象的基要體系。

第三章　動機行爲

現代的生理學的社會科學共同承認；心理的發展是由於生理與社會的交互因素的結果。行爲可說是生理和社會交互影響下的產品。內在的生理條件和外界的影響構成行爲的特殊性，這是不能否認的事實。但是行爲的產生，旣受社會和文化的條件修改；則行爲的表現必須符合社會和文化的要求，這些要求或影響，在一個人的社會化過程中，已經灌注於個人或內在化於個人行動的體系中，構成個人的參考架構去實行行爲方向的規範。但行爲的催促力受動機的支配；動機是行爲的原型，行爲是動機的傳達。所以社會心理學的範圍也擴展到行爲的內在因素——動機。

行爲的公式如下圖：

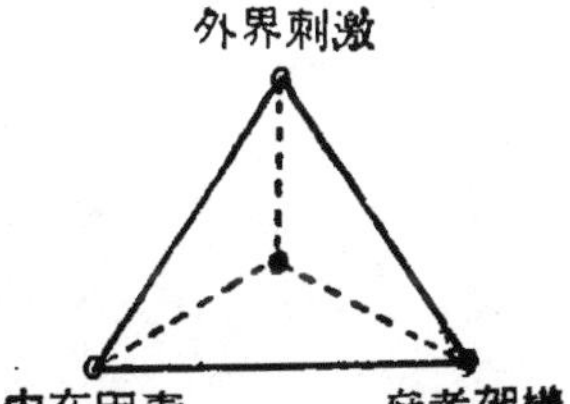

這個三角形代表常態行爲的程序。不論行爲的發足點是內在或外界因素，經過參考架構爲指引，達成行爲背後的動機。爲要明瞭三者的關係和行爲的表現，我們使用立體三角形說明互相的交互關係，三角形的三點坐端說明了三者的關係，三角形的頂端，說明了被表現的行爲。又各個人的內在因素，外界刺激和參考架構；不可能有一致的地方，所以三角形的頂尖，不可能構成立體的正三角形。有些行爲的表現可能偏重於參考架構方面，有些可能偏重於外界刺激方面。作者的意見卽頂尖若在底盤的面積範圍內，這種行爲堪稱爲正常行爲，若頂尖移出三角外面時，這種行爲已有了社會和心理病態的現象。
行爲的方向是基於動機。動機淵源自生理和社會兩方面的因素。生理方面是人類延續生存的供給品，社會方面是社會規則對行爲方向的限制以及社會情況的刺激，這種限制的刺激隨著各文化和各習俗而呈現不同的反應。不論生理原因或社會原因，都直接關聯於動機的强弱度。

壹 動機原理

動機和行爲的關係在現代社會心理學中，已統籌爲二大動機原。因爲動機促使行爲使它構成不同的表現，如經濟不景氣的地域，政治動蕩的地區，傳統文化急變的地方，甚至科學進步的地方，無不影響個人的動機，演成社會中各不相同的行爲和活動狀態和社會價值的變遷。今日在我們生存的社會裹，傳統的文化和道德的衰頽，也是受各個人之社會動機的影響所致。動機是個人活於社會的基本能力，藉着動機，人人追求各門不同的行業，且動機也影響到社會全般的潮流。茲簡述動機的原理如下：

生理原的動機(Biogenetic motive)：生理原的動機淵源於生理的需要，這種動機的活動是機能自節的程序，經過這種程序，保持了內在化學因素的平衡。

社會原的動機（Sociogenetic motive)：這種動機是獲得的動機，也是適應於某一社會中所必具有的條件。這種動機的構成原因，是人格互動關係中，個人與羣體的關係中，個人與社會規範和社會結構中，個人受他客體的刺激後養成的。

這兩種動機，可包含心理學上之各種不同的動機論說。生理原的動機，乃不分經濟的高低，宗教的區分，人類的差別，習俗的異同——是基於人類均有的共同生理需要的活動。前代的生物學者達爾文(Darwin)，威廉詹姆斯(William James)，馬克杜嘉(McDougall)和弗洛以德(Freud)等，對人類的本性具有相當的研究。這羣前輩的學人，企圖建立人類的本性和被表現的現象的關聯，以奠定理則上的體系，並構成他們論說的全盤結構。歷代相繼的學者，揭穿了人類行動的謎底，敷設了今日心理學界的基石。心理學萌芽的時期，每一個研究的題目，都脫不了以人類本性爲中心的難題。

以生理原爲動機的根本假設，乃基於機體的生理平衡（Homeostasis），是因爲生理需要因素的缺乏，而構成生理不均衡的狀態。如氧氣，水分和食物之不足，或性賀爾蒙滲入血液中，份量增加，催促機能平衡的運動，經過這運動，保持了機體的生存或延續。這些機體藉著外界的供給品的或內在分泌腺的活動，構成行爲內在的動機。從生理上觀察之，內在平衡的障礙原因，催促機能的活動，添補機體上的不足。這些不經學習，生來俱有的機能活動，逐漸由於學習而做部份的修改，如一位運動家或獻唱家，怎樣地運用呼吸的原則，去跑萬里的賽程或演唱。人類基本的需要，如餓，渴，性慾，漸漸被修改，因爲這些需要的滿足方法受了社會原因的控制。如性慾的滿足，人類自然地有了求伴侶的羣行動，於是有了羣居的傾向，形成羣體，相互供給各自的需要。個人在羣體中的活動，證實了他是羣體的附屬性和他在羣體中的地位，藉此產生了人類互相的社會和心理依賴，且從依賴中獲得滿足。但依賴和供給間必須規則化，才能適當地交互，這程序表現在社團中的責任和角色。因此人類相互關係中，產生格式（Status），羣屬（Belongingness）及自我的意識。這些範圍屬於社會原的動機。

由上面我們可以知道生理原和社會原動機之交互關係中，生理原的動機滿足的程序，受了社會因素的限制，因個人需要的來源必須靠着他人的供給，如性和食物等。個人在追求滿足的程序中，可能遭遇到剝奪的經驗，這種經驗影響了整個的心理結構的形態。假如個人在追求滿足的程序中，剝奪的經驗和壓力，使個人負荷不了壓力時，這不但有生理和心理的後果，且有社會難題的後果。因此社會心理學中，注重生理原動機的原因，滿足動機的活動程序及和個人與他者交互時的反應。個人和他人的互相依賴性愈大，社會問題產生的可能性也增加。

生理原的動機：如餓，食，性等，經由社會原的動機，如慾望，財富的持有，力量和格式等，以這些爲指針尋求根本的需要。這兩種動機不可以說那一種動機比他種動機重要。不過我們可以說，有時候生理原的動機强於社會原的動機，相反亦然。這兩種動機最影響人類的經驗和行爲，且塑造經驗和行爲的型體，就是個人本身與他人的機能關係中的形態(The Patterns of Functional relationship)。所謂機能關係的形態乃指個人與他者交互作用的關係形式。動機在這種意義上，成爲心理機能與社會環境的互動關係。由動機傳至行動的程序中，個人對這程序的經驗是一種情緒的反應。以性的滿足爲例，性慾望的衝動至滿足之間，及滿足以後的一段時間，個人被包含在一種情緒的狀態中。不論生理原的動機藉著社會原的動機的任何方式，去獲得滿足時，均伴有情緒的反應。如食物需要的動機，轉移到求財欲時，求財利的方法自然牽涉到情緒的反應。這種情緒的反應，愉快或不愉快的經驗，可能更改動機的強度以及行爲的表現和經驗的不同。如個人損失有價值的客體或人物時，伴著強烈的悲哀狀態。一般而言，這個人可能改變了他的人生觀。其實，這個人的動機已被情緒因素修改了。

情緒激昂的原因是動機與現實的衝突，以及動機被現實條件阻礙時，所構成挫折的狀態被打擊或困擾的情緒，可能導致侵略、攻擊、退化、減少動機強度等之後果。因挫折的反應，隨著個人的經驗和認知，表現於不同的心理防禦機能（Defense-mechanism）的作用，這種作用陪伴著動機至行動的情緒，使個人建立自我的觀念，形成一種特殊的人格。

貳　動機和社會化程序

嬰兒誕生在成人的社會裏，成人的社會已經有了對事體，對人物，對行動等的價值體系（Value System）。他參與成人的社團，由成人的訓誨，接受了社會重要事件和社會中應遵守的秩序。嬰兒初生時，生理原的動機主配了他的整個活動；他餓了，他就不斷地哭，直到食物的獲得。初生的一個月內，嬰兒的的行動是紛亂的，無組織的和易變的狀態，但一個月後，活動就有了固定型式、意義、暗示和重要性。不論如何，嬰兒的行爲是生理中心的表現。因爲嬰兒依賴著成人而生存，尤其是人類依賴性的期間，比其他的動物長，所以人類必須學習更多的社會原動機去適應既存的社會法典。人類的依賴性的延長乃是他被社會影響及接受社會影響的主要原因。依賴產生了接受性。兒童發展的每一期，必須接受社會對他的期待，他的行動必須符合於社會的要求和社會現行的規範。外界的壓力使生理原的動機向社會規範的標準移動時，個人的人格發展已進入社會化程序。整個人格的發展程序中，成人的壓力，使嬰兒到兒童的生長過程中的生理原符合社會要求，使兩者間距離儘量拉近。若這兩者的距離差甚大時，兒童亦無可奈何，只有接受環境的壓力，形成一種特殊人格。自嬰兒誕生、依賴、到自立，兒童對他人感到興趣，需要他人的供給，因爲他人是兒童滿足的泉源，兒童可以學習到社會中他者的重要性。

關於概念的養成；如言語使用，目的是和社會的人交往，而且表達他的需要和情愛。兒童學習的程序，受了社會原動機的驅策，他所學習的範圍，從本身有關連的事物和需要開始；如對事物，人物等，亦漸漸學習社會價值和規範去鞏固人際關連性的强度(The strength of interpersonal relationship)。他學習順從去鞏固他與父母間的關連，也從與朋友的來往學習了妥協的方法。自我的意識，是在關連中學習而來的。自我的態度也由圍繞在兒童四周的環境，如客體、人物、事物、工作、羣體、社團等，經由直接和間接的交互作用而養成兒童的自我態度。由此交互的關係，兒童隨之被壓力擠人社會的標準、價值、規範後，養成自我的體系(Ego system)。自我的體系便是自我的態度。但在許多情況下，生理原的動機會成爲社會原動機的轉移；例如：性慾的衝動，可能轉移到文藝創作方面。然而社會原動機，不一定基於生理原動機，因爲許多社會動機是社會中直接產生的，並不一定與生理原的動機有直接的連繫。因社會動機可能基於人與人，人與事，人與情況，人和價值等之交互作用中產生的。如一個人參加社團或娛樂的動機，不一定與生理原動機有直接的關係。一位小姐拒絕做婢女的動機，純爲社會性的，並非生理原的動機。因每一種社會裏，都具有現行的價值和規範。這兩者不斷地向社會中的個人施行壓力，這種壓力影響或內在化於個人時，便成爲自我態度。自我態度也是社會原動機的一部份。更詳細地說，羣體中的交互作用和羣體的性質，影響個人的社會動機。家庭、宗教社團、職業社團等都具有影響個人社會動機的力量。

叁　動機研究的方法論

動機既是促進行動的方向和深度，同時動機亦決定個人對某事的認知，判斷和反應之不同程度。因爲動機，如態度，不能直接衡量，只有在某種條件或情況下，個人對該情況的反應時，動機始能被觀察出。研究態度時,均以他人，羣體、社會、政治、宗教、經濟等問題爲資料,測驗個人對前列問題的反應；動機的研究偏重於個人受剝削或挫折時所反映的條件。又挫折和剝削也隨著個人不同背景，如社團組織、宗教、經濟、政治而不同。一羣人受了食物和水的剝削時，容易地顯出不同程度的動機。因此社會日趨複雜時，干擾動機的因素也日益增加。這使動機的研究陷於困難的境地中。

食物剝削的實驗：根據一般的觀察,當個人飢餓時禁止其攝取食物,易使個人幻想到食物的事。同佃福(Stanford)研究剝削食物的時間和對食物的幻想的關係時，發現飢餓者最容易將某客體的動作與食物聯想。他的結論指出接近食用的時間時，食物的幻想比其他時間都强。繼之馬克勵蘭和愛底根遜

(Mc Cleiland and Atkinson) 用海軍入伍的新兵爲研究對象，剝削食物的時間爲一，四，十六小時，然後用光度微弱的電影片放映給他們看，實際上電影機不斷的轉動，而沒有放映影片。嗣後，要他們把所看到的記下來。他發現剝削食物的時間之長短和食物幻想的强度成正比例。然後將清晰的圖片，讓他們解釋圖片中的活動，結果食物剝削的時間也與食物的幻想成正比。食物的剝削和知覺判斷有很大的關係，這種關係是研究動機的方法。廖巴因和馬惠 (Levine and Murphy) 衡量食物的需要和知覺曲解的關係時，用一組無輪廓的亂畫，包括有黑白圖片和彩色圖片，要求學生由此圖片做隨意聯想。這些不明顯的圖片是無結構的圖表(Unstructured figure)。無結構的刺激，往往隨著個人的主觀的需要而判斷出其心中所持有的意念，由此可瞭解內在動能的趨勢。結果發見了飢餓的程度和知覺的曲解有統計上的顯著性。這等曲解和生理原的動機有密切的關係。換言之，曲解無結構刺激，被動機的需要而誘導和曲解。經過一星期後，兩氏再使用這組無結構的圖片，測驗同組的學生，在各種不同的內在動能活動下，如各人離吃飽的時間一、三、六、九小時等不同的時間，結果對這圖片的食物反應和飢餓時間成正比例。同類的實驗，經許多學者的證實，需要和知覺之間受了動機的干預。因此餓和渴的强度，影響知覺判斷的正確性。這種事實，在許多未開發文化中，與羣衆的動向有很大的關係。目前臺灣一窩蜂性的企業投資，是受了經濟欲望的强度，被這種動機誘導，而產生社會判斷誤差的後果。

另者，動機的實驗，注重於剝削情形和心理選擇的關係。食物的剝削對好食物的心理選擇性 (Psychological selectivity)有極大的相關關係。飲水的剝削能產生好水的心理選擇性。威斯布 (Wispe)

的研究：剝削一羣人的食物和飲水，時間是由零時至二十四時之不同程度。然後呈現一些字彙，其中一半與需要有關，另一半是中性字句——與食物和水均不能建立關係的字彙。結果他發現：由零小時至十小時之不同飢渴程度中，受到十小時剝削者，對食物或水的聯想最高，十小時以後，漸趨降低。因此生理原的需要構成動機，搜求目標後，到某種程度會達到動機的高峯。到高峯後，若不能滿足需要時，則動機的强度削減，但動機却不能一時滅絕。在這種情形下，可能產生動機轉移。這個實驗符合於心理學上的挫折轉移的原理。

肆　動機研究的難題和研究設計

人類的動機是最複雜的。動機的研究也是非常困難的。因爲個人的行爲處處受了自我身價和社會壓力的影響，表現出來的行動常受防禦機能(Ego mechanism)的歪曲，原來的動機產生變易的行爲，使得表現的行爲與眞正的動機相違或無法從表現的行爲觀察到動機的眞面目。這是心理學上所說的「壓抑」後的轉移。藉著壓抑，個人可以保持他的身價，順從社會和他人的要求，掩飾原來的意欲。所從投射方面來看，一位技術笨拙的工人，可能不承認其技術的貧乏和無知，而責怪工具的不合適。所以他不會說「我的能力太差了」，而說「這些工具太糟了」。藉著投射，個人可以保持其身價。還有一位性機能虛弱的人，常常告訴別人關於他對性方面的冒險。一位意欲爭取高職位的人，常常告訴他的朋友關於他過去的偉大事跡，藉此保持他的身價；這種描述相反的事件，在心理學上稱爲「倒轉」

(Inversion)。原來的動機，因倒轉的心理程序，掩飾了個人的弱點，而顯出相反的表現。因此自我防禦機能也成爲動機研究的阻礙物。

從自我防禦機能的程序，我們可以看出行爲可能代表動機，也可不代表眞正的動機。從以上提出的三個範例，我們可得結論爲：個人的行爲或行動的表現，乃是維持自我價值的方法或自我評價的暗示。且個人期望他人對他的自我身價或評價有同樣的看法。當他人對自我的評價佔有重要地位時，這種他人稱爲「有意義的他者」(Significant others)。如少年人需要其同伴對他的認識，他的同伴在他們兩者的互動中就成爲「有意義的他者」。個人動機就在「有意義的他者」的面前，爲要保持自我身價的均衡，個人無意識地受自我防禦機能的操縱，表現動機和行爲的相違。但這種心理機能的程序，在大半的情況中，個人本身乃意識不到的。

又個人對他現持有的社會階層(Social rank)的意識非常强烈。因爲社團結構中，個人定能落於某位置上，這是社團活動時必具有的組織。個人在這組織中的層次意識(Hierarchical conscious)也是自我評價的支助物。如某一教授說「他是國立某大學的教授」，和一位工友說「他是國立某大學的工友」，意義和含意完全不同。這位教授可能常提起他是國立某大學的學者，但工友並不需要以國立某大學去提高他的身價。藉著背景的因素，個人不斷地要求自我身價的重要和他者對個人身價的評價。因此個人的行動表現，常符合於他現有的職業層次，也期待他者對個人之身價評論和個人自身的估價維持均衡的狀態。這種狀態最容易掩飾個人本來的動機，使研究動機者發生研究上的困難。

雖然動機的研究，有這些難題，但心理學者不斷地發掘研究動機的方法，事實上，社會心理學者對動機的研究，可以說寥寥無幾。布倫和密拉(Blum and Miller)研究兒童吃東西的動機，可能還有比滿足飢餓驅力更重要的因素。他搜集十八位三年級的學生，使用一盎斯的杯子，吃冰淇淋，繼續實驗一星期。結果觀察到四十五分鐘吃冰淇淋的時間中，最多的吃三十九杯。實驗者從觀察裏發現了他們吃冰淇淋並不是完全爲了飢餓的滿足。觀察他們吃冰淇淋的交互作用時，實驗者發覺到他們藉著多吃的行動，吸引他人對個人的認識。實驗者就使用第二次機會，給兒童一些臘筆和鉛筆，給這些東西的時候，吃冰淇淋的杯數大量地減少。從這一實驗裏，他們指出兒童吃冰淇淋不只是滿足飢餓的驅力，獎品可以減低他們互相間認識上的緊張。這個實驗證實了動機的複雜性。

另外，地漢(Teahan)研究初中一二年級的學生。他

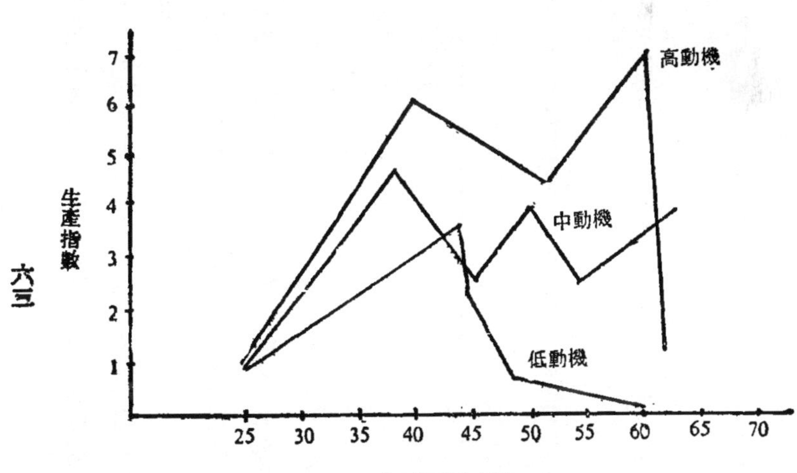

圖表：動機和各年齡中的著作關係

研究的結果指出成績優等的學生與成績劣等的學生，其動機前者顯然爲高。動機的衡量到目前爲止，描述的方法只有「高」，「中」和「低」之差別。動機方面，在工業中可使用生產量和行爲動機的關係，這些學者都使用因果關係去研究。其圖表範例列舉如下：

圖表可指出高動機者的學術成就與年齡比較時，以六十歲時最高，相反地，低動機者到六十歲時幾乎沒有學術著作的表現。曲線可表示動機和各不同年齡時之出版關係。因此研究動機時，必先假定動機的因果關係。

參考書籍

Stanford, R. No the effect of abstinence from food upon imaginal processes, J. Psychol. 1936, 2:129–136

Mc Clelland, D. C, and Atkinson, J. W. The projective expression of needs J. Psychol. 1948, 22:205–222

Levine, J. M. and Murphy, G. the relation of the intensity of a need to the amount of perc-eptual distortion, J. Psychol. 1942, 13: 283–293

Wispe, L. G. Physiological need, verba lfrequency, and Wad assdociation, J. Ahnorm an Soc. Psychcl 1954, 49:229–234

Blum, G. S. and D. R. miller, Exploring the psychoanalytic theory of th"oral character." J. person. 1952. 20:287–304

Sherif, M. and C. W. Sherif, An Outline of Social Psychology, 1956

Newcomb, T. M., R. H. Turner and P. E. Converse, Social Psychology: The study of Human Interaction, New York: Holt, Rinehart and Winstion, Inc. 1965

第四章　認知程序

動機，認知和態度是個人從社會化過程中，反映社會的各種情況，現象和知識的心理程序，且這些因素在與個人交互下產生社會動機，認知結構和態度。由於社會因素，情況的刺激和認識的資料，內在化於個人的經驗中，支配他在環境中的思想和行動。這種經由感官傳達的外界現象和事實，刺激到腦神經後，併合在個人的經驗中，構成人格的一部份，同時使個人有系統地反應了外界類似的刺激。由此，認知的因素併合於人格後，構成個人的價值觀和社會規範的準則。態度和意見的形成，動機的養成，觀念的發展等，都是由社會因素的刺激和反應的程序得來。因此認知是個人行動和判斷情況的準則。

壹　認知程序的原理

各不相同的個人，對同一客體的刺激，不一定會有同樣的反應，其原因是認知結構（Perceptual structure）的形成程序中，刺激的大小和刺激體的意義對個人都有程度上的差別。例如，一羣民衆，對一位市長候選人的政見發表，雖然所聽到的是同種聲音，同樣的材料和音調，但這些個人立卽反應出不同意見。這種不同的反應，並非客體的差異，而是聽衆各有其認知的結構，藉着各自組成的認識結構，行使判斷。認知的前提是客體的刺激。不論是物或非物的刺激，都能構成刺激——反應的連繫。這種連繫次數的增加，就是心理學上之增强的養成（Reinforcement）。認知的結構，司但（Stern）、歐爾波特(Allport)、杜魯曼(Tolman)、馬克利奧(Mac Leod)、李伯（Leeper）等，格斯塔心理學者，支持並廣論刺激和反應的定律。所謂行爲是社會環境之決定論，乃肯定社會現象和社會事實，在社會中出現時，個人的感受器官意識或無意識地，將這些現象和事實導入腦神經的皮質，形成行爲的潛在形式，導引個人對類似的刺激作固定的反應。因爲認知始於知覺，如果客體刺激後，反應於各個人思想、行動和意見。若個人接受刺激的程度相同時，即無各人之不同知覺可言。因爲各人的知覺，已經受經驗的影響，才能反映出對同一客體的不同解釋。並且受經驗影響的認知，往往藉着經驗，解釋外界的刺激。譬如，吾人看到一個缺口的圓形物，自然在認知上，很容易地用思考去彌補缺口的部份，原因是因爲我們已經有了圓形的認知體系。因此認知介在外界刺激及內在機能之間，藉着認知個人才能增加經驗，才能思考，才能學習。認知也是組成人格的重要因素。當認知的資料成爲客體刺激的意義、併入人格，成爲人格的一部份時，判斷社會現象與社會事實便受了認知所影響。玆將認知的結構原理陳述如下：

（一）認知的選擇性 (The Selectinity of Perception)

人類知識的增進並非由內在天性的自然發展，乃是由社會環境和他者的直接或間接的刺激而構成的。這種外界的刺激對一羣個人而言，雖有同樣和同量的刺激，但各人的反應程度不盡相等，原因是個人和刺激體交互時，個人已形成一套認知的選擇性，吸收刺激的某一部份，排斥他一部份的心理結構。選擇的原則是憑賴着經驗中的報償原則來的。同時刺激體的强弱程度，也是選擇的重要因素。個人對社會客體的刺激，預先瞭解刺激的本性，可能產生何種的後果，都有預先的知覺和經驗。倘若刺激會帶來報償時，個人的接受性和認知的深度也逐增加。相反地，社會因素的刺激會帶來負增强時(Negative inforcement)，個人有逃避和置之不理的傾向。個人的原有經驗，對社會刺激的吸收和排斥也有莫大的關係。過去的經驗影響到現在心理選擇的數量；假如社會因素的刺激和個人過去之好感經驗吻合時，或從個人經驗上的判斷、可能有愉快的後果時，個人的心理選擇的數量急增。

(二) 認知反應的顯著性 (Response salience)

認知反應的顯著性是施肯和巴克蔓(Secord and Backman)共同使用的名詞。其意義乃指刺激時之個人的心理狀態而言；個人那時候的感情狀態，動機狀態，或刺激體當時的意義等。當一個人在恐懼狀態中，或動機在極需要的渴望中，都會曲解社會因素的刺激。一位事業將倒閉者、對賦稅的提高的意識和一位事業頗穩定的人的判斷，定有差別。差別的原因不在賦稅的增加，而在個人認知反應的顯著性。病態心理對認知反應的顯著性表現的最爲清楚。特別是羅斯卡克 (Roscharch) 的無輪廓心理測驗和有輪廓的圖片，呈現於心理衰弱者眼前時，認知的差別反應是異常的明顯。我們從釣魚的例子來說，假如釣魚的人現在已經釣上一條魚，當他預備好魚餌，放在水中時，他的反映顯著性是非常强烈的。這就是說個人已經獲得認知的增强條件時，預備了第二次反應的心理結構；他熱烈地期待着第二條魚上他的釣。相反地，一個人坐在那裏幾個小時都沒有釣上魚的人，他的反應顯著性是低落的。因此認知的反應帶有濃厚的主觀性和心理結構的健全程度。

(三) 認知的防禦性 (Perceptual defense)

前段，所討論的認知反應的顯著性中，我們論到認知的增强條件。認知的防禦性乃指減低認知反應的顯著性。這個原理是從精神分析學上的防禦機能的活動而得來的。當需要和動機的激發，能提高認知反應的顯著性，但需要和動機達到最高峯時，認知上的曲解也非常的顯著。幻影就是最好的例子。馬克基尼斯(McGinnies)，使用十一個中性的字彙，七個不愉快和社會禁忌的字彙，如淫婦，强姦等，測驗情緒的激動。他使用皮膚感應器 GSR 去衡量對這些字彙的情緒反應，實驗的結果指出不愉快和社會禁忌的字彙的認識比較中性字彙慢。從這實驗裏，他就使用認知防禦的機能一詞，說明了個人對不愉快或可能招來負價值的事件的心理排斥性。事實上，皮膚感應器的反應記錄中，社會禁忌字彙的反應深度比較快，但被測驗者的認知中的報告比較慢。因此，凡能激發個人產生焦慮的社會因素的刺激，或帶有負報償的刺激，雖然比一般的刺激較快反應，但認知上的防禦却把這種刺激抑壓下來，使個人逃避威脅，危險和激發憂慮的客體刺激。

(四) 認知的性癖 (Perceptual disposition)

個人對社會因素的刺激都有了某種特殊的反應型體的預向性。這種預向性，平常我們叫它做習慣。施肯稱這種習慣爲認知習慣。早時期的社會心理學者自實驗認知的敏感性和自我價值的關係中推出一個原理；自我的價值觀是個人敏感性的決定因素。比喻在公共場所扭開收音機，各個人都有了他們自己喜愛的節目，各個人在這種情況中受個人自我價値的觀念所影響，對他喜愛某一音樂節目，表示特別的愉快，或表示冷漠的態度。個人性癖的養成和個人對正價報償和負價報償都有密切的關係。個人具有尋求正報償，避免負報償的預向。

知覺是個人認識外界的窗戶。個人的經驗影響認知的程度。正確地瞭解認知的程序，必注重於經驗和客體的刺激對個人的意義。社會心理學關心認知的問題，因爲社會事件中，認知的因素影響了判斷事件之正確性。當然認知是態度之前提，相反地，態度也影響了知覺的正確性。認知的定義是一個人根據他的經驗，解釋和組織由感官傳入之外界刺激，這種程序叫做認知。將社會認知定義之廣汎性，縮小到社會現象而已。同一社會現象的發生，能產生多樣的意見，均是認知的作用。本章我們將詳述社會認知及人格交互的關係以及與認知有關的各題目。

貳　認知的心理程序

知覺的特性，往往是對整個客體的刺激，吸收部份且有意識地或無意識地排斥他部份。種族間的歧視是最明顯的範例。個人受先有經驗的影響，構成知覺的部份性。譬如在光度不足的房間，將熟悉的一組單字和一組可認識但不熟悉的單字，呈現於學生眼前，熟悉的一組單字很容易地被認識。這說明了熟悉的一組字彙，個人有了深刻的先有經驗。因此經驗的深淺程度，決定了知覺的不同程度。

（一）**積極和消極的增強**(Positive and Negative Reinforcement)：根據學習的原理，一個動作的反應，若加以消極或刑罰的負價時，反應的强度削減。消極的增強能促使個人對某事件的逃避行爲。在知覺程序中，消極的增强，能使認知的程序不正常。這種情形在學習過程中是屢屢可見的事實。如富貧家的子弟，對一堆銅幣的估價，富家子弟，傾於估低，貧家子弟傾於估高，且貧家子弟所估計的數量，錯誤比富家子弟大。由此可見，貧家子弟平日對金錢之使用，有了消極的增强或剝奪的經驗，在這種經驗下，所估價之量，出入甚大。

（二）**瞬間的決定因素**：當個人知覺程序產生的時候，或情況發生之刻，外界的刺激性質和內在心理狀態的條件，影響感官的反應。譬如個人預期觀察一件事，如果他有了深度的觀察動機，和其他沒有動機的個人，對同一外界的客體，立卽產生不同的認知反應。一個犯罪的逃犯，聽到公路上的汽車聲音，和一位平常的人有不同的知覺。犯罪者因爲驚惶的心情所驅使，將聲音和警憲聯繫，爲此，外面的汽車聲音或脚步聲音，甚至電鈴的響聲，對他都有不同的知覺。由此可知，知覺的反應是主觀的，且受個人感觸外界的刺激和內在的心理狀態所影響。

（三）**社會條件的決定因素**：社會知覺主要的是受社會條件所影響。社會條件構成社會知覺的自變素(Independent variables)。如貧富對社會認知的影響；貧富的條件牽涉到個人對社會事實和現象的歧見。每一社會階層裏，具有其特殊的價值體系，這體系與個人經濟背景，地位背景或教育背景有直接的關係。不同的社會條件，在個人社會化程序中，構成一套參考架構，且給於個人某程度的社會動機。如以經濟爲中心的現代社會，出現了具有吸引力的家庭副業，便有一窩蜂式的，盲目地向那種副業投資。因爲目前我們社會的中層階級；所謂公教人員的階級，不斷地受了經濟的威脅，向上邁進之意欲，萌芽在這羣人心中。這些社會動機遇到某一社會刺激，便不加思索地順從社會的潮流。十姊妹鳥的飼養是一個很好的事實。以下的公式，說明了社會潮流的眞象：

社會條件→社會動機→社會認知→社會潮流

這種公式在某種社會條件爲基礎時之必然演進到社會潮流。比喻在不穩定的社會經濟之條件下，自然構成了賺錢的動機，這種動機促使一個人毫不考慮地跟別人的方式投資，因爲社會動機經社會認知至社會潮流之間，往往缺乏了邏輯的思考。

（四）個人須要的決定因素：個人需要和認知之間的實驗，早在一九四二年，蓼巴因和馬惠(Levine and Murphy)，假設了生理的須要對知覺的影響中，實驗了一羣飢餓程度不同的個人。首先讓這羣飢餓不同的人，看數張亂畫的圖片，其中有幾張有食物的描寫和他客體的描述。這些圖片前蓋了一層薄紗，使之無法看清楚圖片的眞正內容。以後就請他們畫剛見過的圖片內容。結果飢餓的時間愈長者，傾於畫食物。這個實驗雖被現代社會心理學者的懷疑，但不是懷疑實驗的結果，而是懷疑實驗的步驟和實驗中的控制的不周。繼之，一九五三年拉撒撒斯其同夥使用幻燈片，讓學生自由選擇的方式進行實驗；圖片中具有各種物品和食物，顯示於被實驗者眼前，然後叫他們寫下所有的物品，結果餓的程度和食物的認知有正比例的關係。由此確定了個人的需要程度對認知的影響。

由衆多的知覺機能的活動測驗表裏，指出個人的需要和客體的明顯程度之間的反應有很大的關係。但有很多實驗並不指出飢餓時間的延長，會影響個人對混雜或含糊的客體的明顯度有重大的影響，最近的實驗證實了接近食事的時間，客體中之食物明顯度是最可靠的。雖然這類實驗仍有相反的意見，這主要的牽涉到個人生理的差異，並非心理的差異。

（五）價值的決定因素：波斯蔓和其同夥（Postman, Bruner, McGinnies）假設某件事價值能激增個人對某件事的敏感。如打開某一時間的電視節目，這節目正是個人喜好的節目。因爲那些特別喜歡的節目表，有價值的因素潛在其中。價值的研究早在一九三一年歐利波特和巴龍（Allport and Vernon）實驗人對學理、經濟、美術、宗教、社會和政治的興趣，以這些有關的字彙，呈現於被測驗者眼前。被測驗者各有各人之背景，測驗的結果，個人的背景正符合於前述六項目，各個人均答出各人有關之字彙。因此價值影響個人的知覺敏感性。由此可見價值並不可能與經驗分開，價值乃是經驗中的價值。字彙的價值也是與經驗字彙的價值有同樣的意義。所謂經驗一詞，即把字彙的價值限於個人生活領域中和個人特殊的經驗裏。爲了澄清字彙和價值的關連，詹森及其同夥(Johnson, Thomson, and Frinke)在一九六〇年之實驗字彙及價值的關係，結果發現字彙的使用次數增加時，也增加字彙的價值。個人常常經驗的字彙和價值的關連性甚大。並且這些常使用或經驗的字彙自然在個人的生活場域中是有價值的。

（六）刑罰和報償的決定因素：心理學者認爲認知的深淺度和客體附有的刑罰和報償的性質有很

大的關係。假設認知只限於感官活動的機能，即謂生理條件是知覺的決定因素。事實上，動機影響認知的程度，殊有明顯的例證。個人產生動機之積極的原因，歸咎於刑罰和報償之驅力。因爲賞懲在心理學上均有行爲增强的特徵，如果有報償的刺激時，則增强行爲重複，有刑罰因素的刺激能降減行爲的次數。這種降減行爲的現象叫做消極增强(Negative reinforcement)，兩者對客體的認知，具有懸殊的差異。

叁　社會認知和防禦機能

今日的社會心理學者，一連串的研究，認爲社會認知和防禦機能之間，殊有因果關係。兩者的關係，至目前研究的範圍，包括情緒的困擾對客體的刺激比情緒的中性對同樣客體的刺激，殊有不同的認知程度。不但如此，兩者之心理狀態，也可能對同一刺激客體產生代替認知(Substitute Perception)的可能，易言之，同一刺激體對二個不同情緒者具有不相同的反應。個人可能找出一個類似或毫無關係的其他原因，去認識客體，這種認識，可能與客體本身沒有邏輯的關係。這種社會認知的形成，先由精神分析家發現，且應用於社會心理的場域中。這方面比較明顯的事實是思想程序的曲解。將精神分析的防禦機能的理論，搬進社會心理研究去做實驗者，是馬克基尼斯(McGinnies)。他選擇十一個中性的英文單字，和七個淫猥的單字：如淫婦Bitch，姦淫(Whore)、强姦(Rape)等，然後使用皮膚感應器(Psychogalvanic response，. G. R.)，記錄情緒發生的反應。結果發現這七個淫猥的單字，比其他十一個中性的單字之認識程度較爲困難。且中性的字，如(Trace)變爲(Trade)之代替。可能這組卑劣的單字，具有被實驗者不喜歡說出來的可能性，但在這種情形下，亦不影響到社會認知和防禦機能的關係。因爲防禦機能的活動是個人一組自欺的方法，藉此掩飾個人心理的本意。許多社會現象和社會運動，如美國的民權運動，對黑人的民權意欲提高的人士，可能也是一種自欺的社會認知。這種現象在宗教、政治、商業的場域屢屢可見。

繼之，愛力克遜和布倫(Erikson and Browne)發現能引起焦慮的字彙，有較高的認知深度，但情緒的焦慮，能構成避免或逃避的學習(Avoidance learning)，這種解釋符合學習的原理。總之，許多類似的研究，證實了社會認知深受防禦機能的影響，布朗(Brown)更精細的研究中性和强性的情緒對客體的知覺反應，强烈的情緒傾於防禦機能的反應。這種防禦的機能，個人本身並未能察覺出來。

肆　個人認知

個人認知的研究中心題目是個人的印象、意見和感覺，對其本身行動的影響。個人與其周圍的他人互動後形成印象，意見和感覺。這些因素涉及個人在社會中的交互作用，又交互作用乃由印象、意見和感覺居間作用促成個人與他人之交往關係和交互形式。因爲社會的因素構成的刺激體不斷的刺激個人的感官，個人依據他的人格的結構去解釋這客體的意義，但這種解釋缺乏整體事實的認識。譬如，個人對其他人的瞭解，從瞭解的程度上看來，都是片面的和膚淺的。因交互作用除非特殊的關係外，也不能發生在整個人格的範圍內。當我們看見一位陌生人，經朋友的幾句介紹詞，以及從這個人的外表的表現，就造成一套粗糙的印象，又藉着這種不可靠的印象，開始兩者的交互作用。其簡單的程序為：

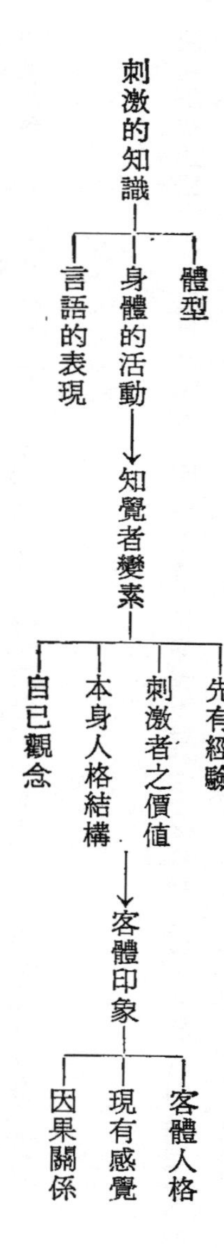

由此形式吾人可知個人對他人的印象，主要的還是介於認知者（Perceiver）本身的人格機能的活動；一個具有猜疑性格者，可能對他人的動作和言語的表現，都是從猜疑的立場來判斷他的。一位內向的婦女，判斷與她交談的一位饒舌的對話者，總以她本身的內向人格去評價他的朋友。因此對他人的印象，意見和感覺的因素裏，充分表現了個人的人格結構，以及根據這結構的人格動能—認知—不斷地與外界接觸。

（一）**認知他者的樣本**：認知他者的程序，先由他者的體態或膚淺的特色開始的。如體型的大小，面容的表現，態度舉止等。這些認識與個人的經驗做個關係上的說明，這種關係的說明，只是聯想的說明，缺乏邏輯的條件。追溯到心理學早時期，也有同樣的錯誤，就是藉着體型說明一個人的特徵。言語的交互傳達，是個人對他者印象和感覺的構成原因之一。其他如面容，表現的行動等莫不影響到個人對他人的認知。實際上由體型，言語或一瞬間的接觸而估價他人的特性，不但缺乏科學上的依據，且容易陷入膚淺的判斷錯誤中。雖然如此，個人給於他人的印象和感覺却相當深刻。在每日生活的領域中，吾人對他人的瞭解極其有限。事實上，有限的認知却構成深刻的感覺，且從這些膚淺的感覺，個人不斷地向他人提出認知中的意見。

(二) 常套的特性 (The Nature of stereotype)

個人常套的特性，行動判斷和思考，是人類通常的毛病。個人很容易地把他所見到的人、事、物等類目化 (Categorization)，最普通的事實是人對年齡，性別和民族的特性等，清晰地劃分他們的行爲和屬性。如「五十歲的婦女不該穿紅衣，不該擦顯色的口紅」。社會中的人，最容易把各社團中的人物，用一個屬性去描寫他。常套的特性乃指把其他的人、事和物等類目化於某一特殊形式。施肯(Secord) 的實驗，用一連串的黑人面容漸漸的演變到白人面容的數十張底片爲材料，測驗常套的本性。首先呈現的影片是純黑色的黑人，以後漸漸地呈現比較淡色的黑人，最後呈現白人的面型。被實驗者均指出，全部的像片是黑人的面容。他又發現，不論對黑人的歧視程度的强或弱，都以爲那一組數十張的像片是黑人的像（片），因此類目化是知覺程序的自然傾向。當我們看到美國人，我們可能說，美國人的工作努力，但太物質化和現實主義。當我們看到老人，總會覺的他是一位固執的家伙，生意人是不誠實的居間取利者；這種概括的觀念只有部份或攏統的論斷。基爾巴特(Gilbert)測驗普林斯敦的學生，他們對於世界民族，用五個字去形容，其內容如下：

美國人：勤業、聰明、物寶化、志望、進步。

英國人：豪爽、聰明、守舊、保守、重歷史。

黑色民族：迷信、懶惰、聽天由命、無知、好音樂。

猶太人：機敏、好財、勤勉、聰明、佔有欲。

伊太利人：藝術、衝動、熱情、性急、音樂。

德國人：科學、勤勉、無感情、聰明、機械式。

日本人：聰明、勤勉、進步、機敏、狡猾。

中國人：迷信、狡猾、保守、好傳統、忠家系。

這種常套的論斷是人類共通的通病。但施肯常套本性的確實性後，重複使用一九三三年在普林斯敦大學用的方法和材料，他比較相隔二十年間的美國學生的常套特性，結果，常套的特性，隨着年月的經過，漸漸薄弱。但相隔數十年間，仍有常套的特性佔據邏輯上的認知的地位。

其實，常套的觀念不能代表實體特性的全部內容。以常套的方式論斷他人，他事和他物易陷於簡化理論上的依據。這是社會人羣間歧視和偏見的主要原因。雖然個人常常使用常套的觀念判斷事理，但這也不過是部份的事實。因在心理學上肯定個人差異的原則下，個人使用常套的觀念各有不相同的程度。常套乃屬於個人的認知範圍裏。社會常套雖不正確，但事實上在任一個社會中都無法免除交互間常套的因素，常套的使用影響了交互作用的範圍和互相間的尊重，它常常危害人際間和羣際間的關係。

常套觀念包含有它的優劣點。今日的社會心理學者致力研究常套是否能影響個人，使他持有特殊的偏見和歧視。根據聯合國一九五一年的調查，各國的人民對他國之友善態度，和常套的優點有顯着的關係。相反之常套的劣點，危害了兩國間的友善態度。如信奉臺灣土著宗教者對基督徒的看法，互相間之關係，都是常套觀念的影響。

（三）個人知覺的程序：

常套觀念的形成，源自兒童時期承受父母硬化的態度，不邏輯地傳承到兒童的身上。一位兒童看到電視中的戰爭節目，自然地發問「那一個是好人，那一個是壞人」。這種發問反映了父母對兒童的教育，因爲父母教他的孩子什麼是好，什麼是對，什麼是不對。根據精神分析學的理論，個人因爲他的弱點和他的人格結構，投射於他人身上。換言之，一位具有猜疑他人者，往往將他本身的特性，投射於他人身上。這種原理肯定了經驗的影響力。康因和惠拉 (Cohn and Fiedler) 研究年齡和性別對認知者的影響。他們發見年齡是具有力量的變素，能影響個人對他人的看法。又女人對他熟知的人，比男人更富有常套的印象，意見和情感等。比較嚴厲的人格具有明顯的常套觀念，他特別重視人與他人間的尊重，力量和地位，亦傾於使用常套觀念去判斷社團中的人羣。他的判斷正表現了他一組富有硬固且內在化於個人的參考架構。因此個人人格的特性影響他對他人的認知，且使用他自己的標準和價值衡量他人的行動和表現。一般說來，平庸的人格對他人的認知較趨於正確。因此自己意識的强度能影響他對人的認知；自己意識愈强者認知他人的偏差率愈大。

（四）個人認知和人際互動 (Interpersonal interaction)

個人認知決定人際間交互作用的深度和範圍。因爲人際互動必須在個人的意願下，情願接受他人的刺激。這種交互作用才有深度的瞭解和影響。倘若在不得已和强迫的範圍內，個人不得不遷就壓力而交互時，這種交互是形式的，膚淺的，且有反感的可能。譬如同一社區內之某一富翁和某一窮人，無可能產生交互作用。但有二種可能性，迫使兩者交往，一爲互利性的因素：窮者必爲富者之傭，賺取生活費用；富者必靠窮者之幫助，整理庭園等工作。二爲單利性的因素：其中之一者，利用他人做他私自的目的；這種交互作用，先存有富貧的認知，交互作用只限於片面的。因爲環境因素的複雜和個人既形成的價值結構，使一個人對刺激體產生曲解和偏見。另者，由於個人的偏見，使個人容易站在評價的立場去測度他者。而且這種測度傾於不利的一方。當吾人評價商人時，一般的印象是奸商，不誠實，狡滑等。這些概念雖然是生意場域的一部份事實，但非全般的商場動態。生意人雖然居於生產者與消費者之間以賺取交易之佣金，但實際上是生產者和消費者之方便。在吾人知覺中，常常失掉生意人是從事於媒介的活動。交互範圍之縮小或片面的，源自個人已形成的認知體系所支配。其原因來自角色的結構，傾心結構 (Affect structure)，格式和力量結構等。

角色的觀念是指個人與他人的關係的比較和關係作用而言；個人在社團中的角色關係中指出個人和他人應該行動的指標。角色是他人對個人的期待和個人本身應行使的職份。角色本身暗示了兩者或兩者以上的人，相互交錯，並且交錯中個人的義務和權利才能現露出來。譬如做丈夫的角色，說明了他與其妻的互動關係；做母親之角色也說明了她與其子女的交互關係。因此角色一詞包含有刺激體（人物）和反應體（本身）的交流關係。又角色的結構範圍內，個人對其本身身價的認知，以及個人對他人之角色反應，養成個人的認知體系。比喻一位不能勝任職務的經理，和他的部屬發生了角色結構中的交互關係時，因為這位經理的無能，部屬便產生了不同的交互作用。

傾心結構乃指個人常有喜愛和不喜愛兩面表現。不論喜愛或不喜愛都牽涉到個人的認知作用。個人表示對他人的喜愛時，兩者的交互關係的次數和深度均有增加。傾心關係交互時，互相之間最容易認知他者的優越因素，而忽疏了對方的卑劣因素。若與不喜愛的人交往時，在許多情況下都是不得已的，或有壓力存在於其中。因此傾心的結構，決定了知覺的預向性。

格式和力量的結構乃指兩者或兩者以上之間的結構關係。因為持有特殊身份和力量者對本身的認知，和他的交互對象對此特有身份者之認知不能完全相同。如丈夫對他本身的認知，和妻子對他的認知，或是父母自己的認知和孩子們對他們自己的認知，都有不同的程度差別。兩者對格式認知的差距過甚時，兩者交互中的刺激強度便不同。因兩個人互動時，因其身份之差別懸殊，即可能構成低格式者的驚惶和不安全感。因此工廠中或機關中的工頭或上司的一個行動，常促成工人或雇員的驚惶和不安全感。因此每日生活場域中，認知者以交互作用的關連程度和形式結構來解釋他人。

伍　相互間認知的社會心理程序

社會活動的領域中，人與人間的交互作用基於相互間的認知上。個人從他本身的立場來說，他是認知者(Perceiver)或認知主體，但從他人的立場來說，他是被認知客體或互動刺激體。主客之間的交易包括有心理機能的程序，去猜度或判斷他者的刺激內容，且經過心智的綜合和解釋後，交互作用的程度和方式便產生。

(一) 被認知的個人 (Person perceived)

一位被認知者站在數位認知者面前，可能產生心理選擇的不同傾向和印象。這衆多的被認知性格因素的判斷和描述，並非被認知者本身持有該特殊的機能或特性。正確地判斷交互圈中的人物往往被認知者的個別因素或個人的性格所影響。被認知者與認知者之間，若在生活互動的程序上，進入某種關係上的存在時，認知的心理程序的强度也就產生。如某一機關的主管，他的部屬和其他無職務關係者比較之，他倆之間具有不同的認知，主管的部下與主管本身建立從屬和主配關係(Subordinate-domin-ant relationship)。我們暫時不討論認知者本身，而先論被認知者的特性。至少被認知者從其周圍的人的眼光判斷，可以看出他的動機和態度。動機和態度最容易使認知者對被認知者產生誤會。當然被認知者是具有其特殊的儀容、談吐和態度。然而這些特徵給認知者留下來的印象，卻往往造成兩者之間的不一致。

(二) 認知者的心理程序：

認知不同主要的原因在於個人感觸到客體出現時，個人意識到自身的強弱程度（Degree of the self-conscious）。當某機關的主管出現於許多不同的人際關係前時，這羣個人對他的反應，乃根據他與客體的關係中，所產生的自我意識的感應度而定。這位主管的部屬和他的朋友，對他均有不同的認知，因爲部屬們已經建立了職位上下的自覺體系也就是部屬和主管在組織上的結構關係。再者，個人對他者的認知，常有矛盾或不和協的地方。爲要均衡認知者對客體的瞭解和個人常套觀念的使用，個人在無意識中尋求他者自身的一致性。所謂他者自身的一致性即指認知者硬將被認知者套入他主觀的體系中。認知者卽由可能獲得他者的資料範圍內，推測結論，而用這種結論去描述和輔導行動的規範。因此社會互動中的形式基於認知者對被認知的認知結構而定。由此可知，認知的正確性是不容易可獲得的。

個人對客體的認知也受事件或情況發生當時的心理狀態和個人的態度所影響。前述之飢餓和知覺的測驗便是一個明顯的例子。惠斯巴克和勝嘉用六十位大學男生，看電影中許多人做各種不同的工作，其中二十人爲控制組，四十人爲實驗組。在電影放映的過程中，實驗組員受八次的觸電的經驗，放映後，測驗他們剛才所看到的工作者的性格，被電觸者都報告出他們在觀看電影時，已產生了驚惶的心情，因此無法描述電影中工作者的性格，但控制組員却能描述電影中的人物的各種性格。實驗組員有一顯著的描述，他們認爲電影中的工作者的態度是侵略性的。由此實驗可以證實，情緒的狀況，影響個人認知的內容。態度也是認知正確性的決定因素之一，如民族間的歧視爲例，歧視態度愈深，對被歧視者之劣點的敏感性愈甚。

（三）認知的正確性：

上述我們已經知道認知被曲解的兩大部份是認知者本身之心理狀態和被認知者所顯示之部份刺激。這兩種不同程度的心理狀態和刺激，說明了認知的正確或不正確。為要建立社會中或社團中最有效且有利益的起見，社會心理學者曾企圖揭開與認知有關的各種資料，使人與他人間的關係趨於緩和及圓滑。因此必須認清認知正確性的因素：

個人認識他者時之情緒狀態，現代許多有關情緒的測驗，大都以電影為刺激體進行測驗。這些測驗免不了有膚淺的地方。因為刺激體如採用電影中的人物或事實，或圖片，可能與實體本身的刺激有程度上的差別。另一方面，很少考慮到認知者本身在測驗情況時的情緒狀態；各個人的心理狀態的差異，可能導致實驗的錯誤性。為要減少認知的錯誤，必須從實際交互的資料著手，研究交互中的實況，才能減少實驗中的干擾變素。

陸　認知的研究法

認知的程序是互動中的產品。牛卡姆（Newcomb）實驗互相認知的程序，我們將其實驗設計略加更改，陳述於後。

實驗對象：剛考入東海大學的新生。

實驗時期：新生訓練之最後一日。
實驗範圍：同系學生（二十名）。
實驗材料：評價同系學生的觀察表。
二次實驗：新生第一學期結束後。

每一學生在新生訓練時對其他同系的學生的評價觀察。到第一學期末，使用同樣的觀察表，再批價一次。其編組表格如下。

由第一次的評價和第二次評價，求得相關係數時，相關係數之數值可指示兩者之强度。在紐氏的實驗中，他測驗了一羣學生的態度，測驗出來的資料，做為學生評價其同學的規準。

施高德（Scodel）實驗認知和個人性格的關係；他先配合一位君主作風的人和一位民主作風的人，二人為一組，相談半小時。談話內容是電影，電視節目，廣播節目和時事批判等。然後各個人依表格填寫本人的意見和對談者的意見，其結果如下：

表：東海大學新生互相認識程序相關關係

正確度	新生訓練後			第一學期末		
	評價最高組 1–5	中組 6–10	低組 11–20	高組 1–5	中組 6–10	低組 11–20
相關0.60 或以上	47%	21%	25%	53%	39%	28%
相關0.14 至 0.59	18%	41%	42%	35%	35%	52%
相關0.14 以下	35%	38%	33%	12%	26%	20%
總　數	100%	100%	100%	100%	100%	100%

表：君主性格者與民主性格者對他人的認知

	認知正確	認知中度	認知不正確
君主性格者 N＝27	0	1	26
民主性格者 N＝27	9	13	5

這種實驗可瞭解互相認知的正確度。也可測知認知的自變素對認知的影響。在這實驗裏，君主性格者對他者的認知程度較遜於民主性格者。

以上兩個認知的範例，可適用於認知程序的各種研究。且由這種實驗再可推出認知的各原理。

參考書籍

Secord, P. E. and Carl W. Backman, Social psychalogy New York: McGraw-Hill Book Co. 1964

Mc Ginnies, E. Emotionality and Perceptual defense, Psychol, Review, 1949. 56:244–251

Levine, R. I., and G. Murphy. The Relation of the Intencity of a need to the Amount of Perceptual Distortion, J. Psychology. 1942, 13:283–293

Lazarus, R. S, H. Yousem, and D. Arenberg, Hunger and Perception, J. Pers., 1953, 21:312-328

Postman L., J. S. Bruner and E. McGinnes, personal values as selecture factors in perception, J. Abnorm. Soc, Psychol. 1948, 43:142-154

Johnson, R. C., C. W. Thomson, and G. Fricke, Worn Value, word frequency, and visual duration threshholds, psychal Rev. 1960, 67:279–300

McGinnies, E., Emotionolity and Perceptual Defense, psychol Rev., 1949, 56:244–251

Eriksen, C. W., and C. T. Browne, An experimental and theoretical analvsis of perception defense, J. abnorm soc, psychol. 1956, 52:224–230

Brown, J. S., The motivation of Behanion, N. Y. McGraw–Hill Co. 1961

Bruner, J. S., and C. C. Goodman, Value and need as organizing factors in Perception, J. abnerm soc, psychol., 1947, 42:33–44

Beams, H. L. Affectivity as a factor in the Apparent size of pictured food objects J. exp. Psychal., 1954, 47:197–200

Secord, P. F., Stereoty sing and fanorableness in perception of Nagro faces, J. Abnorm soc, Psychol. 1959, 59:309–315

Gilbert, G. M. Steretype persistence and change among college students, J. abnorm, soc, Psychol. 1951, 46:245–254

Cohn, A. R. and F. E. Fiedler, Age and Sex, differences in the Perception of persons, Sociometry. 1961, 24:157–164

Feshhach, S., and R· D· Singer, The effect of fear arousal and suppression of fear upon social perception, J. abnorm, Soc, psychol. 1957, 55:283–288

Newcomb, T. M. The acquaintance process. New York: Hott; Rinehart and Winston.

Scodel, A Social perceptions of authoritarians and non-authoritarians. J. abonorm, soc, psychol. 1953 48:181–184

第五章　態　度

社會客體的刺激能構成個人各不相同的反應，這些具有固定形式的內在行爲的反應稱爲態度。假如個人對某件事或某一個人有不愉快的經驗時，個人就養成了一種特殊的反應，這種特殊的反應便是個人的特殊態度。態度能影響思想、行爲，且支配了個人對事、物和人的評價。本章包括的項目有社會態度、態度和社會化、社會態度的研究、態度的形成和改變、態度組成的原理、態度對心理程序的影響等。

態度是個人對客體的感覺、思想和預向的正規性(Regularity)。所謂正規性乃指態度是恒常且不易改變的內在的心理結構。感覺是個人的情感因素；思想是個人的認識因素；預向是個人行動的穩定因素。這三個因素構成感度的複雜反應；如外援政策中援助食米給某國一事，情感因素可能在個人心中，立卽產生不愉快的感覺；認識因素可能使個人產生食米不足或抬價之恐惶；行動因素卽指個人對此事，可能於報刊發表其意見，或反對此政策。由此觀之，態度是心理的假設結構。所謂心理的假設結構乃指內在的心理機能對客體或情況的判斷或反應的既存規範。這種心理的假設結構(Psychological-hypothetical construct)是機能性的；它隨時都有反應某種固定形態的行動的可能。如一個專制性格的人，他心理的假設結構是以權力、地位和道德爲中心，如果他看到社會中發生一件不道德的事，他會立刻且毫不猶豫地對該事件定罪和論斷，而缺乏同情心的運用去判斷此一事件。

壹 社會態度

社會態度是社會心理學中心問題之一。自第一次世界大戰後，無數的社會心理學者，對社會態度的問題，埋頭研究，如沙士頓（Thurstone），鮑達格（Bogardus），賴克特（Likert）等，首先意識到主觀判斷的危機，可能造成實驗上的錯誤，而改用客觀的衡量法，去探究態度所關連的各種問題。個人基本的社會態度影響範圍甚廣；凡有人住的地方，都會產生各種不同社會態度。社會態度是經過漫長的歲月，在個人所處的文化環境中養成的。形成的程序與個人的社會化程序相同，從嬰兒起，在家庭環境中，每一次受到一種新的刺激；如父母對他的需要和行動的反應，都會養成一種特殊的固定反應。在反應的次數覆反的過程中，態度也自然形成。個人在某一時期的社會化程序中，養成態度，這種態度相反地、影響社會化程序。一旦養成了一種錯誤的態度，這態度可能阻礙學習的功能。因爲每一個人都憑賴着已組成的態度，對付他人，對付事物及吸收或排斥外界的知識。並且態度決定個人的期望，標準和目標。如佛敎徒忌食動物肉類，這是佛敎徒在社會化程序中所養成的特殊態度。猶太人不吃猪肉，也是同樣的。

貳 態度與心理因素的關係

態度的形式基於情況，他人和社團的三個交互因素上。個人在發展過程中，必須與某種特殊情況、人物和社團接觸，接觸的經驗是態度形成的原因。既成的是態度也能使個人對產生的刺激有特殊的反應，因此態度不是一組硬化的結構，而是一組不斷地吸收和修改的內在參考架構。其公式如下：

$$\text{個人} \times \begin{matrix}\text{情況}\\ \text{人物}\\ \text{社團}\end{matrix} \longleftrightarrow \text{態度}$$

態度的養成是相互交流下產生的。如兒童在學習程序中對國旗的尊敬，同樣地他也尊敬一個升旗的場面。個人可能隸屬於某一參考社團（Reference Group）如黨派、學校、教會、工會等，態度也是藉著個人隸屬的參考社團之關係程度而構成。這是造成各民族性或地方性不同之處。

兩個不同的人，生活在同樣的環境中，不會有同樣的的態度。因爲態度的養成，雖受客體的直接或間接刺激，但刺激個人的機能反應率各不相同，這是同環境或同刺激下產生不同態度的原因。今日的社會心理學者一致公認：(1)態度並非與生俱來的。個人求食的機能是生下來具有的天性，但個人嗜好特殊的食味是態度。因此態度與學習程序中的觀念形成有密切的關係。(2)態度是恒常地維持下去的。雖隨著適應，需要，滿足和刺激的程度，這等也可能改變態度，但改變率不甚大。(3)態度暗示了主客關連性。換言之，態度之形成是因果的關係。(4)態度有動機的特性。這四項原則是態度的形成和功能的特性，且此四種特性是瞭解個人社會化的原則。若這四項中之任一因素，不能徹底瞭解時，就不能正確地瞭解個人在社會化程序中養成怪癖和錯誤觀念的原因。

吾人既知態度和行爲的關係：態度藉著行爲表現；行爲的動力，藏於態度中。本段的中心着重於態度和各種心理程序的關係：如態度和認知，態度和學習等。

（一）**態度和認知**：態度能影響認知的程序。哈茲托夫和甘勵(Hastorf and Cantril)在一九五四年研究一個運動的個案（刊載於變態的社會和心理雜誌四十九期裏），他們以普林斯頓和達得毛斯兩大學足球隊比賽後，兩隊互控不守規則和粗野行爲爲研究對象，將比賽時之影片分別放映給二組觀賞，普林斯頓的學生觀察出達得毛斯學生在運動中的犯規行爲，比實際比賽指出的犯規行爲多兩倍。相反地，達得毛斯的學生也有同樣的發現。這個運動個案的研究，首先兩校對這場足球比賽，都有了本校與他校之態度，且有强烈的勝敗觀念，因此容易發現對方的錯誤。最平常的實例，如桌球雙打比賽時，雙方常常爭執開球時，球落在線外或線上。比賽排球時也一樣。其主要的關鍵是各方都先有了爭勝態度的原故。這種態度影響認知的判斷。更明顯的事實，當客體的刺激含糊時，認知的判斷即更受態度的影響。

（二）**態度和學習**：蓼巴因和馬惠(Levine and Murphy)也在變態社會和心理雜誌三十八期發表一個研究。他們選擇五個親共和五個反共的大學學生，實驗者首先發給他們幾張關於親共和反共的油印資料，他們閱讀十五分鐘後，親共組討論親共資料的吸收比反共組爲多。相反地，反共組對反共資料的吸收比反共組爲多。經過五星期後，第二次測驗結果，遺忘率方面，反共組對親共資料的遺忘率大於親共組。相反亦然。由此可見態度對學習的影響至鉅。

叄　態度的研究法

社會態度決定行爲的特色和行爲的模式（Models of behavior），行爲的特色和行爲的模式因此成爲社會態度研究的對象和資料。態度是不可能直接去衡量的，但可以間接地藉著以態度爲基礎的行爲去衡量。早期的社會心理學者，如多馬斯(Thomas)齊拿尼基(Znanieki)等以爲社會心理學之焦點爲社會態度，迄今社會心理學者將其範圍擴張到更多方面的態度研究。

測驗態度的方法，大部份是用數量上的指數測量。如羣衆意見的測驗，可以瞭解羣衆的一般態度。因爲個人的社會態度能表現於評價某一事、物或人的反應上。一般的研究方法乃是使用五點、七點或十一點的尺度去衡量態度的不同程度。測驗結果祗有程度上的差別，並沒有定値的差異。有時候一般的測驗顯示，態度與表現行爲間之可靠性（Reliability）相違。爲此社會心理學者苦心設計量度法，藉此法的量度，建立了態度衡量的可靠性和有效性（Validity）。因此組織測驗的項目中，儘可能用簡單的認知判斷的反應（Perceptul-judgemental reaction）去發掘個人對某件事的判斷下之動機、成見和個人的期待。當個人面臨有關的刺激情況下，動機或態度的機能開始活動，結果個人判斷出來的事實，也不外於經驗和潛在態度的範圍。

由於態度是判斷事件的預向因素，又判斷的基礎不外於憑賴過去經驗的形成，所以判斷的結果乃視刺激體對個人之需要性和重要性而定。假如一事件的結果，將與個人之利弊發生關係時，則判斷的結果，富有個人主觀的性質。主觀性代表個人態度的內在因素，經由行爲或言語表現出來。又探測出來的結果，愈富有個人的主觀性時，則被研究的態度之有效性和可靠性愈高。態度研究中還要注意到研究的速度；換言之，當一個刺激的客體出現時，須立刻研究，否則這客體的刺激會因爲時間的漫延而受其他因素的影響，這種錯誤就是增加其他變素對被表現的正確性的干擾。如政府公佈徵收教育捐的命令時，自公佈後議論紛紛。爲了要正確地瞭解人民的反應，儘量控制客體刺激（教育捐）受其他變素的影響，並爲了保持客體刺激對個人反應之最簡單形式，所以必須立即研究發生的事件。這種研究可以保持刺激(S)和反應(R)之單純性和接近性。

態度乃指個人對事或物之心理選擇性（Psychological selectivity），所謂心理選擇性乃指個人對外界刺激的感受程度；含有對外界的事或物之正確或偏差之解釋和反應。這些解釋已經包含了個人的內在立場之再出現。因此態度的衡量乃指判斷和知覺的反作用。最明顯的例子就是臨床心理學者廣用的投射測驗(Projective test)，此測驗旨爲衡量個人內在之態度、動機和關心的主題。這種圖片之描述正反映了個人本身的心智機能狀況。因這些測驗，如字彙聯想測驗(The word association test)，羅斯卡克使用無輪廓測驗(Roreschach ink blots test)和統覺的題目測驗(Thematic apperception test)等，均利用外界刺激對機體反應的原則來的。一九四三年伯羅沙斯基(Proshansky)組織了一組的態度投射測驗，處理社會中衝突的情況。根據這一組測驗的項目，測驗的工具和表現的態度，具有實驗統計上之顯著性，克巴克(Kubauy)在一九五三年的教育和心理度量，曾用錯誤選擇方法(Error choice)對兩項目的選擇，結果克氏不信任錯誤選擇法的可靠性。他提供態度的衡量，最好不要使用「是或非」去包括個人對事或物的判斷，因爲「是」或「非」不能代表態度的全般。因此量度態度之每一項目裏，須有多數分立且有連貫性之項目(Discrete item)較爲適宜。

量度態度的直接方法乃依據態度與行爲，言語與非言語間的直接表現。一般測驗的方法，一方面使被測驗者不知其測驗的用意，旨爲避免故意指錯或掩飾本意的意欲。另一方面卽使用直接說明或明顯的指出測驗的用意和目的，這種方法叫做直接技術。鮑格達(Bogardus)早年發表的短篇研究論文中指出的態度衡量和度量社會距離的問題是同樣的；如種族間的歧視乃表示個人和他人的交互形式和距離，同時也是兩者之間的社會態度。直接技術包括個人對社會意見或公衆意見之量度。這種衡量反映了個人和社會態度的一般性；如美國總統競選時，對公衆之選民測驗等，是直接探測公衆的意見。

（一）**社會距離的測驗**：巴克(R. E. Park)早在一九二四年，卽用社會距離(Social distance)的觀念，來代表羣體中或羣體間之個人親密程度和相互瞭解的情形。這一觀念發展後，鮑格達開始設計量度社會距離的方法（一九二四年），根據他的研究，社會距離似可探測羣體間之歧視和態度問題。這種測驗，代表了個人對他社團或他人之描述，這也反映了個人的主觀成見或態度。繼鮑格達之研究後，賴克特(Likert)在一九三二年發表了一組「態度衡量的技術」，藉此研究社會各種的難題。爲了量度態度之差別，儘量將所表現的意見，以五點不同的强度表示相互間的距離於尺度上，如黑人之家庭，應從白人之家庭隔離。

(1)極端反對 (2)反對 (3)未定 (4)贊成 (5)極端贊成。

將一個問題用五種或多種之尺度，讓被測驗者反應其內在之態度。以後將這組測驗題之數值統計後，可從這羣被測者之反應，依數值的高低而判斷其態度的强弱。測驗題的組織，力求不含糊，且每小題以單一的問題爲主，不應以兩個或以上的問題混在一起。問題之發問，不是陳述事實，而是陳述問題對個人之意欲性或可厭性的程度差別。

(二) **沙士噸尺度法**(The Thurstone Scales)：沙氏組織的尺度法對態度的衡量有很大的貢獻。這種量度設計之原始目的，乃針對個人對教會、他民族、戰爭、犯罪等問題的態度。尺度之定值由零起到十一，此兩者代表了正負態度之兩極端。如對戰爭的態度，零代表極端的反戰態度，十一代表極端之好戰態度。測驗中，將十一種對戰爭不同的陳述，不依其强烈程度之順序編排，目的是避免故意的錯誤。但這組混合之小題，在測驗者本身，已暗知各小題所給之定值。如下列之測驗題是按定值的重量依序而編排的，但測驗時不依此順序編排。

定值 (0.2) 戰爭並不可能看出誰是公義。

(1.4) 戰爭導致自破自滅，故無須戰爭。

(3.2) 戰勝的結果，不外乎不幸和痛苦。

(4.5) 若不被辱而可避免時，戰爭是不須要的。

(5.5) 很難判斷戰爭之利弊。

(6.6)　一般人對戰爭的論爭，較偏於贊成之一面。

(7.5)　在某種情形下，戰爭是維護公理的。

(8.5)　戰爭是解決國際難題之適當方法。

(9.8)　戰爭能使國人有表現其最高能力的機會。

(10.8)　人類最高的天職，乃是爲自己國家的榮耀而戰。

這些陳述，被測驗者可在同意之題做記號，代表了他個人對戰爭問題的態度。後再用統計上處理數值問題的方法，來比較這一組個人的定值總和，積分最高者，具有極端的好戰態度單位態度指數。以個人對教會所表示的態度爲例，沙氏所使用的方法是將尺度價值的幅度定在一至十一，其內容簡述如下：

(1.5)　我相信成爲教會會員是生活的基本要素。

(2.3)　我發現做禮拜可使人得到身心的平息。

(4.5)　教會的教訓能保持精神的健康。

(5.6)　有時我相信教會的存在是有價值的，但有時卻懷疑之。

(7.6)　我相信教會阻礙了社會的進步。

(9.6)　我認爲教會是依靠魔術、迷信和神話而存在的。

使用尺度價值的數值，無論多寡，均代表個人對教會之態度。被調查者可指出項目中任何數項，將其所指之數項數值相加，再除以所指出之項數。如甲指出2.3, 5.6和7.6之項目時，其計算方法是(2.3＋5.6＋7.6)÷3。嗣後比較個人之尺度價值，即可看出其態度的傾向。

態度的衡量法不祗以上四項。態度的瞭解不可用研究者主觀的判斷，客觀的科學依據始能代表個人態度和一般態度的傾向。

根據以上之態度測驗，現在的社會心理學者廣用此技術於社會上或心理上的各種態度測驗。現代新方法不斷地增加，但均以巴克和沙士頓之方法爲基礎，來發展他們各自須要衡量的目標。

(二) 衡量態度的範例和資料處理法：

前段已詳述態度衡量表的結構內容，若將衡量出來的數值用圖表表示時，可使用衡量出來的態度高低和消積積極之兩軸表示之：

圖示曲線表示了一般對徵收教育捐的態度的態度反

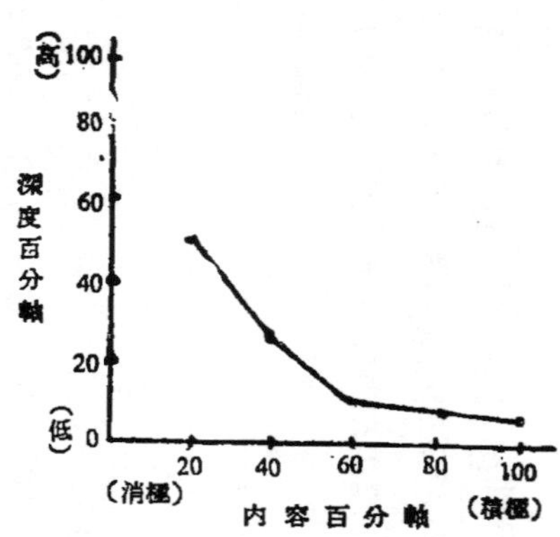

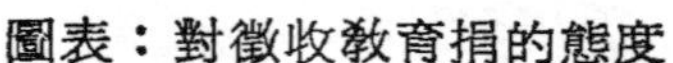
圖表：對徵收教育捐的態度

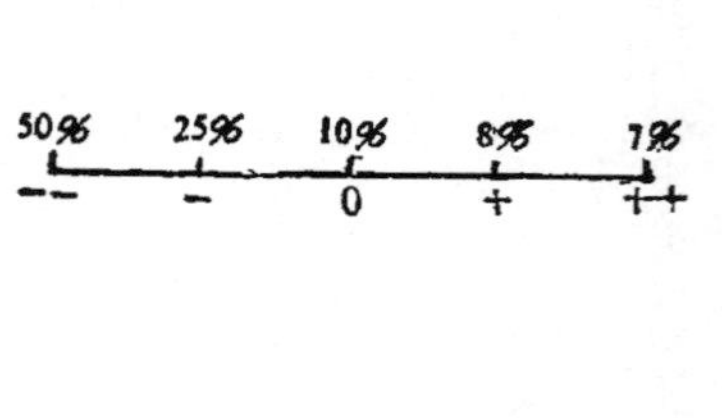

使用五分劃尺度時個人對教育捐徵收的分佈

應是消極的。但這是在徵收教育捐公佈的當天所測驗出一般民衆的主觀意見。但時日的經過使原來的態度改變，如經三個月後，政府可能在這段期間內說明徵教育捐的目的和用途，實際上興建教室的困難或招收新生額的增加等，這都能使原來的態度改變。若欲了解一般人民對教育捐徵收的態度演進程序時，劃定測驗的幾個不相同期間，就可以瞭解態度也不斷地受各種變素的影響而改變了。

第二次的測驗圖示若與第一次的曲線符合時，即表示民衆對教育的徵收態度是堅持不易的。若圖示曲線改變時，即表態度已經改變。改變率可用下例圖表表示之。

當第一次原態度測驗和第二次改變測驗的測驗中，橫軸代表原測驗的分數，直軸代表態度改變的指數。由此圖示可看出原態度測驗的消極和積極的兩端者，經第二次之測驗，其改變率甚低，而第一次測驗時態度指數

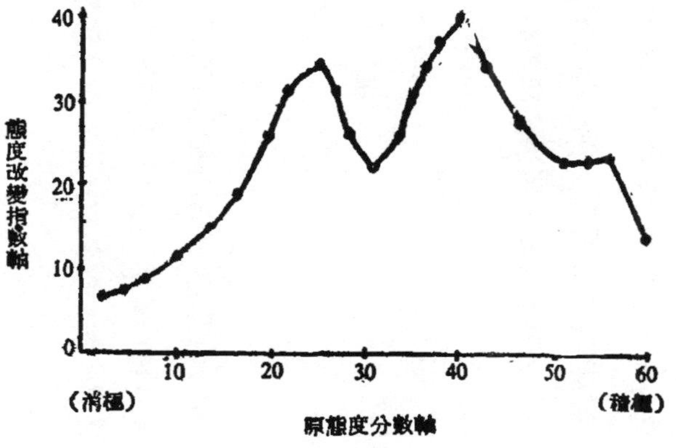

態度改變指數軸
40
30
20
10
0
10 20 30 40 50 60
（消極） （積極）
原態度分數軸

圖表：原態度和改變態度比較

中等者，到第二次測驗時，已有相當的改變。

無論如何，衡量態度的改變須經二次或二次以上的測驗，始能做比較上的說明。若使用圖表表示時，我們可列舉一個範例。

以測驗高中學生對問題少年之法律處理法爲例，首先測驗他們對現時少年法對問題少年的制裁所表示的態度；測驗後，將被測驗人數隨機分成三組，第一組請一位處理少年犯的推事演講或講解其觀點，第二組請一位少年犯家長表明他的觀點，第三組請一位曾因少年犯罪而被刑罰或監禁的人演講，經二或三星期後，重行測驗，其結果如下：

組別	人數	態度分數平均	統計上之顯著性
一	97	46.7	第一組與第三組：$P<0.001$
二	56	45.7	第一組與第二組：$P<0.25$
三	91	42.8	第二組與第三組：$P<0.01$

由這種比較可以探測三組中態度改變的幅度，同時也可以瞭解促使態度改變之自變素的影響。

態度是一種精神或心理機能活動的狀態，我們不可能直接衡量態度。現時態度衡量最常用的方法，乃根據一九二〇年之言語反應的方法，加以修改後，廣泛地使用於態度方面的探索。上段已簡述了賴克特和布卡拉斯測驗的組成背景。

(二) 賴克特尺度法(The Likert Scale)

賴氏雖不是研究態度的最先鋒者，但他所提供的方法，到目前爲止仍被社會心理學者認爲是一可靠的方法，他將個人所表現的態度，給予一個尺度上的位置。尺度之兩端爲積極和消極，且由消極到積極間劃定各不相同程度之定值。定值之多寡有繼續性。萊氏所組織的態度調查表裏，每一項目必須包括方向和程度之不同。這些不同的方向和程度，可用五點分劃的方法指出。

範例：種族歧視調查表

1. 黑人和白人若有同等的教師資格時，可獲得同樣的待遇。

最贊成　贊成　無意見　反對　最反對

2. 黑人的住宅，必須從白人住區隔離。

最贊成　贊成　無意見　反對　最反對

這些項目裏，被訪問者能表示消極到積極間之態度。然後可統計整個項目的數值，即可獲得白人對黑人問題的態度概況。每一項目劃定一數值，即如最贊成者爲5，贊成爲4，無意見爲3，反對爲2，最反對爲1。將各個人之調查表應得之數值加在一起即是。萊氏也指出每一項目最低的分數爲5即(5×1)，最高分數爲爲25即(5×5)。其意義是態度的衡量不可用一個題目來下一個態度的結論。測驗一項態度中，項目最少不可低於五項，最高不可多於二十五項。

（四）布卡拉斯的社會距離尺度(The Bogadus Social Distance Scale)

布氏在一九二五年創社會距離的衡量法。他致力於測驗社團外之個人距離。其調查方法爲：

範例：美國人與他民族之社會距離調查表

加拿大人：（　）願意通婚
（　）願意容納加拿大人社團活動
（　）願意接受爲鄰居
（　）願意接受爲職業同事
（　）願意接受爲美國公民
（　）只允許觀光客入境
（　）拒絕加拿大人

西班牙人：以下問題相同。

希臘人：同上。

被調查者可任意選擇七個問題中的數個，以合於個人的態度。然後用百分比圖表指出其傾向：

這圖表很明顯地指出美國人民對其他三民族的社會距離。從曲線上指出的百分比可看出美國人民對加拿大人民具有民族間的容忍性，對希臘人就有了排斥性。民族間的接受和排斥的程度，在此非常明顯地表現出來。

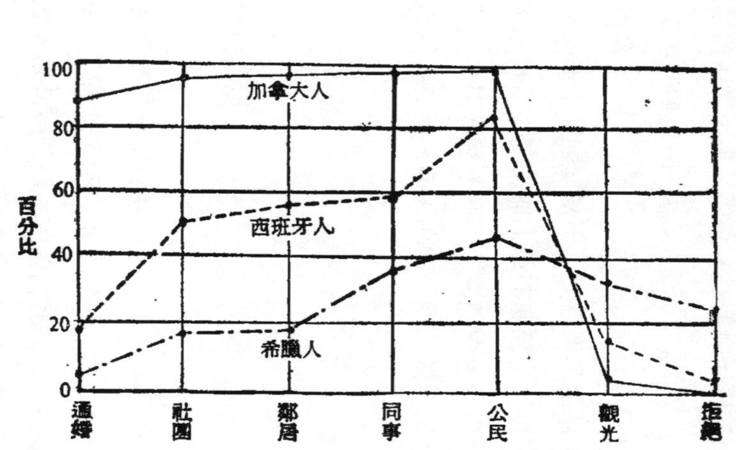

圖表：美國人對他民族的社會距離

態度的衡量是一種分類的程序。爲了分類的方便起見，不論使用名稱尺度、順序尺度、間隔尺度、或比率尺度等都是比較上的差別。名稱尺度大致是用在態度分類上。數值也可代替分類的意義。順序尺度必須顧慮到變素的關係，即變素所含的意義程度之不同。如甲項强於丙項，丙項强於乙項等。間隔和比率尺度，必須顧慮到各衡量的項目間有明顯的區別，如金、銀、銅等在攝氏一百度時之澎脹率等。

（五）兩組贊成和反對相關衡量法

當調查的項目有清晰的劃分，又個人對某一問題和他問題可能有關係時，可使用相關係數（Coefficient of Correlation）的方法來研究兩種問題的關聯程度。相關係數可指出兩者强度的相關關係。譬如我們調查九十五位商人對九年義務教育的延長和教育捐的徵收態度的相關時，可使用以下的表格統計其分佈常數(Frequency distribution)。

表格：義務教育的延長和教育捐的徵收之態度相關

(1)

		甲項目 贊成	甲項目 反對
乙項目	贊成	36	25
乙項目	反對	20	14

(2)

		甲項目 贊成	甲項目 反對
乙項目	贊成	45	16
乙項目	反對	9	25

(3)

		甲項目 贊成	甲項目 反對
乙項目	贊成	57	0
乙項目	反對	0	38

(4)

		甲項目 贊成	甲項目 反對
乙項目	贊成	60	0
乙項目	反對	18	35

在這種調查裏，可能出現四種情況，在(1)情況下，可略知有 $r=0$ 的可能，意思是贊成甲項目者與贊成乙項目者，不可能有相關關係，即以零之相關係數代表之。在(2)情況下，r 在 0.4 左右，這數值代表甲項目中贊成或反對者，與贊成或反對乙項目者有中度的相關關係。在(3)情況下，$r=1$，即全體被調查者同時贊成延長義務教育和徵收教育捐。這種研究須研究的設計項目有內在一致性 (Internal consistency)，且項目和他項目無特殊關係時，始可使用。

（六）尺度價值法

沙士頓 (Thurstone) 使用尺度價值的數值，衡量個人的態度。若將同單位的各個人之尺度價值相加時，其數值可代表。

肆　態度的形成和改變的社會原理

態度是一詞含糊的抽象名詞，它的範圍和含義很廣泛，在人類活動的領域中，無處不包含著有態度的因素。如在經濟上、職位上、政治上和宗教上等，都顯示了個人特殊態度的互動。態度研究的重要性，亦隨著時代的進步和人類生活之互依性而顯現出來，尤其在科學昌明的今日，人與人間的關係、社團和社團間的關係、國家與國家間的關係，更需求適當的認識和相互間適當的態度。如昔日中國人視外國人爲蠻夷之邦；今日白種人視黑色民族爲奴隸的觀念，都是態度的問題。態度是行動的基礎。行動的適當和有益於人類間的行爲，不可能用法律去獲得。基於實際情形的需要，無數的社會心理學者，致力研究態度的改變，去消彌人際間或羣際間的歧視和衝突。態度是內在的反動形式，換言之，它的改變不是外表的變化，而是內在的變化。客體的刺激出現後，反動的形式亦藉著行爲而表現出來。態度的改變是個人反動形式的改變。換言之，白人鄙視黑人之根本原因是對黑人的反動態度，改變態度便能減輕了鄙視行爲。態度的改變是行爲改變的主因，更是行爲方面的改變或偏見的消滅。我們中國人，常常因爲家族的觀念，造成對他羣同胞之鄙視；在吾人一般的概念中，許多人認爲廣東人是奸商，山東人比較粗野，臺灣人誠實而無能等，都是缺乏科學的依據。這些錯的觀念，是因爲個人養成了錯誤的態度。蓋因態度的養成是個人與社團，與機構，與問題之關係交互下產生的，因此態度的改變，自然是一件費力的大事，但並非絕對不可能的。

態度的改變不單是個人的事，前已述及，態度由兩部分構成，即外界的刺激和內在的反應，如他人、社團、問題、價值等呈現於個人前，經個人的心理選擇，反應這些刺激後構成態度。以下詳述態度的改變步驟：

（一）參考羣的改變(Shifts of Reference Group)

牛卡姆(Newcornb)致力於態度改變的研究，他先發現態度和參考羣的關係。態度的養成是個人在羣體中的格式和角色的意識和活動下產生的。個人受自己在社團中的格式和角色的影響，格式和角色使個人意識了自我處於他者之間的地位和行動的方式，因此產生了個人的價值觀念和行動規範。牛卡姆以大學生爲研究對象，他研究便鄰頓(Bennington)女子學院的學生，這是一所富家女子的學院，富人的政治態度大致是保守的，而牛氏站在政治自由之態度的方式去實驗。嗣後這羣女學生討論政治問題，若這些女學生持有自由風氣者都以校方之自由風氣爲基礎，且學校本身成爲這羣保守女子的參考羣。結果他發現參考羣具有改變態度的影響力。實驗的結果，顯示了態度改變的學生均以學校爲參考羣；而態度不改變的學生雖以學校爲其參考羣，但亦有其他社會之參考羣，如家庭、朋友等爲參考羣。換言之，由個人被包含在參考羣的程度的深淺，來決定態度改變的程度。一個社團能成爲個人參考羣的條件，乃視社團本身對個人需要的供應程度而定；社團能否供應個人之歸屬性(Belongingness)，社團能否使個人發揮其角色，能否提高其格式和成就欲望時。該社團即成爲個人的參考羣。假如社團能供給個人安全感或穩定的地位時，自我在社團中就感覺到其自身的重要性。在這種情況下態度即容易改變。

(二) 羣體的決定力對態度的改變：

蓼因(Lewin)主張態度改變的方法是不可離開社團之規範和價值而論。個人在社團中的活動程度，既決定了他的態度，也會改變他的態度。蓼因的主張乃視個人在社團中的主動或被動行爲主題而研究態度，結果指出；被動的個人，難達到態度改變的預期，而主動的個人，態度的改變甚速且非常顯著。主動的表現是個人在社團中，參與政策的決定權，參與行使權力的實踐時，個人容易接受社團的規範，又社團的規範亦容易併入他超我的一部份。實驗的方法是藉兩組羣體，實驗其對佐食動物腑臟的態度和觀念（美國人民不喜腑臟佐食）。蓼氏將參加人數分爲二組；第一組以講義的方式進行講解動物腑臟的營養價值，煮飪法、口味等，用具有邏輯和美麗的演講詞去誘導這一組的個人，採納動物腑臟爲日常食品。另一組以討論法進行；自然討論的題材也不外乎前組講演者所準備的內容，且討論有關使用腑臟爲佐食的難題，如丈夫不喜吃的問題、清潔問題等，最後由營養專家指導這組親自實驗烹煮。結果指出講義組中之百分之三採納此建議，而百分之三十二的討論組員，決定以腑臟爲日常食品。這實驗顯示，關於態度的改變，藉著勸勉或建議之收效甚微，主要的還是讓個人主動的參與社團的活動和決定，這是羣體動力 (Group dynamics) 的主要原則。因此自我包含(Ego-included)於某一難題，自我企圖解決此難題時，態度改變的程序乃符合態度養成的原理。

這方法的基本原理是自我包含於某一事中，立即產生施與和吸收交互作用中他人的意見。不論自我的意見或他者意見，經由相互作用後，這些意見隨即併入自我和超我的體系中。這種改變態度的方法，廣用於現代之各種社團組織中。

(三) 接觸助於態度的改變：

假如二組羣體持有相當堅定的對峙意見，或互相鄙視無法溝通感情時，其根本原因是態度的固定化。現在之世界人類關係機構，主張以圓桌會議來解決難題，旨爲通過相互的按觸，交換不同的意見，可因此改變態度。接觸就是相互的交互作用形體之一。杜德 (Dodd) 於一九三五年在中東一帶做社會距離和社會態度的研究（刊載於美國社會學雜誌四十一期），他以不同宗教背景的學生爲研究對象。中東一帶，宗教之對峙，遠甚於世界任何其他地方。首先依學生之宗教別，訓誨他們所信奉的宗教教義，後再帶各組宗教背景不同的組員，訪問其他宗教的寺廟。這種訪問並未能顯著地改變他們對其他宗教的偏見和歧視。雖沒有顯著的研究結果，但啓廸了接觸的方法可能會改變互相對峙或敵對態度的假設。杜氏研究後使士密司（Smith）在一九三七年，派遣白人研究生前往紐約哈林區與這黑人社團共同生活，果然在這一次密切的接觸後，減少了相互間的歧視和敵對的態度。嗣後惠斯丁嘉（Festinger）和克勵（Kelley）共同合著羣體動力有關的研究時，其步驟是在白人的社區中，遷入一羣持有歧視態度的不同社會階層之人士，組成社區，經過生活上和社交上的接觸後，原有的歧視消散。從這些研究可以推測杜德研究的缺點是接觸的問題；可能杜氏之接觸缺乏了時間的因素，且只有訪問其他宗教的寺院，根本缺乏了人格上的交互作用。這可由彌森（Mussen）在社會心理雜誌四十期所發表的實驗證實；他在一九五〇年組織了黑白少年混合的露營，經四星期的共同生活後，那些能適應於露營生活的少年，很容易地改變了他們原來的歧視態度。因此接觸的機會中，必儘量佈置適宜的環境，才能促進態度的改變。相反地，那些使用權威迫使他們接觸的效果，祗顯出更深的歧視態度。因此接觸和人格兩大因素必不可分開。

（四）相互傳達可改變態度（Mutual communication）

在科學進步中的今日，傳達的工具如報紙、雜誌、電臺、電視等，直接或間接地影響了人類的態度，這是很顯然的事實。如電視中報導非洲的進步新聞，改變了我們對非洲人的看法。大衆傳播的工具，雖然是間接的，但它對人類的影響，不亞於直接傳達的方面。事實上直接的傳達；如交換訪問，羣體和他羣體的接觸等，更能改變傳統遺留下來的偏見，這種傳達的方法，目前在實驗室中已獲得相當的收穫。這種實驗在實驗室裏的方法大都使用控制組和實驗組的比較；如兩組隨機抽樣（Random sample）的人原則上假定他們具有相似或接近的自變素。由隨機抽樣編成兩組後，經沙士頓或賴克特的態度尺度的衡量，證實這兩組的態度定值相當接近。這肯定了隨機抽樣能適當地減少因實驗而對編組的偏見。分組後，實驗組再加以各種傳達的方法，如用電影放映黑人在世運會中的運動成就或在科學及文化上的貢獻，經過一般時間後再衡量實驗組的態度，結果指出他們對黑人的態度大有改變。這種顯著的改變，是通過電影間接傳達的後果。馬惠（Murphy）在實驗社會心理學一書中，提供了傳達對改變的實據。根據他與他同伴的研究，發現未持有堅硬態度者，即對某一刺激客體猶豫不決或中性之態度時，最容易受傳達的影響。這就是說一個人還沒有明確的立場或未持有特殊的意見時，最容易受交互傳達的力量而改變態度。但那些持有硬化態度者，不可能藉著一兩次簡單的直接或間接的傳達而改變態度。目前的一個假設是使他們經驗人際間的關係後，可能會有態度的改變。彼得遜（Peterson）和沙士頓（Thurstone）共同研究電影和兒童的社會態度關係中指出，未實驗前的態度數値和實驗後第二次的數值具有統計上的顯著性。這測驗祇關係到白人對黑人態度的改變。又放映電影的次數愈多，改變率也隨之增加。但這並非說明互相傳達有改變態度的絕對性；有時亦會產生相反的結果。在這種情形下，可能是實驗的內容有考慮不周的地方。

大衆傳播對態度的影響：大衆傳播已成爲今日最時尚的傳達方式。大衆傳播已成爲社會刺激的工具，並代替了人與人間之接觸，是影響態度構成的主要因素之一，其影響的範圍非常廣泛，包括了電視、報刊、電臺、電影等能造成的人羣聽衆。所謂人羣聽衆是數千萬的人，在短促的同一時間中可以接受同一消息和廣告。但個人看電視、電影、報紙、雜誌或收音機機中的信息，並非完全吸收傳達工具所表演的全部內容。論說或記事，個人選擇這些大衆傳播的節目，不因內容的重要性或消息的價值，或社會價值的一般重要性。惠亞鄰（Fearing）的研究（刊載於人事雜誌中的專題），其中刊載閱讀而對報載的消息，與其心理狀態有很緊接的關係。因此電影或電視的導演，必先假設羣的興趣、欲望和態度的方向後，設計資料和姿態去迎合一般人的口味，演方的假設和聽方的企圖接近時，聽衆或觀衆便會接受大衆傳播的影響。如男性對黃色的新聞或消息，較女性喜歡閱讀，根本原因是男性的性慾形態是自發性和侵略性之故。一九六七年十一月二十一日起連載於各大報的「聯考槍手」的消息，轟動了全臺灣社會，作者曾探測對此問題最靈通和興趣者，第一是大學生，第二是大學生們的父母，這證實了大衆傳播的消息對一個人之刺激程度與個人本身之興趣、慾望和態度，有統計上的顯著性。若某一人正企圖購買一部機車，那麼電視或報紙之機車廣告成爲他最觸目的刺激。因此興趣、慾望和態度決定了心理選擇的强度。由此我們可瞭解大衆傳播對一個人的影響及態度的改變非常顯著，若消息不適合於心理選擇的條件時，即產生無反應的態度或反抗的態度。

伍　態度改變的心理原理

今日的心理學者，認爲態度的瞭解不可能直接衡量，態度的研究，唯一的可能性是從關聯上的研究(Context)。研空態度的設計，必先根據態度組成的原理，態度衡量的前提乃是肯定了人類的思想和行爲，有心理機能活動的一致的傾向。大多數的心理學者都認爲態度研究的關聯物，不外於情感(Feeling)、思想和行爲，這三方面的表現，可以追溯到其背後的態度。海地(Heider)在一九五八年出版的均衡原理(Balance Theory)一書中，論述到行爲典型之一致性的原則裏，提供了今日社會學或心理學者對研究行爲和態度的基礎學理。當然這論說的基礎可以追溯到格式塔心理學派者在一九一二年時之傑作；一九一二年以前，心理學各派消耗了無限的精力去分析一位完整的個人，格式塔學者反對這種分人格爲零碎破片的方法，而主張人格的整體論。自一九四〇年迄今，提供態度結構的學理者，不計其數，但這些材料都是零零碎碎的堆積物，著者儘從中選擇幾個比較適當的材料，作爲態度組成和衡量的心理原則。

（一）**羅森堡之情感認識一致說**(Rosenberg's theory of affective-cognitive consistency)：當羅氏致力研究態度中的情感和認識的因素時，發理情感是一個人對刺激體的積極或消極的感情反應。感情是個人反映客體的特性並且與個人的認知有莫大的關係；强烈的客體能刺激個人產生積極的情感，當個人產生這種情感時，客體價值的正負性也隨之增加。相反地，客體與情感的正負關係，也是態度强弱的據點。根據羅氏的研究，認知的結構與情感態度是一致的，他用態度尺度衡量許多社會中之價值，如「人民都須要受好教育」等的類似問題時，他發現情感和認識對這問題是一致的。當情感和認識一致時，個人的態度是穩定的，兩者離差甚大時，表現出來的態度則不穩定，羅氏改變態度的方法也是根據這個原則。以往改變態度的方法是改變主觀的認知因素，如通過電影改變白人對黑人的惡感。除這方法外，羅氏主張仍有其他方法可改變態度，就是改變情感。他以為改變情感比改變認知更合乎邏輯，如只改變認知，則認知與情感可能產生衝突。他於一九五八年和一九六〇年之研究著作中，注重於改變情感，由於情感的改變，認知體系也會自然地改變。雖然如此，他也不否認認知的改變能導致情感改變的可能性，但這雖是程序上的先後問題，對態度改變的成果却有很大的差別。

（二）**惠斯丁嘉的認識不一致說**（Festinger's Theroy of Cognitive Dissonance）：惠氏態度原理的核心是主張態度和表現的言語或行動間常有不一致的地方。這原理經實驗證實後給予研究態度的學者一個大的打擊。惠氏承認態度和行為之一致；如一個人若相信民主政體的利益，他就會拒絕共產主義的宣傳。但問題的中心介於認知因素的多樣性，而構成認知的矛盾現象。如某人有積蓄金錢購買一部某牌機車的用意，但由於他人的勸導後可能購買其他牌子的機車，這種情況下便產生了認知上的不一致。在這種情形下，一個人的態度便受了比較重要的因素所決定。惠氏提出「不一致」的公式：

$$\text{不一致(Dissonance)} = \frac{\text{重要性} \times \text{不一致因素之量}}{\text{重要性} \times \text{一致因素之量}}$$

易言之，分子和分母的定值，愈接近相等時，則不一致律愈增加，若不一致的定量爲一時，卽分子和分母相等，在這情形下，態度和行爲的不一致性增高。

削減不一致的方法，惠氏認爲必須改變行爲的認知因素(Change of a behavioral cognitive element)。如個人的行爲和信仰相違背時，最簡單的方法是改變行爲。如果一個人認爲抽煙能導致肺癌時，他只有戒煙。再者，惠氏認爲改變環境的認識因素 (Environmental cognitive element) 也是改變態度的方法，卽若抽煙者無法戒煙時，他可以改抽煙斗。第三個方法是增加新的認知因素，有時個人無法改變行爲或環境的認識因素時，可以增加新的認知因素去削減內外的衝突。如一個人超過了他的經濟能力，勉強地購買一部高貴的機車時，他可以增加一個新的觀念：「沒關係，我們快升餉了」。一個無法戒煙的人，可能自慰地說「抽煙可以使緊張的精神鬆懈」。

當個人的行爲和態度相違時，個人在許多情況下總是修改他的態度去符合行爲，這是心理學上合理化的程序。但這種情形的可能性，只限於態度和行爲不一致之離差程度相隔不遠時，若兩者相距甚大，則態度不易改變。如一位宗敎善士，始終持有反對多妻的態度，他若另築香巢時，亦難改變他對多妻的看法，只有在罪感下強迫自己的行爲。

(三) **態度的機能說**(A Functional Theory of Attitudes)：卡茲(Katz)由態度的動機觀點，研究改變態度和拒絕改變態度方面。首先他劃分態度的類別：(1)態度的功利方面。個人的態度，都有爭求最大報償和減少刑罰的傾向。(2)態度的自我防禦機能方面：如個人的社會地位受到威脅時，個人可能轉移這種驚惶到歧視他人或其他民族上，此舉歧視的內在行爲可以提高自己的身份。(3)態度的價值表現方面。這種機能的活動乃是提高他的身價和自我觀念的方法。如一位虔誠的教徒，可能致力於宗教活動而滿足，因爲他認爲歸依於宗教信仰遠勝世界上其他各種活動和享受。(4)態度的知識機能方面，態度有欲知的傾向。卡氏在假設這四種態度的動向後，再主張若從行動得到滿足時，態度容易改變。這種主張乃受精神分析學說的影響。

（四）**克勵曼的態度改變三種程序說**(Kelman's Three-process Theory of Attitude Change)：克氏指出三種社會影響下，可能使態度改變。第一種可能性是禮讓（Compliance）。禮讓產生於個人爲順從他人或順從社會時，能得到有益的反應，因而願意被影響的態度。第二種可能性是模擬。一個人爲滿足個人與其他個人間的良好關係時，則能將他人的行爲特性併入個人的人格結構中。第三種可能性是個人內在化的價值因素改變後，使個人的行爲符合於現行的新價值體系。這三種心理程序都能滿足個人的欲求，且這三種心理在動的程序中影響個人的滿足和期待。如小孩經驗到嚴厲的父母後，他的態度自然會改變—禮讓。他發現父母有能力供給他的需要後，就會模擬父母。在小孩子心目中，父母是可信任的對象時，他的態度就會不斷地受父母的影響。

態度改變的程序：前述社會學者公認互相溝通感情時，可以改變態度。不論用積極或消極的方法，都可藉著一套有組織的方法去改變態度。施肯會提出三項改變態度的心理因素：

（一）**傳達信息者的可信任性**(Credibility of the Communication)。這是施肯和巴克共同提出改變態度的第一方法。溝通者本身若持有社會中的特權時，最容易使他的權力範圍內的人羣改變態度。這種實驗已在教育心理的實驗中獲得證實；同一種材料，被一位有權威者和一位知名的人士陳述時，在聽者的反應中，具有統計上的顯著性。因人格的交往關係中，具有誘導他人的潛能，且使交互的對方改變態度。如一從事市政的官員說出某一政策，和另一無權力的人說出同樣的政策時，前者具有較明顯的影響力。因爲社會特權和地位，富有心理的能力，迫使他人信任其力量。如播放錄音帶給兩羣問題少年，使第一組知道錄音的演講者是某一推事，第二組則否。測驗的結果，第一組較第二組有顯然的態度改變的事實。當然，這與演講的材料內容和演講者的聲譽權威有很大的關係。因此傳達信息者之可信任性愈大時，聽者之態度改變率愈顯著。

（二）**激起驚惶的訴求**(Fear-arosing Appeals)。有權威人士的勸導，能使與他交通的個人接受其影響力而改變態度。但傳達必須使用方法；不論是演講法，討論法或視聽法等不同的方法去傳遞內容。前段論述傳達信息者的特權問題時，牽連到其他有關的心理因素。若兩位具有同等資格或特權的人士，同樣地對一羣個人使用訴求的方法，亦未必有同樣的效果。若表達內容相同時，亦有情緒因素的差別。傳達方法方面，研究結果意見紛歧，未能斷定何者爲優，但在許多情況下，必須改變態度來作決定。施肯和巴克曼認爲情緒上的訴求能激起驚惶能使個人改變態度。許多大衆傳播用激起驚惶的方式來廣告藥品及保險。政府官員可能用國情危急來激起國民對國家的支持和關心。醫療中心强調疾病的弊害而促進人民的健康。家庭計劃中心用多產之危，多子之害來促使人口限制。保險公司用車禍事故，來鼓勵投保。這些傳達的方法都有威脅和解決威脅的因素，當個人的心理在威脅的壓力下，傳達者提供了一套解決的妙法時，能消彌接受者心理上的重荷。謝尼斯和惠斯巴克(Jenis and Feshback)在變態社會的心理雜誌（一九五三），用三種不同强度的傳達法，測驗牙齒衛生。他們用三種不同强度的講義方式，說明齲齒與健康的關係；第一組是强烈的訴求方式，說明牙齒之腐爛、痛苦和傳染。第二組以中度的訴求，中度的重要性的方法傳達之。第三組用最低的訴求方式進行之。這三種威脅構成三種不同的焦慮。第一組顯出强度的焦慮，第二組中度，第三組則爲輕度的焦慮。這三種不同的傳達方式，是否改變受測驗者的態度？結果却發現最低訴求方式之一組，最遵守口腔衛生的實行，其比例第三組比第一組是三十八比八。這種相反的實驗結果，後來亦相繼的被許多學者證實。激起驚惶的訴求，確有强烈的情緒反應，但個人常傾於採用否定的防禦機能(Denial mechanism)去削減他們的焦慮。這種發現與認識不一致說吻合；因强烈的訴求和被測驗者現有的牙齒保養方法，出入甚巨。相反地，最輕度的訴求減少了認識不一致的矛盾，構成分子和分母之相等量。因此傳達而使態度改變的最效方式是理智的，減少激起驚惶的情緒，是目前社會心現學領域中認爲是改變態度的妥善方法之一。

（三）**溝通的結構方面**（Structure of Communication）：所謂溝通的結構乃指單向或雙向的傳達方式而言。一般商業上的推售，都是以單向的方式進行；推銷者藉著他口若懸河的言詞和能力，介紹商品的價值和實用性。這種方法是單向的壓力法。何佛蘭(Hovland)在一九五七年中實驗過，他以第二次世界大戰後駐日本之美軍爲實驗對象，用單向及雙向（互相交換意見、討論的方式），鼓勵士兵繼續屯駐日本，以維持治安時，單向法只提及日人之堅強意志及戰後可能導致暴亂的危險，雙向法則以討論方式進行。結果高中以上者受雙向法的影響較大。商業方面，廣告或推售，雙向法的效果確實大於單向法。由認識不一致說觀之，單向法和雙向法的理論，非常適合。如受過良好教育的士兵，當然反對單向的傳達，因他們已有了戰後的遠大計劃，因此削減認識不一致的方法是增加新觀念——爲何逗留於日本爲題目而討論後，增加新觀念的形成。因此雙向的傳達可削減不一致的地方。

傳達是呈現某一內容於聽衆或觀衆前。呈現順序的先後與心理的接受性有很大的關係。譬如一般商業上廣告，先啓發需要，然後才提供滿足需要的方法。根據實驗結果指出，需要未產生前，介紹滿足需要的方法，往往無法達到介紹的目的。預先啓發需要，等到個人需要的意識被激起後，提供滿足需要的方法較合適。因順序之先後影響到心理接受的程序。若傳達的內容牽涉到贊成及反對（Pro and Con）某事、某物或某人時，謝尼斯和惠斯巴克也實驗過贊成意見或反對意見之先後問題，研究的結果，先介紹贊成資料時，接受性比先介紹反對意見爲大。所以贊成先，反對後之順序進行傳達，對改變態度或接受性較佳。謝惠兩氏再注意到傳達順序中，令人愉快或不愉快之材料先後問題，正與前述之贊成反對之呈現次序的結果完全相同；愉快先，不愉快後之順序呈現材料，最容易改變態度。教育心理上，這種程序的先後，對材料內容的吸收，有很大的功效。

（四）決心和態度的改變(Commitment and Attitude Change)施肯最贊成認識不一致說，他認爲這論說最有利於態度的改變。決心乃指個人選擇多樣中的一項目標；如二位女朋友中，必須選擇其中之一時，決心是重要因素。假如選擇的結果，不合乎現有條件時，個人可增加新觀念去消除現有的不適之處，這樣可增加選擇後的喜愛性。如工人不喜歡工頭所指定的工作，而且不能拒絕時，即產生不一致的矛盾，但他可以增加新觀念，消除既有的態度，去迎合新環境下的新要求。剛出嫁的小姐如不能即刻接受妻子的角色，料理家務時可能抗拒本身的新角色，所以她必須養成家庭主婦的新觀念，去適應家庭生活。這些實例裏都有個人矛盾的態度，而消滅矛盾的方法是個人的決心。康因(Cohen)實驗三十位即將在聖誕假期中訂婚的耶魯大學學生，在聖誕節前用問卷法測驗他們對訂婚的態度，其中多數有消極的反應；他們對訂婚有猶豫不決的態度，恐怕訂婚後失去了社交上的自由等。實際上對訂婚猶疑者，最符合於認知不一致說，他們的訂婚率大於其他對訂婚的認知一致者。因此認知不一致之矛盾愈高，對未婚妻之愛情或專一的心情、求愛的表現愈增加。因此施肯和巴克曼更改了惠斯丁嘉的不一致公式爲：

$$\text{不一致(Dissonance)} = \frac{\text{認識因素和行爲矛盾}}{\text{認識因素和行爲一致}}$$

在這種不一致下，態度的改變是最不明顯的。但主要的關鍵還是在改變態度者本身的決心。若分母、分子之矛盾率相差愈大時，個人最容易拒絕態度的改變。在這種情形下，不能使用這公式去解釋態度的改變。不論如何，不一致程度的大小，對改變態度有不同的影響。如二組學生爲爭勝一種比賽，二組都有不作弊的念頭，其公式仍從不一致說解釋其態度的改變。

$$不一致比率大者=\frac{爭取勝利欲+勝利的報償(一萬元)}{反對作弊之道德觀}$$

$$不一致比率小者=\frac{爭取勝利欲+勝利的報償(一百元)}{反對作弊之道德觀}$$

不一致的比率大者，其因蓋因報償值的提高。從實驗上，這一組顯然地改變他們對作弊的態度。

參考書籍

Newcomb, T. M. Social Psychology New York: Dryden, 1950.

Lewin, K. "Group Decision in Social Change" in G. Swanson and A. Zender (eds.) Group Dynamics: Research and Theory. Evanston ILL: Row Peterson, 1953.

Festinger, L. and Kelley, H. H. Changing Attitude Through Social Contact

Murphy, G. Experimental Social Psychology, New York: Harper 1937.

Peterson, R. C., and Thurstone L. L., Motion Picture and Social Attitude of the Children, New York: Macmillan 1933.

Fearing, F., Toward a Psychological Theory of Human Communication Journal Personal (1953) 22:71–78.

Rosenberg, M. J. An Analysis of Affective–Cognitive Consistency. (Eds) C. I. Hovland and M. J. Rosenberg.

Festinger, L., A Theory of Coguitive Dissonance, New York: Harper and Row Pub. 1957.

Katz, D., The Functional Approach to the Study of Attitude Change, Publ. Opin. Quart., 1960, 24: 163–204.

Kelman, H. C. "Process of Opinion Change" Publ. Opin. Quart., 1961, 25. p. 57–78.

Second, P. F. Backman, C. W., Social Psychology. N. Y.: McGraw–Hill Book Co. 1964. p. 127–164.

Hovland, C. I., C. H. Campbell, and T. Brock, The Effect of "Commitment" on Oppinion Change Following Communication, Hovland (Ed) The Order of Presentation in Persuation, New Heaven, Conn: Yale Uni Press, 1957.

第二篇　社團結構的程序

人類是羣居的動物。羣居中的個人，藉著交互關係，供給他人的需要，同時也接受他人提供個人的需要。合羣性是社團的原型，合羣後的活動中才發展社會中的制度、體系、和規章等去鞏固相互間的交互秩序。最基本的社團單位是家庭，家庭中的交互作用是個人社會化的最根本的型態。家庭也是需要、動機和安全等的供應站。本章論及社團結構中有關的因素和交互的情形；如從交互中如何地產生格式，如何構成社會階級、角色、黨派等的社會組織。社團構成的前提，總有它的目的。第一目的是執行目標的有效性。第二是應付環境的物質和社會特性。第三是供給社團中的個人得到心理上的安全。社團結構的程序不斷地受這三個目的之考驗。

第六章　社團組成和社團機能的原理

每一社會中包括數種的社團組織。社團組織對個人的性格影響甚巨。如佛教的社團影響一位力壯如虎的壯年人，棄世棄家之念，逃入寂靜的山谷中，拒絕與世人共享酒色宴樂等物，此舉莫非是佛教的某一社團對他的影響。這種事實在整個的社會活動的程序中是常見的事實。特別是政治、經濟、職業等的社團，怎樣地影響個人在社會中的表現。本段乃闡明社團組成的程序以及個人在社團結構中與社團的各種關係。

壹　羣體構成的原理

羣體或社團是社會的次單位，由於社團或羣體構成社會。社會中有各種不同性質的社團或羣體，如政治社團、宗教社團、業餘娛樂的社團等。社團的性質乃由社團結構和社團規範去調節成員相互間的關係和社團性質有關的活動。因此社團或羣體不是靜止的，而是活動的。社團組成的原因是個人有共同的動機或共同的難題，且要解決這些動機的滿足和尋求難題的出路。當一羣個人邁向著這種目標進行時，羣體的性質才漸漸穩定而構成明顯的社團性質。如政治社團組成的心理原因，導自競爭和主配他人的意欲(Dominance)之一羣個人，且有共同的動機和興趣而構成的政治團體。宗教團體產生的原因也是個人在社會中尋求安全感或滿足的步驟而構成。如自然力對財產或五穀的摧毀或社會的不道德行爲的蔓延，使一羣好安全的人士產生崇拜超自然力的神格，藉著他的力量防止自然和精神上的破壞力。其它如商會及工會之組成也是尋求事業或職業之安全，藉著社團去保障權利和維持生命的延續。總之，社團的產生源自個人交互的實際環境，如工會是以工人爲會員，商會以商人爲會員，各個人具有需要的實際慾求下產生羣居的團體，維護個人的生理、心理和社會的需要。許多實驗證實此事實。當一個人遇到剝削時或自己力量無法達到目標時，這羣個人的交互作用則增强。互相間的黏著力增大，嚴密的組織也隨著需要的强度而增加。問題少年的幫派便是明顯的例子；當他們受到學業上的挫折時或無法適應學生生活的要求時，這些學生在實際被窘迫的環境下，互依性和交互性增强，並且交互的中心圍繞在難題的解決和出路的環境下。這種交互的時間不是一兩小時可完成的，是日積月累的時間過程中組成的羣體，應付外界的壓力威脅到生理上、心理上和社會上的安全。問題少年的羣體一經產生後。若外界阻止的力量不出現時，這種羣體的延續是相當久的。不論何種社團；由政黨到幫派，甚至最基本的家庭，各個人在共同的動機下產生交互作用。初期的交互作用均有各個人特性的表現，如將成立家庭之一對戀愛中的青年；一羣不滿於現實政治的人士企圖組成在野黨等，都先有了動機，然後尋找對象去表現內心的意欲，並且共同找出方法去解決現實的問題。社團產生的初期，交互作用頗繁多。這種繁多的社會性活動，著名的社會心理學者歐利波特(F. H. Allport)稱爲社會增量(Social increment)。這種活動的表現是無定型的，且相互間的交通程序亦未建立。從外表上觀察之，這種社團的活動是處於紊亂的狀態。但有一準則去觀察這種交互程序的方式，乃視個人意見和資料對這羣無組織羣體面臨難題解決之有效或合理的提供方法。由各個人提供的方法和他人內在動機的意欲交互後，共同的目標日益明顯。各個人對共同目標或企圖解決的難題所表現熱情和意見之後，相互認識的社會性增深，這是格式產生的開始。如一對青年男女，進行戀愛，在未進行中，這位小姐可能與男性的競爭心甚高，但由戀愛中男性所表現的偏於侵略性的行動，女的便產生順從或接受性(Receptability)的傾向。這種認知使女性在心理上構成低於男性之自覺。政黨初期之組織也不例外。孫中山先生推翻滿清的政權之最初國民黨的形態，也是這樣產生的。社團組成的過程中，首先，格式劃分，可分爲兩層階級；高低兩階級，這是格式出現的初步。嗣後，羣體之規範(Group norm)逐漸產生，其程式如下：

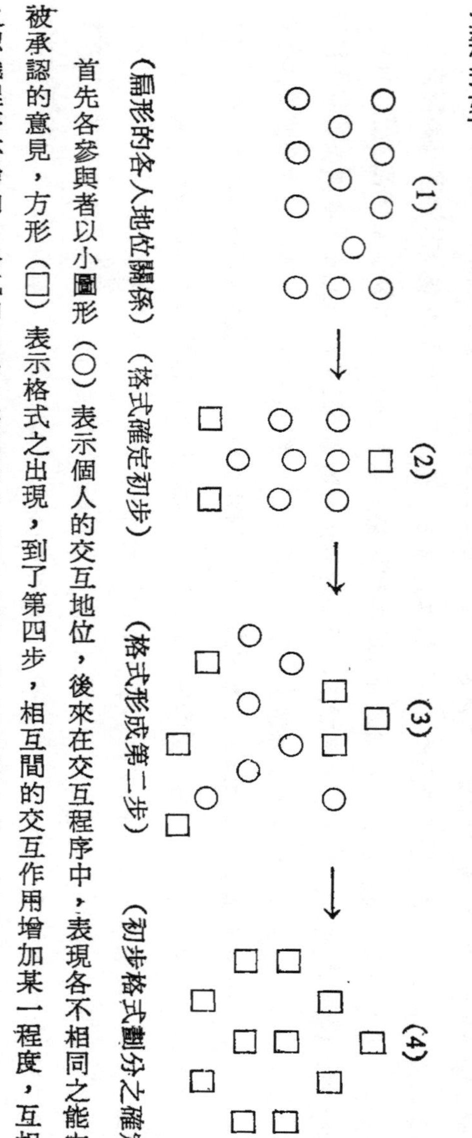

首先各參與者以小圓形（○）表示個人的交互地位，後來在交互程序中，表現各不相同之能力和被承認的意見，方形（□）表示格式之出現，到了第四步，相互間的交互作用增加某一程度，互相間之認識程序亦增加，格式的自異自然地劃分出來。這種程序在兒童遊戲中最明顯。

貳　社團結構的形成

社團結構的穩定基於社團中的階級體系或身份之機能差別而產生。更詳之，社團或羣體之領導者產生基於應付難題時之各成員所表現之技能和貢獻。領導人物產生的程序隨著各羣體性質而定。一般來說有貢獻或有特殊技能的人士，最容易構成社團中的基要人物，並且佔據不相同的格式。當社團羣體的機構確定後，羣體的行動就有了明確的方向，又羣體活動的方向便受了這一小部份有影響力的人物所控制。權威系統和權利分享亦因角色和格式分配而產生。從心理上而言，成員因權利或利益之多寡的吸引力，迫使成員摹擬領導人物或相互摹擬。忠實於羣體的心理表現和羣體的團結形成了成員行動的強度。因此羣體的結構中互相間的義務關係形成了羣體的主要結構體系。另一方面，成員間的交互作用，必須受規範的限制，以免行動間的衝突和矛盾，而構成羣體的瓦解。羣體既有這傾向，因此產生了羣體的規範去調節羣體活動的適當性或規定編制職位中的工作定義和報償之多寡。規範變成爲羣體活動的指針。

一個活躍的社團或羣體必先具有內在的能量，促使其活潑性。兩團同性質的羣體，未必有同等的羣體動力，其因在交互性的深淺程度和規範的內容上。若羣體之交互作用陷入不正常的狀態或領導人物的偏差時，都會使成員感覺到無法獲得目標。這種情況羣體便開始冷淡和瓦解。如羣體內部產生了地位或權限的衝突，自我表現的破壞，個人目標淹沒了羣體目標時，羣體的黏著性（Cohesiveness）就逐漸鬆懈。由外部力量的打擊，羣體也可能瓦解，如他羣體的壓力，社會極端之不贊同以及羣體在社會中與個人的需要沒有關係時，都可能使羣體的活動陷於僵局。

（一）問題少年幫派的組成及瓦解的社會心理原因——羣屬原因——問題少年，從一般的情形而言，產生於那些無法適應社會既存的規範者。社會規範贊許少年人須有某程度的學問造詣，或少年人應扮演的角色。這一羣無法勝任社會要求的少年首先產生了自我和社會規範的衝突後，一方面受了社會的排斥，另方面產生了被拒絕感。這兩種社會環境和心理環境促使他們在社會中孤立。孤立以後，人類羣居的天性的作用强烈地迫使他們尋求同類的少年結友爲朋，互相支持社會和心理需要。由於他們無法勝任社會既定的角色，他們就無法保留他們在羣體中的格式，所以他們便自覺到羣屬(Belongingness)之難題。問題少年無法在無羣屬的心理緊張下，經過他的生活。這種無羣屬的緊張，可能產生二種傾向：一者，强迫過著無羣屬的生活，終於陷入精神或心理的失調，另者，參與同種境況的少年羣，以期謀求羣屬感的支持。由這一種立場觀察之，問題少年顯然是一種心理的病態。我們就討論問題少年的幾個因素：

安全感因素：一般的社會學者研究問題少年時，將原因歸咎於家庭、學校、鄰居等數種社會原因。這些社會原因怎樣影響心理上的偏差，是社會心理學者所研究的題目。由心理學上的觀點，問題少年的起因是他與家庭或學校的交互作用中，產生不安全感或個人的自我結構受到威脅。如父母之離婚、或不務正業，都能導致他們安全感的動搖。一旦安全感受到威脅後，他們仍繼續尋求可供給安全感的地方。

基於上項原因，解決問題少年的根本方法，必重視羣屬性和安全感兩方面。假如他們因學業或失業問題構成不迎合或反社會的行爲，或參加不良之幫派到處搗亂時，解決的方法必重視羣屬和獲得安全感的指導，不論用什麼方法糾正他們的劣行，必不可離開這兩個原則的使用。幫派的瓦解或迫使參與者脫離幫派的組織，單純地站在心理適應上的立場，只有使他們在正當的羣體中或在他環境中安定下來。這是瓦解不良幫派的方法之一。所謂「安定下來」一詞的含義乃指他已經結婚或已獲得一適當的職業或在社會中可以適當地表現他的角色。他可以從剛新組成的家庭，職業和角色的滿足，得到羣屬性和安全感，從這種措施以後行爲的改變是可預期的。

(二) **社團組織及瓦解之心理原因**：每一社會中有無數的社團行使各不相同的功能，但其基本的心理原因是一致的。如漁會、農會、宗教團體、政黨、獅子會等，各種不同性質的社團在社會中的活動機能和目的雖然有異，但其根本的心理需要是相同的。假若基本的需要或社會誘因(Incentive)在成員的判斷中未能兌現時，這種社團漸漸不能得到成員的支持，瓦解的可能性逐漸產生。社團的活躍性乃視其供給成員的需要和社團本身爲誘因的强度，是否能引起成員的注目。換言之，社會的活動若能成爲成員的誘因時，卽成員的期待增加，活動隨卽頻繁。因爲每一社團的結構程序和活動程序，乃向社會的正或負的誘因進行，健全的社團或頗有吸引力的社團，是因爲它能供給個人期待的完成。如宗教團體的構成和人羣的心理需要，頗有密切的關係。當動亂不安的世紀中，個人對宗教信仰的熱情，遠超於平易安定的時代。在動亂中，宗教供給一組超世的希望及困難中的人生觀，使不穩定的心理得到適當的安慰，且穩定人格的健全。

一般羣體瓦解的現象與該羣體的領導人物具有極大的關係。領導人物爲該社團的精神象徵和期待兌現的中心人物。領導人物若被成員發見其能力不足兌現動機需要時，羣體就開始動搖或陷於混亂的狀態中。這時候羣體成員能產生兩種可能性；脫離該羣體而歸屬他羣體或革新此羣體的內部結構。

社團的活躍性，不論社團性質是相同或相異，均有不同的程度。其不相同的原因介於交互作用的頻繁性(Frequency)。交互作用的程序有兩方面；縱的方面是成員與領導階級的交互作用，橫的方面是成員間的交互作用。這兩種交互作用的頻率若增加時，該社團的活動力量亦增加。相反地，若這兩種的交互作用減少時，社團漸趨於解體。但羣體的交互作用不只指羣體中的關係而已，同時亦指此社團和外界情況的交互。這也是羣體生命的延續關鍵。上述之例，宗教在危難中，特別有吸引力的原因是外界的負誘因壓力，使個人無法負擔，個人的心理結構就不能取得平衡。宗教中的希望就填滿了心理的虛空。不論外界的情況帶有正價或負價的誘因，這些誘因若與羣體中的各個人有緊接關係時，羣體的活躍性均增加。若外界的正負誘因減少或消滅時，羣體漸趨瓦解之勢。問題少年的集團在現代的社會中不但不能消滅，且表現得很鞏固的原因是負價誘因無法消滅之故。若負價誘因消滅時，問題少年的集團，必趨於瓦解。因此在經濟不景氣的社會中，問題少年的活動愈活躍且嚴重的原因，或幫派組織的產生，主要關鍵是他們受了不少的社會負價誘因的壓力，而尋求社會及心理的安全感。幫派的組織本身，能供給他們的心理和社會的安全。

(三) 實驗上社團或羣體的結構和態度的證據：

社團的結構和社團規範內在化於各個人的程序等的研究，社會心理學者曾經費了不少的精力，研究此程序的演變。這些研究包括了羣體的性質，活動和目標，羣體怎樣地影響個人的態度和價值觀；羣體構成的程序，和羣體本身的影響力。謝勵富(Sherif)研究羣體結構的程序時曾結論：當一羣個人參與一個符合於他們的目的之社團的活動時，立即形成各不相同的層次體系(Hierarchical position)和不同的角色，並且開始交互作用。嗣後產生了羣體的規範。謝氏用一羣二十四個背景相似的十二歲兒童爲實驗題材，測驗友誼的構成程序。首先在露營場地，讓這羣兒童自由選擇各自喜愛的活力。次之，卽觀察羣體成立的程序。第三步卽研究構成羣體間和個人間的競爭和合作關係。當每一小羣體未活動前，預先佈置一些難題，例如炊事活動中將食物及火柴等分散於各不相同的營房。若要克服這些難題時，這些羣體必先討論、計劃、和執行等，去協調烹飪活動的完成。這些難題的佈置，使這些羣體的成員不能察覺到故意玩弄的措施；相反他使他們感覺這些難題都是實際的問題。

謝氏實驗的結果，在第一步驟裏，發見了這些兒童隨著他們各自的興趣，選擇活動的目標，立卽開始無體系的混亂活動。第二步驟裏，可以觀察到領導人物的產生和權力結構的建立。繼之，他們就開始有秩序的活動。爲要支持活動的秩序，羣體規範便逐步產生。這些構成的程序中，個人企圖爭取羣體中的地位和期待，並且產生互相吸引或敵對的態度。這種鬬爭平息以後，羣體的團結和結構開始强化。嗣後，個人與羣體的認同(Identity)的心理程序就漸漸萌芽。

叁　社團的性質

行爲動機和社會誘因的交互下，產生行爲的新形態，並且個人和誘因的交互作用後穩定了行爲。行爲不同的表現蓋因社會誘因和心理結構爲決定因素，所謂社會誘因不只限於物質上的代價而已；社會情況也能成爲行爲的誘因。社會心理學劃分社會情況爲共同情況（Togetherness situation）和羣體情況（Group situation）。前者的涵義乃指一羣的個人雖然聚集在一起，但不具有穩定格式和角色的機能活動，而是一種交互作用平等化的狀態。後者的特色是在旣定的格式和角色關係中互動。當我們論及羣體的性質時，其範圍包括後者的交互活動和交互程序。個人在人際關係中；格式和角色以及共同承認的規範爲輔導行爲的指南。羣體對各個人的期待和個人在羣體中的期待，不斷地交互。羣體在這種情形下的一般定義：羣體是社會組織中的小單位，包括多數的個人，建立了格式（status）和角色的關係，並且受一組共同承認的規範所支配，調適這羣個人的行爲。這個定義中，有三項重要的關連因素；多數的個人，格式和角色，以及規範。這三者是羣體存在的生命源，也是羣體的三大交互的性質。

社團是個人交互後的產品。社團影響個人，個人也影響社團。當一羣個人，面臨社會難題時，立刻產生應付難題的方法。應付難題不可能由一個人的力量去克服，必須聚集多數的個人，在共同認可的條件下，協調地活動。經過一番的交互後，這一羣個人就商磋方法，克服難題爲目標而進行羣體的活動。在這種互動的情況下，羣體始有動力。如在資本家的勢力下，才有勞工的互動，工會的組成等，保障工人的權益和安全。其他如政黨、宗教團體、職業團體等的產生亦不例外。格式所附帶的權利和角色的分配是羣體交互活動中，由自我自覺中產生的。因爲社會日趨複雜，個人在社會中被包容的社團的數目日增，如一個人是家庭中的成員，同時也是某一黨員、宗教團體的會員、職業社團的團員等。因此社團中的個人，同時也受了各種社團的交互影響以及這些個人也影響社團，形成了社團和個人的複雜性。且各社團的組織，歷史和大小的不同，隨卽社團的交互作用的形式亦不同。如規模廣大的社團，其交互作用的形式，一般說來是次要的和間接的。每一社團既然有了格式和角色的安排，這種角色和格式的位置影響了個人自我意識、自我評價和自我結構。若一個人包含在多數的社團，且在這些團中，不可能負有同樣的權責和角色，這現象容易構成個人的心理矛盾。自然這些人會傾心於某一能提高自我和獲得自我需要的社團。其餘的社團因爲需要性而參加，但不呈現爲一位活躍的份子。個人在社團中的交互作用，是養成自我結構的主要原因。一位十二歲的兒童在家庭中的格式和角色是小孩子，因爲小孩子這個角色，似不適合於他現在的生理和心理的要求，因爲這位兒童可能自覺到他本身是一位相當大的人物，他便參與同伴的兒童羣，並且在同伴羣中，負有相當的格式和角色後，自我結構的發展漸漸明顯起來。個人的性格因此也受了社團的影響。當他長到十六七歲時，可能與年齡接近的朋友結爲友羣。都市社會中容易產生青少年的友羣的原因，依著者從心理原理上的判斷，係都市社會或都市家庭，給與這年輩青少年的格式和角色是一種模糊不清的身份。這雖然不是問題少年結構的全般原因，但仍是心理上一個重要的因素。他們在家庭中旣沒有格式又缺乏角色的安置，因之，在同黨中尋求一個適當的格式和角色。藉此可以經驗到個人間的認同和情緒的穩定。同時也能增加個人的自我滿足、期待和行動。相反地，農村社會裏少有青年幫派的原因是因爲他們在家庭中，已負有生計的格式和角色。當他們從事於農務生產時，自我——農夫——的結構的意識强化。自我的表現，在工作中可得滿足。若農村社會趨於機械化時，並減少青少年的工作時，青少年幫派的產生，也是自然可預測的後果。

肆　領導，權力和傳達 (Leadership, Power and communication)

社團結構的穩定，在於成員交互作用的形式和適當關係而定。自然地，交互作用與適當的關係，和領導人物有密切的關係。領導人物出現的同時，權力亦產生，並且這也影響到成員間的傳達。

領導人物的研究，從歷史演進的觀點，最初的領導人物乃屬於個人方面的特殊才能和性格。譬如政治、社會、經濟、體育等團體的特殊表現者和貢獻者，均佔在領導性的地位。自然領導人物在這種情形下，成爲社團中的影響人物。但現代社會心理學的範圍，對領導人物的見解，不只注重個人殊異的性格，同時也注意到領導者與其羣體成員的交互作用情形。因爲領導人物這一名詞中，包含了許多個人的因素；有一羣的個人才能產生領導者。一位性格殊異的個人，能承擔某一社團的領導地位，是因爲該社團已經建立了個人間的格式和角色的關係。實際上社團的形成和功能的前提是領導人物的適當領導以及他在領導中得到成員的承認和地位的穩固。由於羣體的需要，相互的關係和個人的期待，促使這羣個人賦與指導相當的權限去完成被寄託的希望。司托勵(Stogdill)的研究裏指出，當羣體的成員與其領導者，做性格上的比較時，領導人物的能力、技巧或性格均殊異於其他的個人。其殊異的地方從羣體本身來說，領導者對羣體自身的價值，目標和歷史都有了相當的認識和可觀的貢獻。如國校一年級學生的領導人物和高中女生的領導人物，有不同的表現，這些不同的表現，正適合於該羣體的價值體系。因此領導人物的出現在於：

第一、情況的處理（Treatment of situation）。能力或技巧一詞，並非空洞又不實際的名詞。這二句話的涵義乃指領導者對情況和難題處理的速度和敏感而言。領導人物的能力是情況中表現的能力。依此原理，研究領導人物形成的程序時，都可以發見到個人選擇領導人物，都憑賴著個人對情況和難題的貢獻程度。這種選擇的程度是將一羣不同的個人，使他們在同樣難題的情況下交互，但整個交互的程序集中於難題的解決。當實驗者不指派何人爲領導人物時，他們在難題情況的交互作用下，自然地露現領袖人物。一般說來，領導人物是這樣選擇的。因此領導人物必具有的條件是，他能超越其他個人且運用他個人的能力，表現這種技巧和能力於難題解決的程序上。從這種立場觀察之，領導人物必具有處理社會情況的機能和個人人格機能的兩大條件。如農會理事長一職，到目前爲止，其人選均是那些富有耕作能力，且耕作技巧在農村中有殊異的人，擔任該職位。

第二、情況的演變：一般人有一個錯誤的觀念，他們認爲果斷的人容易成爲領袖人物的傾向。這只說明了部份的事實，並沒有實驗上的可靠性，所謂領導人物的情況處理的機能和個人的人格機能，乃暗示了領導者性格的變易性。情況的難題，乃隨著社會的演變而不同。如果某一領導人物對某一難題情況，持有特異的技能去解決它，使羣體成員得到利益。在其他的情況下，他可能處理失敗，因爲他本身不是萬能的。因此領導人物不斷地受演變的情況所考驗；他是否有能力處理一連串接踵而來的情況和難題？在處理情況和難題的情形下，領導人物殊異於其他個人的地方是在同樣的情況下，有不同程度的表現。從這種情形觀察之，一位能幹的領導者，乃能適當地運用成員的才能解決難題。

第三、羣體的性質：領導人物的性質必符合於羣體活動的要求。羣體結構中的格式和角色的關係，定義了領導者在該羣體中必具有的條件。因此領袖人物均負有該組織的特性。在正式的社團裏，領袖是格式和角色的象徵，也是組織的產品。他是社團價值和規範的代表。

伍　領導人物和羣體的穩定

領袖是從羣體自覺需要中產生的，因此羣體成員對領導人物的作風和計劃、態度和儀容最敏感，並且將羣體的需要寄望於他。被產生的領袖是羣體成員的精神及調協活動的象徵。他既代表了羣體的活動和精神，所以他必須保持羣體與他的適當交互和距離，使體中的成員藉著他的指揮和難題的處理，得到心理上和社會上的滿足。當羣體受窘於某一情況下的難題時，成員中各不相同的格式，逐漸產生，旨在對遇難題的克服，因之，相互的關係亦趨於穩定。羣體穩定的因素有五：第一、羣體的吸引力(attraction of the group)。所謂羣體的吸引力乃指羣體成爲一個機能活動的團體，並且行使成員需要的滿足和安全的機能。若羣體的吸引力明顯時，羣體亦趨於鞏固，成員間的合作增加，因爲共同努力的目標，在各個人判斷中，似有兌現的可能。因此，需要和需要的目標，兩者愈接近時，羣體的吸引力增加。從宗教的性質而言，每一種宗教都可能提供一些應付現實社會難題的一套教義。若這一套教義只針對某一難題時，當然被接受的可能性只限於現實的失敗者而已。個人在現實社會中遭遇到的失敗，從心理學上的立場觀察其活動的現象是削減被剝削的痛苦，這種消極的驅力，使個人積極地覓求方法填滿現實不滿的原因；消極方面是轉移的滿足。藉著轉移，現實的不可能達到的需要轉移到某種寄託物或寄託物的觀念上。第二是羣體的黏著性 (Cohesiveness of the group)，黏著性乃指羣體結合力，也是羣體中的格式和角色的正規化活動。黏著力乃指羣體中個人間的社會距離的縮短或交互關係的適當性。交互關係之產生，在於某一難題處理時，各個人向此目標的態度和動作有一致的傾向。假如羣體向某一目標的進行，能獲得成員的合作和支持，且行動中歧見減少時，羣體之黏著力增加。社會距離方面，卽指個人與其他個人間之羣屬性的自覺或我羣感 (Feeling of weness) 而言。我羣感的心理氣氛的增加，社團黏著亦增加。第三、羣體的工作和活動，若羣體的價值和目標平行時，此羣體亦趨於穩定。易言之，就是羣體的活動機能與羣體的理想相吻合。爲要保持兩者的平衡，羣體中的領導者必須盡力維持這種平衡。爲著這個原因，社團中的領袖不經常更換，若領袖人物常常更換時，羣體結構中的格式和角色的變化是必然的後果，由這些變化，能影響羣體的組織。著者曾經實驗了一羣遊童，指定一位領導人物去組織逃避球隊時，在進行組織的過程中，將領導人帶走。本來將形成的羣體，由於領導者的失落，初步的組織立卽瓦解，此羣體也暫時陷入紛亂狀態中。若這羣兒童繼續交互時，新領袖人亦依然產生。這時舊的領袖若重新出現時，新的領袖，傾於讓位的現象。第四、羣體成員與領袖間傳達的形式。羣體組成後開始行使羣體的機能。所謂羣體機能乃指羣體和目標的交互作用以及羣體本身的內在的互動。依觀察，不論羣體和目標的交互或羣體中的交互，都以成員與領袖的交互為主，成員與他成員間的互動為副。互動的正規化是羣體穩定原因之一。羣體中適當的互動能使領導人物和成員感覺到安全和愉快。

不論羣體使用何種形式交互，領導人物是成員交互的中心。領導人物必須有超羣的特色去應付羣體交互中的需要。以社會不良幫派為例，其領袖必具有其特殊的表現；可能他是一位拳術家或黑社會的人物，或包庇賭場娼寮等的黑色人物。領導人物必須遵守其諾言，讓成員對他的期待增加，並要努力實現成員的欲求。假如領導人物被成員查覺出他已不可能兌現他們內在的欲求時，他的特權就被削減。因此，領導人物能否切實地實行他的義務和責任是羣體團結和士氣的要素。領導人物是羣體成員認同 (Identity) 的對象，也是團結和維持羣體生命的主腦人物。他可以激動、指導、和操縱羣體的活動，也可以連繫成員間的社會和心理的氣氛，藉此羣體才能趨於穩定。第五、領導人物必須意識到力量的來源。社會心理學者將羣體的性質分為兩大類別；正式的羣體 (Formal group) 和非正式 (Informal group) 的羣體。兩者最大的差別是領袖權力的來源。非正式的小羣體的領導者，其權柄源自他人的策略以及他與他人間的社會關係。正式社團的領袖却由羣體外的董事會的權威任命的。當然任命他的董事會期待此領導者能執行義務和責任，並且與部屬有適當的交互作用。假如他無能為力去維持該羣體時，此羣體容易產生非正式的小羣體。這種小羣體乃由會員中的一人或數人操縱此組織和活動。在這種情形下，這位正式被任命的領袖漸漸成爲掛名的領導人物，其實大權已轉移到其部屬手中。若他遇到這種情形時，除非他借用羣體外的力量去行使職務外，很難得到該羣體的支持。衝突和矛盾的現象由此產生，不穩定和紛亂使介入此機構中。

陸　領導權的研究和有效力的領導者

蓼因(Lemin)、李畢特(Lippitt)和懷特(White)三氏是研究領導者以及其有關方面最有貢獻的人。在一九四〇年，他們使用三種不同方式的領袖形態；專制形態、民主形態和放任形態等與羣體交互，從交互中研究此三種領導人物的形式和羣體工作成就的關係。他們以兒童爲對象，指派受過訓練的成人做兒童的領導人物。結果查出成員對領袖形態各有不同的反應，同時也養成羣體各不相同的社會氣氛和羣體規範。因領袖的格式處於羣體的最高端，他執行、抗制和決定羣體的事宜。領導人物也須適當地調協羣體中不同權力的格式和角色，因爲羣體中的權力體係是該羣體的格式的結構和角色的連繫。格式愈高、權力愈大，影響力和抗制力亦大。權力的行使直接地影響羣體組織和羣體成員的心理狀態。

第一、權力的直接和間接的行使。羣體中權力的行使可由直接和間接兩方面傳達。傳達的方式是由格式高的人士向下傳的。但格式低的成員從上面得到的權力要求和信息大半都是間接的。格式的結構和力量的結構，在字彙上雖不相同，但其內容是相同的。第二、傳達和格式的關係。成員間的交互作用是互相傳達的形式。人類相互間來往的形態，最普通的是以言語和手勢的象徵溝通信息。既成的羣體的傳達因爲格式的結構和角色的關係，就受羣體本身的結構的影響。傳達的材料或內容只限於羣體存在的目的而已。如羣體與情況交互時，羣體的機能，都受了格式和角色的限制，上下的交通量往往不能相等。既成的團體面遇難題時，羣體間的傳達，比無組織的羣衆較有秩序和協調，但缺乏明確的格式和角色的羣體，遇到困難問題時，顯然地增加了羣體中的紛亂和風紀的低落。第三、羣體面對著難題時，其意義對各個人的重要性顯然不同。杜伊茲(Deutsch)的研究重視領袖和成員的交互頻繁率。頻繁率的多寡必視難題對社會的重要性和意義而定。若共同處理難題的重要性明顯時，成員間的交互率增加，調協的努力亦增加，相互義務的意識亦增加。所以成員所處理的難題，若成爲他們共同的難題時，即交互作用趨於穩定和調協。不良少年的黨派便是最明顯的例子；他們所碰到的難題，都與黨派的存在有緊接的關係，換言之，黨派中的成員都意識了難題是他們個人本身的問題。在這種情形下，羣體的交互作用和預期完成的目標趨於一致的傾向。杜伊茲也指出，成員意識了共同的難題時，羣體的結構也趨於穩定，因爲羣體的結構正針對了難題的核心。這個原則適用於羣體的輔導。一羣被社會人士歧視的酒徒，聚集在一起時，他們發見到或意識了共同的難題。因這個羣體自身在這種情形下，給於他們心理上的安全感和羣屬感。爲了尋求目前的困難，他們之間的交互的程序亦趨於一致化。一般羣體的輔導和羣體毛病的糾正，都是運用成員的交作用，而改變他們的態度。

凡有羣體或社團組織的地方，都有角色的安排和角色功能的不同。角色代表了團體組織中的活動及活動的連繫。如：領袖的角色是提示團體活動中必須的條件，供給活動中所需要的知識，和達到團體目標的意見等。團體務求目標的完成時，須配合各不相同且有調協的角色活動，進行各個人在羣體中的分擔任務。因此，每一團體中角色的不同是必然的結果。由於角色的不同以及配合角色的協調，自然會產生領導人物，統籌各不相同的角色活動，朝向相同的目標。這樣羣體中減少角色的衝突，若團體已經有了活動的方向和追求有價値的目標時，角色的不同也是自然的結果，因爲角色是羣體活動的工作分配或指派，應該執行工作的方法。藉著不同的角色，羣體的活動才能趨於正規化。因此羣體活動中，領導人物負有重要的責任，若要完成領導上的責任，領導者必須具有下列因素，才能建立正確領導權的基礎。

(1)**工作領袖**(Task Leader)和社會及情緒的領袖(Social-emotional Leader)。領袖的性質可分爲工作領袖和社會——情緒領袖兩種。前者的定義是一位負責羣體活動的人，供應成員的工作觀念，指導成員去解決羣體的難題。後者爲援助羣體的士氣，消除團體的緊張或衝突等的精神供應工作。這兩種不同性質的領袖，一般說來，後者比較受羣體成員的歡迎。但一位成功者的領導者須配合這兩種不同機能，才能成爲一位殊異的領袖。

領袖既負有指導權，但指導權的行使相當複雜。指導權不是一種單純的命令發佈而已，其中必考慮羣體全般的因素。指導權的穩定必須配合工作和社會——情緒的兩種條件。這兩種條件同時行使能使羣體的活動均衡。羣體活動的均衡，始能促進羣體的產品和羣體的滿足。羣體中的工作和情緒的均衡是羣體黏着力和羣體活動動機的來源。這是領袖執行任務的準則。

(2) **指導權的合法性**(Legitimacy of Leadership)

指導權產生的同時，陪伴着成員對該權利的妒嫉是預期的。因爲各個人均有統制欲或最上欲的期望。這種欲望構成社會上力量的鬪爭 (Power struggle) 的現象。爲了確保指導權的穩定，合法地承認指導權是羣體所公認的和協調後的公約。若團體正式地或合法地承認領導人物的指導權時，不但能減少成員間的力量鬪爭，且能使領袖容易展開他的權力去影響羣體該當執行的事務。羅馬天主教的教階制度及授與各教階者的權柄，是最明顯的一例。合法地施與領袖的權力時，敵對的感情逐漸削減，且順從權力的行動漸次增加。

(3) **指導權兌換原理**(Theory of Exchange)

兌換原理乃指領袖能否使成員經驗到羣體中的報償和該羣體的成員的價值而言。報償是羣體活動中朝向某一目標進行時之活動的代價。這些代價的兌現表現了領袖人物的能力和特性以及羣體的結構和角色的完成。易言之，這也是領袖的機能完成的原則。領袖已經驗到成就和統制的力量，同時成員也滿足了社會——情緒的需要。假如領袖對羣體某一目標的活動，不能獲得滿足時，他的指導權和格式，便開始動搖，若羣體中的成員經驗到失敗時，領袖便要負責其全般的責任。由成員方面着想，他們都隱藏有成就目標的動機，同時，他們也承認缺乏領袖領導，決不能得到目標兌現的可能。當目標獲得後，或目標獲得的可能性增加時，**成員摹擬領袖的**心理活動便提高。在這種原則下，成員自然地抬高和擁護其領袖的作風。

(4)領導權人物是情況的決定因素(Situational determinant of Leadership)

領導者和跟隨的部屬，共同針對社會某一情況的活動。問題少年的集團或社會上各種的幫派，都面遇到共同的情況；這些情況可能是社會對他們的行爲和成就的歧視，嗣後，產生了不安的心理。其他，也可能是物質的剝削下所產生的痛苦。這些複雜且有刺激的經驗使這種羣體的領導人物必須具有一套的技術，付成員得到滿足。這就是說，領導人物要不斷地克服威脅的情況，才能完成他的領導任務。

(5)領導人物的性格和行爲

目前社會心理學者認爲領導人物一詞，只限於某一情況下的條件，某一人有足夠的能力去對付情況中的要求。這就是說，某人在某種情況下可能是一位很成功的領導人才，但他在他種情況下，無法保證他也能成功地執行他的任務。領導人物的特性，在一般條件下，要求他必須具有相當的智力和性格。其實，領導人物主要的特性，表現於他與部屬間的情緒距離或心理氣氛。換言之，他可供給成員的安全感及滿足的心理狀態。

社會心理學者對領袖的研究，已經脫離了傳對領袖特性的研究的方法，而轉向到對領導行爲的各種問題上；如：領導行爲與目標成就間的關係；羣體中不相同的格式和角色下的行爲是否調協地向羣體的目標進行。領袖在工作的角色(Task role)要求下，他適當地組織和指導羣體的活動。在社會——情緒的要求下，他必須維持羣體的士氣及解決羣體在活動中的緊張。在這兩種條件下，須袖本身和跟隨他的部屬，才能經驗到報償——活動的代價。

參考書籍

Secord, P. F. and Backman, C. W., Social Psychology, New York, McGraw-Hill Book Co. 1964

Gibb, C. A, Leadership, In Lindzey (Ed.) Hanpbook of Social Psychology, Vol. II, Addison-Wesley Pub. Co. 1954, p. 877–920

Cartwright, D. and Zander, A. Group Dyramics: Reseach and Theory.

第七章　社團規範 (Social Norm)

一羣個人的互動，若朝向固定且對各個人均有意義的目標進行時，羣體的結構隨卽誕生。格式和角色的安置與行爲符合於該格式和角色的活動亦趨於穩定。社團中的規則，行爲的標準和羣體共同承認爲有價值的事，都在交互程序中養成的。羣體正常的活動須要規則、標準和價值，這三項在社會心理學上稱爲羣體規範。羣體規範主要的目的乃是衡量羣體中的角色交互的結果和輔導能活動的正規性。如格式間的關係，領袖和成員間的關係，甚至羣體活動時之成果檢討，都以羣體規範爲標準。但規範不是靜止不變的，它隨著各個人在羣體活動中的需要和社會事件的互動而改變；既有的規範可能適合或不足敷用，在這種情形下，可能產生新目標、新理想、新措施等去維護羣體正常的機能和互動。如工人首先參與工廠的動機是賺錢爲目的，隨卽因他們生產的件數得到報酬。但在日積月累中，工人間的交互作用，產生了非正式羣體，以及對產量和工作方法換來工資等，都能使態度變化。這種變化乃是非正式羣體交互中，產生新的規範，支配了工人對工作的態度。

羣體成員交互的宗旨是乃追求各人需要的滿足，這種程序產生社團結構的特殊形態，去應付獲得需要的步驟。各個人在該社團中持守各有的功能，推進社團共同的活動。爲了衡量和評價各個人在社團中的成就，格式也因此產生。角色和格式乃規整(Regulate)個人在社團中的功能，使之協調。任務的劃分，規則的創設，行爲的標準等，構成了社團的規範 (Norms of the group)。從這立場觀察之，羣體的規範是社團中的行爲上和觀念上的交互副產品。這種副產品具有相當的心理和社會壓力控制個人，使個人順從社團的要求。規範是羣體成員所公認的寄望行爲和調適成員適當的交互。規範的形式是社團結構和動向的導引方案，同時也包含有社團的新價值、新理想和新目標。社團規範也能保護羣體中個人的權益，使個人獲得自我的需要和完整。規範不祇使羣體的活動趨於正規化，同時也阻止羣體向目標行動時之干擾因素，使羣體順利地產生被期待的結果。爲了適應羣體的形式和外界關係的交互，社團也不斷地修改和增添規範。增減規範的原則源自期待和失敗的經驗。

壹　規範和規範形成的程序

規範的孕育和羣體的發展是平行的。其發展的程序，謝勵富 (Sherif) 的實驗設計裏，使用三人共進一暗室判斷光的長度，首光他們各自斷定爲六、七或八英吋，經三人商議後，認爲七英吋。首先三人判斷時，對光的長度判斷的錯誤差別爲一．四英吋，這光的長度間斷地覆現，經三十次判斷後，三人的商議中，長度的差別只有○．二英吋。這就是說三個人已經建立共同可接受的規範。所以規範養成的第一程序是經商磋後的同意。同意的程序 (Process of agreement) 乃指削減個人的規範，達成羣體的規範。當一個人參加某一社團，或是一羣人將組成羣時，其動機大半是外在的。這一羣人受了外界的共同刺激後　產生各不相同的反應，然後商討刺激原因和應付的方法，始能獲得共同的觀點。最近百貨商會商討「不二價」的販賣方式中，外界的刺激可能是生意的競爭或是消費者對討價習慣的厭煩，迫使商會共同商討，同業間的合作，而消弭競爭的手段和加添信用的方法。如「不二價」被商人接納後一商會已構成「不二價」的規範。假如大半的商人不同意這個決策——「不二價」就不能成爲商會的規範。

規範形成的第二程序是壓力。爲何一羣個人商討一個共同的刺激後，能獲致同意或一致的看法？這個解答是他者的壓力。當羣體向目標進行時，當然要排開干擾的原因，始能完成任務。然而外界的干擾不斷地改變，羣體的規範，受了這種壓力，開始組成新的規範。另方面，羣體內在的壓力也是規範形成的因素之一。基督教社團中的規範在臺灣的演變，證實了壓力的事實。第一時期宣教師進入臺灣的社會後，外界的壓力是疾病的問題，這壓力迫使教會開始宣道配合醫療的策略，經過了一段時間，文盲的壓力又加在宣道的活動上，教會就創設學府，由於社會的進步，公私立醫院和學府林立，教會社團中這兩個教會活動的規範也漸遜色。這社團向著「上帝國」的目標邁進時，發見教友的冷淡，從此信仰復興的規範產生了。到現在社會文化的進步中，教會社團發現社會畸形發展，教會又產生社會服務的新規範，在服務活動中，教會所說的和社會所說的無法的溝通，又發展教會和社會互談的新規範。規範的產生是由於外界的壓力，迫使社團內部產生壓力，務求應付外界的壓力方式，使社團延續壽命。規範在羣體活動中，不斷地被羣體的宗旨和壓力的方式而修改。臺灣社會的演變、政黨的演變、人民社團的演變，都是導致於外界的壓力，迫使羣體中產生新規範。所以羣體中的自我理想遭受外界壓力時，羣體內的交互作用頻繁，藉此產生生新規範。

羣體的規範常靠著羣體態度去維持。在羣體特殊的生活過程中，其成員心須重視規則的重要，始能維持羣體的秩序。因爲羣體中的個人所創設的規則也不過是適合他們的知識、想法、感情和行動。社會規範的存在和推行或普及規範於成員中，有賴於相互作用中個人願意接受這規則，因爲規則對於他們有互相關係的聯繫和羣體活動的指南。規範的價值和貢獻因此露現了。社會規範可分爲評價規範和行爲規範。

評價規範：所謂評價規範乃指個人對客體之善惡的判斷。如偷竊或破壞成員間的人際關係等，根本的行爲是佔據別人的所有物或損害羣體活動的協調。評價規範乃根據自我中心或社團中心的利弊而言；假如某行爲危害到個人或團體時，即被視爲不檢的行爲。行爲的規範乃指順從社會的行爲。社會對順從者有贊許的反應；對不順從者有刑罰的反應。

總之，由人際和羣際的相互作用的程序和維持交互作用的正規性，價值和規範便產生了。在安定的社會裏價值和規範能適當地調適互相間的常態關係。在流動易變的社會裏，價值和規範的保存，就發生無限的困難了。

貳　規範養成的心理原因

規範養成的原理和規範形成的程序有緊接的關係。爲求得羣體中一致的規範，羣體成員產生交互作用，消弭歧見後，獲得羣體中一致的目標。當羣體向目標進行時，外界的壓力感應了羣體內在的壓力，就此產生規範了。爲什麼羣體會產生規範？並且規範一致的態度爲何產生？爲何壓力會產生新規範？這些問題的回答，必基於人類社會心理的結構。

第一、順從原理（Theory of Conformity）。人類有關係連繫的天性（Affiliative instinct）。人類在社團中不斷地尋求和澄清關係連繫中的位置，這是人類的羣居性中，務須達到互相間調協和滿足的條件，這也是社團構成的先有條件。人類不斷地尋求伴侶，不論是尋求同性或異性的伴侶，都可能獲得需要的滿足，支持其行爲（Supportive behavior），擁護其主觀的判斷，獲得其心理的安全。基於這個原理，人類就產生了順從他人或社團的特性。既然人類的心理和生理需要都淵源自他人或羣體，所以人類互相間的正規化程序因而產生；正規化主要的目的乃是調和需要和滿足的適當方法，避免人際間關係的混亂。規範在這種意義上，鼓勵著彼此之間達到需要和滿足的行爲，阻止干擾彼此間不滿足和挫折的行爲。因此，順從行爲乃基於需要和滿足的程度，若需要和滿足具有相當高的程度時，順從他者或羣體的心理自然提高。因此羣體從一方面來說是獲得需要的手段，既是手段，就有兩種機能支撐羣體的完整，一種是工作機能。另者是社會情緒安全的供應。規範的發展是保證和輔導羣體成果的合作的行動，建立羣體向目標活動時之態度一致性。因此，順從的意義是接受羣體的標準和價值來做爲個人的標準和價值。

第二、合作原理（Theory of cooperation）。羣體既具有工作性質的特性，羣體就不斷地向某一既定的活動目標進行。人類既然有了羣屬感，被接受感和被支持其需要後，構成家庭，朋友的集團及聯誼會等，這是情緒的互相支持（Mutual support）的表現。在這種心理羣（Psyche groups）中規範有消極方面的作用就是禁止彼此的競爭和侵略。如兄弟會中，這羣青年絕不向其同道之女朋友求愛。社會羣體(Socio group)雖然是免不了心理因素，但是其主要任務是趨於工作傾向(Task-oriented)。工作的完成務求成員間的合作，而達到報償的代價。爲此，羣體成員就贊同合作的行爲。

第三、順從程度的高低。爲何各社團中的順從程度有高低之別？惠斯丁嘉等用黏著力說明羣體本身的壓力對於其成員的影響。根據社會心理學者的研究，至少有三項的可能性使會員能高度地順從羣體的規範：會員的互動中具有高度價值的報酬，羣體的活動本身就是成員的報償；及做成員是達到目地的手段時，就有極高度的順從表現。惠氏等也用吸收力(Attraction)說明順從的程度；所謂吸收力是指羣體本身的活動或達到預期目標的可能性，對成員具有深刻的印象而言。基督教中的小派教或佛教修道團體的順從性都非常大。因佛教的修道社團裏強調，符合羣體活動的行爲是報償，並且以做修道士爲達到清心和上「西天」的手段。他們的修道在主觀的信仰裏，可能達預期的目標，因此順從性的程度便增高了。以上黏著力和吸引力都是積極的順從原因。積極上，順從的壓力源自排除性(Ostracism)。如監獄中的犯罪羣，他們的行動受到限制，但是爲了彌補羣居的心理性，他們在監獄中也能構成心理羣，若一個同伴不遵其規範時，即排除於其心理羣外。排除在心理上具有負價值的威脅。藉此壓力强迫會員共同遵守規範的準則。軍隊裏的順從性也屬於排除性。

第四、規範的衝突。當然一個社團裏，絕不可能有完全一致的順從。衝突產生於正價值——報償——減低時，或預期的目標受到動搖時，成員對其所屬的社團爲參考羣的條件降低時，衝突就開始。惠斯丁格(Festinger)等證實力黏著力極高的羣體，其成員的態度和行爲接近於一致。相反的，成員的歧見叢生時，其羣體規範便陷入雜亂和衝突。目前自由中國的在野黨裏，處境於存在或不存在的邊緣，亦符合於黏著力中的三個原則。

第五、規範和權力的結構。在前節的權力結構裏，已詳述直接和間接權力的聯繫問題，以及權力層次的問題。從實驗和觀察裏，權力層次間的聯繫適當時，或層次減少時，或成員的權力平衡時，即羣體間的順從性增高。羣體間的互相影響和交互頻繁時，個人對羣體的順從性也增高。羣體中個人間的權力的距離差甚時，兩者的吸引力減低，構成反比例的狀態。所以强迫的權力所產生的順從是短暫的；參考性的力量(Referent power)能造成順從性的持久。因爲前者，權力若經過强迫推行時，容易造成社團中成員間的權力不平衡的狀態或削減他者的權力。

第六、羣體中順從的分佈。規範的順從在成員間有程度的差別。假如羣體的黏著力和吸引力極高時，順從性的分佈是最平均的。黏著力減低時，順從的分佈就參差不齊。當成員在羣體外能獲得滿足時，順從羣體規範的差率也增加。宗教社團中這個原理最明顯。爲什麼婦女的宗教熱忱比男子爲高呢？婦女的宗教活動出席率也較男人爲高？一般來說婦女的參考羣的數目，顯然不比男人多。男人在社會中同一時候參加數個的社團，婦女即只有家庭和宗教的社團。參考羣愈增加，規範的衝突也增加，在這情況下，順從的分佈就不呈現均衡的狀態。

羣體中的格式和順從的分佈有密切的關係。許多學者研究指出高格式者趨於順從羣體的規範。賴蕾和柯因(Riley and Cohn)研究一羣高中學生的羣星(Group star)趨於順從的規範。牛卡姆也指出工業中高格式的工人最順從於生產量的目標規範。何蘭達(Hollander)指出羣體中的領袖最順從羣體的規範。但何蔓斯 Homans)對順從的分佈却提出相反的意見，他的研究指出羣體中最高和最低格式者，最不順從羣體規範，居間者最順從羣體的規範。何氏的意見是高格式者容易造成怪僻和獨斷；低格式者因報償的價值最低，造成漠不關心的心理狀態，然居間格式者的預期希望或目標，大於其他特有兩格式者，所以他是最順從羣體的規範者。依作者的判斷，這兩種相反的說法最有可能。但必須視羣體的性質和個人的性格而決定。

形成規範的壓力、接受規範的壓力、順從規範的要求等，都能造成個人在羣體中所得之特殊的經驗。規範的接受影響個人的活動和行爲。規範的新穎和吸引力不在壓力和强度，而在羣體成員間的交互以及羣體和外界的交互關係中的代價而言。

叁　順從規範的條件

爲何各種不同的社團會產生各種不相同的規範？爲何有些社團中，個人順從規範的程度相異於他種羣體？這些問題的解答有三：第一、成員發見羣體中的他人的行爲或態度對成員本身有報償的價值。第二、羣體權力的結構是依報償和價值的條件組成的。第三、依照該羣體的規範行動時有內在的報償或價值。

羣體的形成乃是爲滿足人類的各種需要,羣體控制其成員的原因,乃爲獲得需要的滿足。規範便能鼓勵成員從事於那些導致滿足的行爲，警戒那些能干擾到滿足的行爲。因此規範的力量乃視成員依賴羣體時，可得到需要的程度。羣體主要功能有二部份，第一部份是羣體與需要有關的活動，第二部份是社會和情緒需要的活動。羣體在這兩種意義上包括社會和心理的兩大因素。某種行爲若能貢獻於需要有關的活動時,這種行爲便符合規範的要求。因此，規範的發展乃是促進成員間合作的行動去完成羣體的目標。成員的責任乃是參加羣體按期的聚會活動，且行使有貢獻於羣體的工作，這樣羣體的生命便可延續。亦各個人在羣體中經驗到成功時，羣體的規範，逐漸加强。這是社會和情緒滿足的條件。

羣體主要的功能是供給成員的滿足。羣體中的需要，不只限於物質上的需要；心理上的需要也佔很重要的地位。如成員中的友誼，羣屬感，被接受感和互相的支持等，都是情緒上的關鍵。在心理條件下，羣體規範出現的目的，就是維持成員間公平的待遇，禁止成員間的競爭和互相侵略的企圖和態度。因此規範的產生，不論與工作有關的需要(Task-related)或與社會和情緒的需要,雖不容易識別，若這兩種需要得到滿足的同時，羣體的規範，也增强到相當的程度。

從羣體權力的結構 (Power structure of the group) 方面著想，羣體中有權力人士的產生乃視羣體活動中要求需要的程序而定。權力人士持有力量的主要原因乃是權力者執行羣體的任務，使成員由依賴他的性格和領導而得滿足。從精神分析學上，領導人物具有父像的特性 (Father image)。他成爲羣體的精神象徵。這種事實最明顯的地方是家庭。小孩子在家庭中學習家庭的規範。規範的發展方向與父母的權力和小孩的權力，有天地之別。到青少年時期，依他們的判斷，父母的權力範圍就縮小，因爲青少年漸漸走入自主的路徑時，規範因此產生變化。青少年不再以父母爲絕對權力的持有者了。

從內在的報償(Intrinsic reward)方面著想，羣體對行爲的贊同，對個人的經驗和人格的形成來說是一件非常重要的因素。社會的贊許具有社會和心理的推動力，使個人就範於某些行爲的規則。規則的要求往往是一般性的，並非特殊性的。比喻一班的學生中，不以最靈敏的學生爲準，而以一般的學生爲標準，共同可以達到的目標爲規範。在這種情形下，班級的學生，趨於合作，減少競爭的機會。因此許多個人形成羣體去獲得各種不同的需要。獲得的需要原則下，產生適當的控制，使羣體的行動趨於合作。

肆　順從的程度(Degress of Conformity)

每一羣體對其成員的順從程度各不相同。爲什麼某一個人對甲團體的順從比乙團體大。其原因敍述如下：

第一、由順從的報償和代價方面上觀察，惠斯丁嘉(Fesinger)、謝克達(Schachter)、和巴克(Back)提出順從團體的規範原則，介於羣體的黏著性。羣體成員的交互作用中，具有報償價值的因素，或羣體的活動對個人具有報償的價值，或成爲成員一種手段去獲得目標的時候，順從性逐漸增高。如政黨裏的某一黨員，他若企圖爬上政壇的高職位時，他對黨的命令，具有極高的順從性。消極方面，順從性來自羣體的負贊同的威脅；如刑罰。譬如軍隊或宗教團體往往使用負贊同，使成員或部屬順從。惠等三氏也報導羣體黏著性增高時，態度和行爲趨於一致。羣體黏著性(Group Cothesiveness)乃視羣體的性質以及成員對此性質的反應而定。羣體若增加其吸收力時卽黏著性亦增强。當羣體的黏著力增强時，對不順從的成員的排拒力也增加。因此，黏著力和順從性是正比的關係。

第二、由權力結構上的觀點來看，力量是羣體的格式和角色的調協及接受的表現。權力適當的行使不會使會員間的距離疏遠；反之，使成員間的協調和工作效率增加。順從權力的關係，表面上似乎有矛盾之處；事實上，權力的結構是關係(helational)的結構。羣體中權力的結構最有效的結構方式是減少權力間的層次(Nierarchy)至最少程度時，成員間的權力交互頻率增多，且也增加了交互時的人格因素。因爲權力中若潛有非人格因素時，權力的使用，能陷入濫用權力之危險。一般的團體中使用權力的方法，對該團體的活動方式和生命延續有顯然的關係；同樣的權力重覆使用時，會影響到個人順從性的態度，並且容易使接受權力者感到痲痺。譬如母親每次控制她的孩子時，可能養成孩子的反抗性，或將母親的訓誨置之不理。在許多實驗中指出權力的重覆使用能使成員對持有權力者的影像(Power figure)容易忽視或不理。

第三、由內在的報償(Intrinsic rewards)上觀察，當羣體的順從源自羣體的內在原因時，順從性增强。假如羣體本身的活動帶有報償的意義時，羣體的活躍性增加。譬如娛樂團體本身的活動就有報償的因素，卽成員參加其活動的同時得到報償代價。在此種情形下，該團體中的成員順從性也增加。曾經在臺灣的各大報，刋載一些秘密宗教的結社，這種宗教團體的會員黏著性甚高，會員間的順從性也增加。這種社團無法消滅的原因，是因爲其宗教活動本身帶有報償，且這種報償也有內在需要的供給；參加其宗教儀式的活動，即是會員的報償。

伍　規範和社會現象的關係

人類相互刺激和反應的程序中，不斷地改變環境，使之有益於現實的生活需要。生活的範圍裏，向善性（Betterment）是各人具有的機能活動。爲了生存的延續，個人的機能活動，趨於走向同類型同性質的其他個人。這是社團結構的心理原因之一。社團既成後，爲了維持社團本身的存在，發揮它的特性，便產生社團中合乎其特殊性質的價值和規範的結晶。如兒女必須孝順父母；一個男人藉著他的工作去供給家庭的需要等，是制度對個人的要求。各種文化中有各種不同的社會制度，就是羣衆因地理、氣候、物質等不同的經驗，而產生特殊的價值觀和行爲的規範。這種價值和規範就構成文化、風俗、和習慣的差異。因此貧民窟裏的兒童，由於經濟和環境的困擾後，使這區的規範和價值未能定固化。這種原因構成社會行爲的特殊性。

既然人羣的交互作用中形成價值和規範，這兩者便是社會交互後的副產品。整個社會，如果要有調協和穩定的活動，必須依賴社會價值和行爲規範的安定性。從現實的社會觀察中，可以穩定社會裏的兒童和青少年，減低他們滋事生端的可能，只有他們被圍繞著的一組明顯而且有固定的價值和規範。失檢的行爲原因，立即受了明確的規範和價値體系的評價和衡量。在社會變遷過激的地區，隨著人際和羣際關係的膚淺和廣擴，價值和規範就遜色了。因爲社會關係產生價值和規範，社會關係的膚淺或疏遠，也能破壞價值和規範。總之，個人在社會化程序中的經驗和行爲，因爲社會關係的廣泛及價值，規範的削減，不道德行爲亦逐漸增加。

陸　價值和規範對行爲的影響

價值和規範具有輔導個人社會行動的潛在的能力，並且成爲個人判斷和思考的中心骨架。如女子婚前對保持貞節的觀念，在中國社會中，視爲女子的美德。這種價值的觀念，形成於一位女子的心理體系後，自然影響到她的婚前交誼行動。一旦破壞了貞節以後，她的價值觀就和實際的行爲發生衝突，由此可能導致一連串的失檢行爲的後果；就是說一位小姐因失掉貞節而操淫業的自暴自棄的行爲。行動不僅受文化中的價值體系所支配，也受了個人的能力、氣質、經驗和動機所影響。這些個人的差異，自然也影響個人對價值觀和行爲規範的接受性。因此一個穩定的社會，各個人也未必有價值和規範的相等比量，互相間有差異也是很自然的，但這些差異源自個人的社會格式和社會角色所影響。如了工人、公務員、商人、農人等程度不一的價值觀和行爲規範。

當行爲有了明顯的規範，個人便有行爲的參考與法典，藉此內在的觀念架構迫使個人奮鬪，開拓其將來的前程，期待將來的成就。今日的升學主義及升學競爭就是一個最名顯的例子；那一位學生不考上大專院校，就違反社會規範而遭受家庭的譴責。個人的精神病態就因此產生。雖然社會規範是多樣性的，但亦有一致性的地方。構成價值和規範的多樣性原因，淵源自個人知覺的形體，韻律的形體，距離的判斷。譬如一個外界的刺激發生，如機車的車禍，這一場慘劇足以構成個人對機車的印象。這印象便是說，他有了機車的知覺形體，深刻地印在經驗上，造成他對機車的特殊反應。韻律的形體乃是個人很容易被旋律的美調所激動，他的動作去和協聲頻率的變動。如某人聽了某種聲音，掀起一種莊嚴的態度，或激起情緒的高昂。韻律的形體最容易激昂情緒的反應，構成喜悅而呈現輕鬆或討厭而逃避或迎頭應戰等。距離的判斷就是說個人對客體的反應，具有深淺的不同量度。這是社會距離——個人與個人間的關係——的基本形式。因此規範的形成，全賴個人對客體刺激的反應下，所養成的知覺形式。如一位內向且壓仰的青年，其眞實的原因，並非對現實的不滿，若要正確地瞭解其原因，須追溯到其孩童時代，對父母態度的反應程式。

柒　價值認知和行為

價值是社會交互中的產品，因之，價值具有社會性的涵義。個人在互動中養成一組價值體系後(Nalue system)，他就藉此價值體系判斷客體的刺激深度。假如個人過去的生活中，經驗到不正常的生活適應或家庭中不適當的人際關係時，這些不常規的因素，經由知覺的認知後，樹立他本身的價值體系。這種體系顯然是一種非常態的架構。因此價值體系，立卽關聯到判斷的適當性和正確性。若一位受繼母養育長成的人，因愛情關係的不自然，導致此人長成後的強烈的懷疑性。他每日的認知程序中，體驗到母性是苛刻的、冷淡的、不公平的。自然在嬰兒初期裏，愛和信賴被剝奪後，他就養成了一種多懷疑的性格，反應親朋對他的刺激。他認爲三五成羣的同學走過他的身邊，向他一瞪，便開始用他嬰兒時代養成的人際交互的價值體系，判斷他人的動作。布倫那(Bruner)和克特曼(Goodman)在一九四七年的價值判斷的實驗裏，用十歲兒童爲對象，結果指出富裕的兒童低估一堆銀幣之眞正數目。相反地，貧窮的兒童高估銀幣本來的數目。這個實驗證實了貧富的生活經驗對兒童而言，是一種刺激的客體，因爲貧窮的兒童，常常經驗金錢的剝奪，對金錢的印象和認識，影響了判斷的正確性，又以民族間的歧視爲例，白人歧視黑人，各有程度不等的認知。歧視的深淺度和個人對黑人的知覺認識有莫大的關聯。以黑人爲刺激客體，經感官系統傳到大腦皮質的後，產生積極或消極的價值體系。這正負價值的結構，影響了質和量的判斷。同樣的實驗，在一九五四年畢門(Beam)依生理飢餓的程度，對食物體量的估價也有很大的關係。由此價值體系的心理活動的程序，限於需要的深淺而定。一般而言，價值對個人愈大，判斷亦趨於過分。這也是社會意見的差異和衝突的原因。

價值的體系，具有輔導個人去判斷社會現象和社會事實，同時價值也決定個人選擇或拒絕社會事實。所謂社會事實乃指社會中之善惡、是非、重要和不重要、喜悅和厭惡、美和醜等問題，均以價值體系爲基礎。價值寄生於倫理、道德、經濟、宗教和美術之中，這些媒介將某種價值栽種在個人心中。這也是行爲發生的原因之一。價值體系決定行爲的動向。因此在同一種性質的社團裏，有類似的行爲和習慣，判斷和意見就是這個原因。兒童生長在家庭裏，其父母交互作用後，父母將社會中共同經驗到的價值體系，栽殖於兒童的價值體系中。當兒童生長到學齡時期，他在學校的環境中，由學校和同伴或大衆傳達的器具中，學習其他的價值結構。因此社會愈複雜，價值的衝突愈激烈。價值既然包含了行爲的預向，就各不相同的社會階層，職業的背境，地域的不同，宗教的不同等均牽涉到行爲方向的差異。

捌　羣體黏着力的研究 (Study on the group cohesiveness)

羣體標準或羣體規範是描述或解釋羣體的活動形態和內容的主要方法。觀察羣體活動的基本步驟乃視羣體活動上和觀念上的一致性。根據這個原則，研究的方法是佈置一種活動後，觀察成員在交互程度中互相影響的程度。最適合的佈置活動是一種無結構 (Unstructured design) 的人羣，使這一羣人遇到一種情況後所產生的協調和衝突，然後觀察其黏著性。無結構的研究設計也能瞭解羣體本身對各成員的壓力，卽成員對其壓力的積極或消極的反應。因爲每一羣體結構中包括領導者，積極成員和消極成員。他們三者所表現的差異是態度和活動的形體。在羣體中所表現的活動形態；第一是贊成羣體的方法且包容在積極的活動中；第二種是贊成而不活動；第三種是不贊成但對羣體的活動非常活躍。第四種形態是不贊成也不活動的形態。從這些形態，我們可分爲贊成、中立、冷淡、反對等類別。藉著這些類別，我們可以觀察羣體成員中的交互表現，而將交互表現列於頻率分類中(Frequency category)，然後使用 x^2 計算羣體態度和活動的相異顯著性。現在我們設定一個情況，每一東海大學三年級的班系，在暑期必完成一件有關學術上的展覽，研究的方法：

表：東海大學學術展覽中態度和活動分佈（百分比）

	甲　籌備工作					乙　實施工作				
	贊成	中立	冷淡	反對	總計	贊成	中立	冷淡	反對	總計
活躍領導者	二三	二		二	二六	一六		一	一	一八
活躍跟從者	一四	六	一	二	二三	三八	二	二	二	四四
不活躍者	一八	四	一五	一四	五一	二四	一	八	四	三七
無法分類者						一				一
總計	五四	一二	一六	一八	一〇〇	七九	三	一一	七	一〇〇

不同顯著性 Significance of difference

甲、籌備工作方面　$x^2=37.86$; $p<.01$

乙、實施工作方面　$x^2=12.42$; $p<.01$

表格中指出籌備工作方面，五十四%的學生贊成此展覽工作，三十四%的學生表示冷淡及反對。四十九%是活躍的學生，五十一%是不活躍者。實施工作方面，也用同樣的方法列出其頻率的分佈。

由這張圖表我們可以看出籌備工作的進行時，羣體的規範比實施工作時差。我們比較兩種情況下的活躍情形時，發現籌備和實施時的活躍率爲四十九比六十二。不活躍率的比率爲五十一比三十七。可見展覽工作實施以後，羣體的黏著力逐漸增加，這也可以說明成員遵守規範的比率增加。假如甲和乙的情況換爲二個班級的比較時，我們也可以獲知乙班級比甲班級順從班級的規範，並且富有團結性。

若在展覽時成員能共同維護班級的工作標準時，班級必須有權力使其成員順從，不論順從的力量是內在或外在的，都能增加羣體黏著力。倘若班級有這一種力量，使全體成員的觀念和行動一致時，就是羣體的態度和活動是一致的。如果班級缺乏這種力量使其成員一致時，這班級就缺少了班級成員的行動規範。

參考書籍

Festinger, L. S. Schachter, & K. Back, Social Pressure in Informal Groups: A study of Human

Factors in Housing, New York: Harper and Raw, Publishers, 1948

French, J. R. P. Jr. and B. H. Raven, The Basis of Socsial Power, In Cartwright (Ed.), Studies of Social Power, Ann Arbor, Mich: University of Michigan Press, 1959

Gold, M. Power in the classroom, Sociometry, 1958, 21: 50–60

Homans, G. C. Social Behavior: Its Elementary Forms, New York: Harcourt, Brace & World Inc., 1961

Riley, M., & R. Cohn, Control Networks in Informal Groups, Sociometry, 1958, 21, 39–49

第八章　社會結構中的權勢

凡有社團的地方，如政黨、工會、議會、董事會、商會、宗教團體，都有權勢體系（System of power）支撐社團的活動和目標。世界性的最大社團——聯合國，到最小單位的家庭，雖然規模和組織不同，但權勢體系都存在於任何一個社會中。社團的結構也可以說是權勢體系的結構。不論社團規模的大小，性質的異同和活動趨勢的不同，但權勢的原型（Archtype of power）都是相同的。權勢的體系是統配和馴服（Dominant-submissive）的關係。權勢是羣體的存在和活動中不可缺少的因素，而且構成關係的型體（Relational pattern），促進羣體機能的活動。這樣說來，權勢結構有如社會因素的成份而已，其實權力結構中充滿了心理因素的統配。如雇主和雇員，父母和子女，銷售者和消費者，醫生和患病者，老師和學生，政治者和投票者等，都有很複雜的社會和心理因素。社團就是藉著兩者或兩者以上的交互關係而組成的權力的社會和心理的體系。

壹　權力的由來和演進

權力的研究方面，許多社會心理學者注意到權力的由來和演進。研究權力的由來和演進的目的，乃使吾人瞭解使用權力的適當方法和正確地瞭解權力的意義，以及延續權力的方法。這樣把持權力者就不能濫用權力，而使羣體遭遇到混亂或被顛覆。弗聯志和藍面（French and Raven）對社會力量的精細地研究後，詳細地分類且認爲權力的存在是界於報償的力量和强制的力量 (Reward power and coercive power)之間。權力的行使者和順從者的形成是甲認爲乙有能力帶來報償時，甲對乙的權力就承認了。如工人和工頭的關係中，工人認爲工頭可能因他工作努力，報呈上級，增加薪餉。另一種的力量形式是甲認爲乙有能力帶來刑罰而畏懼他的力量。事實上這兩種力量可列在一條線上的兩端。關於權力產生的心理程序略述如下：

第一、利己的思考　利己的思考乃指某一個人站在自己現處的立場，考慮到他人對本身之利弊。他人若在本身主觀判斷中，有利於生存的各種現象時，當然會感覺他和本身的利益關係，就此屈服於他人的權勢之下。這個地方首先要知道社會心理學上的權力並不指廣泛的權力，如省長管縣長，縣長管鄉鎮長，鄉鎮長管轄人民的抽象的權力現象。事實上一般人民的心理並不會想起市長管轄他，反而會感覺到某個工頭對某工人，在工作的場域中，權力的實施和制壓，可能大於市長對他的壓力。社會心理所論指的權力，不是法律上，行政系統的權力，而是論到個人在某種特殊的社團中和他有關係者的交互關係。如一位問題少年，決心棄邪歸正後，仍受到其同伴的羈絆和威脅無法自拔的地步，或他在該幫派中，時時屈服於他人的指揮，因爲他們已經建立了權力的體系，使這位立志改過的少年無法自拔，因爲他受了强迫的力量，屈服於强迫的力量。倘若不屈服於這力量，可能招來不利於已的損害。因爲個人不斷地思考他在權力範圍中的利弊關係，而利弊不同的程度是對權力接受和順從的程度。

第二、由摹擬來的權力　一個人在社會不斷地受他人的刺激，開始學習他人的長處。這種心理機能在兒童社會化程序中，造成摹擬的動力。摹擬在心理學上的定義是學習他人優越的地方的欲望。個人無意識地觀察他人在特權上的享受和名譽，產生欣仰和嫉妒的心情。嗣後就把這位有特權的人士，當做摹擬的對象，意欲奪取有權力者的聲勢。許多實驗證實此事。在個人主觀中認爲可摹擬的人，能導致報償的代價時，兩者之間之權力體系增强。譬如甲自認遠超乙的知識和技術，乙必須藉著甲的技術和知識去開拓主觀的前程，甲在乙眼中，逐被認爲有權力人士，建立關係。師生之間的關係就是一個例子。

第三、社會既定的權力　這個權力乃指合法的力量。社會整個的活動和協調程序中，產生行爲的規範，控制行爲，以期達成社會共同的目的。這種權力不單指政府的權力而已，如年齡、性別、階級等。合法的權力是該社團中，有共同的力量，支配社團中的個人。在中國的社會中，如年齡，從傳統的眼光是權威和經驗的代表，社會已經提示這種權力給後一輩的人，而且强迫接受這種權力。但這一趨勢在現代社會中，已逐漸解體；如「起用年輕人才」的口號，當然由青年看來是喜訊，然而從長輩的人看來，是威脅到他們的安全感，使他們感覺到年月的消逝帶來「自己無用」之感。再如性別方面上男人是一家之主，負有生計的責任。由於女性在現代社會上，普遍受過中等或高等教育，男高於女的心理，漸漸趨於解體。甚至性別的認同（Sexnal identity），開始紛亂。以上是我們社會中的兩個例子說明了合活權力的解體。自然這種解體，惹起整個社會道德和倫理規範的搖動和混亂。從這分析可以看出合法的權力潛在(Internalizing)於個人的規範架構中，無意識地命令個人去順從社會的要求。但這種規範的架構或價值的架構動搖時，整個個人的認知和價值觀，也隨之解體。換言之，道德的標準就墮入五里霧中。

現在我們的社會裏，從文化來的合法權力，趨於解體，但組織上及制度上的合法權力，仍有其功能上的有效性。譬如政治權力，軍事權力，生產團體中的權力，還仍維持社會活動的協調。合法權力的强度，可從二方面着想，權力的統配方面和被統配方面。只有單方面就無權力可言。統配方面，權力的加强，必須統配者能否使被統配者接受其規範和價值而決定。假如統配者和被統配者的規範和價值接近或一致時，這種社會是穩定的，因爲統配者的規範和價值內在化於被統配者之參考架構中，減少互相間的差異，增加羣體成員間的規範一致性。

貳　權力的原理

第一原理代價交換原理：權力的研究，過去在社會心理學者注重權力的分類。由於分類項目的增加，模索不着權力的核心。事實上權力的原型是基於代價的交換。過去的社會心理學者大部份致力研究權力的淵源，列舉一連串的權力體系。施肯和巴克蔓(Secord and Backman)反對這種膚淺的分類法，而肯定了權力中代價的交換。如政府和軍隊的權力爲保護人民的安全，相反地人民要納稅維持政府。更詳細地說，爲何男高於女的傳統文化體系趨於瓦解？爲什麽父母的權力在美國社會中趨於解體？為什麼農人，漁夫的老輩不再持有傳統上的權力？這些答案可以從施肯和巴克蔓所提供的交換代價原理得到證實。傳統上男高女低的倫理關係，是基於男人的生產能力，可供給女人的需要。但是現代化的科學和工業，重荷的工作，被機械取代了，大部份的工作條件中體力已不是基本條件，在這種情形之下，婦女也可以從事持續生存的經濟活動。男女之間的代價交換，已減少了經濟的條件，只剩下性的代價交換。因此男女之間的觀念，交換代價的條件逐漸減少，男女之間的競爭——平等出現了。農漁村中的老輩為例，傳統的中國社會，不論耕種或捕魚，必須依賴老輩的經驗，藉老輩的經驗減少由自然界中，季節所引起的困擾，增加收獲。可是現代科學中，機械的進步，灌溉系統的設備，除滅病蟲害藥的發明，氣象臺的預告，探測魚羣魚性的儀器使用，取代了老輩的經驗。換言之，老輩和青年輩的交互代價中已經減少了他的地位或格式。所以老一輩的人持有的規範和價值，因為缺乏代價交換的因素，就在社會中減少了他的權威。這種現象在都市社會中更加明顯。

交換代價原理的證實，家庭是最顯明的實例。作者肯定地斷言，個人的依賴性愈大，他人對這位個人的權力支配，最容易使這個人接受。相反亦然。為何兒童隨著年齡的增加而愈抗拒父母的命令？代價交換的原理也可以說明這種現象。嬰兒誕生後，他的生計完全依賴父母的處置，所以在小孩子的眼光，父母的權力不亞於總統的權力。但是在日積月累的生長過程中，獲得自立性之後，構成兒童和父母代價交換的程度日漸減少。所以權力的影響，顯然是以代價的交換為基本條件。

第二從屬關係原理：作者在前段中已提過依賴性的大小和權力的大小成正比例的原理。甲與乙的關係中，若甲依賴乙之因素愈大，乙控制甲的權力也愈展開。依賴性表現了個人在社會中的弱點和缺陷。在「三國演義」一書中證明這個原理是可靠的。現代民主國家對美國的依賴，和共產國家對蘇俄和中共的依賴，建立了從屬的關係。這等都是權力交互的形體。高爾(Gold)研究課堂中兒童的權力體系一文中指出，能夠供給其他兒童的社會和情緒需要的兒童，在他的羣體中，持有最高的權力。羅森，李民嘉和李畢特(Rosen, Levinger and Lippitt)共同研究中指出這個範圍不祇在兒童羣體中，他們研究兒童和婦女的羣體時，發見了從屬關係與權力具有統計上的顯著性。他們研究兒童從屬關係的程序有；幫助，公平，社交，熟練，不懼和身體的力量等，這些因素構成與權力的統配和順從有極大的關係。那些具有前列項目的特點者，在羣體中也具有最高的權力。因此甲若發現乙具有可依賴的特性時，甲乙之間就建立了權力體系。甲禮讓乙的態度就因此產生。

叁　權力的結構

權力的結構從社團或社會組織的外表來看，似乎隨組織體系的不同而有差異，其實權力結構間接的，直接的影響了組織的結構形態。權力體系可分爲間接的和直接的兩種。間接的結構乃指甲具有力乙，量控制乙控制丙，甲與丙的權力關係是間接的權力結構。甲與乙，乙與丙是直接的權力結構。權力的層次 (heirrachy of power) 目的在推動羣體的活動，因此每一社團必須藉著權力的結構和支撐推行其組織的活動而使羣體產生其有效性。權力暗示了各成員在羣體中的行爲的比重，而且這比重是全體會員所公認的。因爲權力必須與社團組織連在一起，沒有羣體就沒有權力可言。現在把權力的結構敍述如下：

第一，權力的結構必視其交互性的程度，這也算是說交互性的程度決定了直接和間接的權力結構。譬喻農會和農民兩者的關係是直接的，又村落中的米穀商與農民有平衡的相互關係。農民和米穀商雖然沒有直接關係，但却有間接的關係。因之，交互性愈增廣，權力的範圍也增廣；交互性愈縮小，權力的範圍也縮小。

第二，是層次的權力結構。權力層次的多寡隨著社團的大小和性質而異。一般來說，小羣體的權力層次，往往比大羣體爲少。羣體的擴大，權力的層次逐漸增多。層次愈多，權力的間接關係增加，層次愈少，權力的直接結構愈明顯。權力的層次之多寡和羣體行使職務的有效性有極密切的關係。一般來說金字塔型的多層次權力體系的工作效率，較遜於扁形金字塔型的權力體系。因此有效的工作羣，必盡量減少權力的層次。

第三，直接和間接的權力結構。所謂直接和間接的結構，不但是指距離上的差別，也是指權力交互程度和型式的差別。直接權力的關係型式和內容比較簡單，也能減少權力行使時的衝突和混亂。間接關係比較錯雜，最容易產生人際間的衝突。如甲控制乙，乙控制丙，甲與丙的權力關係是間接的。如甲與乙的關係改變時，甲與丙的關係也隨之改變。這個例子在一般非正式羣體中 (Informal group) 最明顯。

力量的結構就是權力關係的結構或角色關係的結構。力量的結構乃基於自我包含在利弊關係的程度而言。若個人承擔某角色時，並且意識到了其角色的重要時，這個人對權力的意識也會相當濃厚。既然每一社團中的成員不斷地爭取比他現有的更大的力量，因此力量的結構在羣體活動中，不斷地演變，並且權力所包含的範圍，延長其影響力到羣體的每一部份的活動中。

肆　權力的交互程序

權力的影響程序包括了主動地或被動地影響到個人。這是行爲的交互作用。一位員工或雇員服從雇主的權力，聽其命令而工作是因爲報酬和代價構成雇傭關係。一位學生接受老師的勸導也是知識的報償關係。權力的影響强度之所以有不同的原因是依交易報酬的大小而定。一位職員在某公司中，按照主覲的判斷和客觀的佐證，他若可能躍升爲高職位時，他極願意接受權力的影響，逐漸增加。相反地如果他認爲不可能晉級時，權力的影響，逐漸痲痺，因行爲交易趨於消極。

權力的第一種交互型式是持有權力者的權力資源和接受勢力者的依賴原因有交流關係；兩者的距離縮短或一致時，權力交互的程序激增。這種交互程序，作者稱之權力依賴的距離。一位軍事要人，把持軍權大計，影響整個國防，但他却不能影響一位經營工廠的廠主。廠主的心理，生理及社會依賴和軍事要人權力的關係是有相當疏遠的距離，因此不能產生權力交互的程序。一位經營賭場的老闆和該地區的刑警人員的關係，老闆的依賴和刑警人員的權力範圍有緊接的關係，權力的交互程序就在兩者之間產生。這種情形只限於兩方面之權力不相等時才有產生的可能。

第二是等量權力的鬪爭和合作。當兩個人的權勢伸展的範圍相等或相距不遠時，這兩組勢力可能產生爭鬪或合作。持有權力的任一方認爲對方威脅到其安全時，或認爲對方可能增加權力，而構成不均衡時，力量的鬪爭就產生。當力量的鬪爭產生後，最大的危害在消極方面是兩者的互相猜疑和心理上的互相排斥。積極方面，個人就企圖揭開支撑力量的原因和過去事蹟或人格的弱點，藉此行動消滅對方的權，而增加本身權力的發展。民主國家的選舉，候選人被列在等量權力的位置上，如果他候選人間被選的可能性增加時，又個人認爲他者危害到某權力時，即以攻擊或間接的宣傳，揭穿政敵的人格或支撑他的政治力量的過去事蹟之毛病，並且也能搜集他本身過去的良好事蹟和人格的成就，來鞏固已形成的權力鬪爭。權力有了衝突或對抗後，相互的影響就減到最低的程度。但社會中的等量權力，不祗是衝突的一面，同時也有合作的趨勢。合作的可能產生在兩者之間仍有第三者的權力存在而構成權力鬪爭的場面更混亂時，藉著合作來制壓可能產生的不均衡許多權力的。如果兩者相互間之依賴率相等時，或他倆互相觀察中認爲對方沒有威脅到其安全時，合作就實現了。夫妻之間在現代社會中是等量權力的基本單位，事實上夫妻權力的表現並不具有數值上的等量，而是某一方面丈夫表現統配妻子，亦妻子在某一方面表現統配丈夫的地方。譬喻兩人商討購買一部機車時，雖然妻子有意見，但是丈夫藉著旣存於心裏的車型或車牌子的喜好，說服妻子。可是妻子在購置家器或生活的必需品的主權，由此，兩者間的權力構成平衡的狀態。倘若雙方的力量不均衡，丈夫的壓制性過强時，妻子若不能覓求適當的方法減低丈夫的力量時，這時候解決的方法，妻子可能會改變她對丈夫的價值觀，來平衡她對丈夫所受的壓力和痛苦。她若認爲她的丈夫是一個不守夫道的暴漢時，就不會減低自身的權力並且能維持她現有的權力。這種心理的過程，作者稱之爲降價的力量平衡。在社團中這種權力的交互程序屢屢可見。如一位工廠或機關中的中級職員，他的部屬忽然調到他處任高職位時，這位原來的上司就說出一大堆的廢話去減低這位調升的職位的原部屬，以減低他的價值來平衡他的心理需要和緊張。以夫妻爲例，另外一種解決等量權力的不平衡方法是形成新關係法。妻子認爲丈夫的壓力和統配性過强時，卽强迫自己對丈夫的依賴削減。藉著削減依賴，也能構成權力的心理平衡。這個原理是基於力量結構的依賴性。因此削減依賴的要素，可能迫使這對夫妻的離婚或分居。兩者若結束了夫妻關係後，卽在社會中又平衡了漠不相關的權力平衡。在一般社團，不論是正式或非正式的社團，以友羣爲例，如其中一個人，得到高職位時，就能使他和其友羣發生權力不平衡的狀態。嗣後原屬之友羣可能和他漸漸疏遠，斷絕了相互的關係後，這友羣的權力平衡藉此保持。總之，等量權力的原理在心理上的發展，極爲奇異。權力的心理結構和程序有積極和消極的方法，有時候也使用非常不合邏輯的自我防禦機能去平衡不等量權力的社會和心理的危機。

第三，力量的意識和社會互動。權力在社會交互作用中佔有很重要的地位。不論任何社團的人際交互中，每一個人都意識到權力的差別和壓力。這是就說個人在參與羣體中的交互作用時，已先意識到了自己的格式和他者格式的關係。並且交互的活動也受了這種意識的支配。軍事羣體是最明顯的例子。當一位士官和軍官交互作用時，權力的意識支配了態度和行動舉止等。一個股東的會議，不論商討政策或其他有關事宜時，大股東的發言和意見常常支配小股東的意見。並且小股東的開會出席率往往較遜於持有大股東者。不論任何社團，商討任何要事時，不關重要的人物或沒有地位的人物的出席率或發言率，都比不上有關人物或重要人物。假如不強迫要求會議出席時，不關重要的人士及無地位的人士的缺席是非常顯著的。這說明了交互程序中自我意識的支配。這種心理原因作者稱之爲黜退的權力平衡。如一位小姐已經體驗到被她男友之摒棄，這被棄絕的經驗使她意識到等量權力的差異自覺。從此以後她可能拒絕其他任何男朋友的任何邀請和約會。這是黜退的權力平衡狀態。換言之，當她拒絕了男人的邀請時，在心理上這種消極的行動降低了男方的權力，提高自己的權力，達到平衡的狀態。但兩者之間的權力若機械式地推行，也可能減低權力的有效性，如母親常用權力配合餅乾教他的孩子合作，孩子對所接受的報償從心理感覺到心理厭煩（Satiation）。同樣地，如果常常刑罰的權力也有同樣地使權力失掉其有效性。

總之，權力的交互程序是社團活動中重要因素之一。個人在權力交互中，不斷地保護自我的完整和自我的完成(Self-integration and self-achievement)。心理因素在權力交互中佔有相當重要的地位，個人不斷地使用防禦機能去維護自我的價值。

第九章　參考羣 (Reference Group)

社會中的人，他的思想，活動，行爲，態度等，不是人類內在的產品，而是由外界的刺激而得來的反應因素，與內在的條件交互下產生的。人類是羣居的動物，羣體對人的影響非常大。羣體供給個人行爲的準則和態度的指南，也是判斷和意見的準則。羣體影響到個人的因素甚廣，如行爲，思想和態度等，足够影響個人的羣體叫做該人的參考羣。參考羣在這種意義下，供應個人態度，行爲，和思想的資料，使個人具有一套內在的參考架構(Frame of Reference)。因爲羣體最容易傳達及强迫個人的行爲和信念符合於羣體的規範，所以一個人參與某一社團，這個社團若俱足够的力量影響個人的思想，判斷和行爲，這社團就是某個人的參考羣。參考羣對個人的行爲，常常表示贊同和接受 (Approval and acceptance) 或不贊同和拒絕等。實際上個人可能被羣體影響，如果他並不喜歡這個羣體，這個羣體叫做負參考羣 (Negative Reference group)。一般來說，家庭往往是正參考羣 (Positive Reference group)，但在某種條件下，家庭中年青人的政治觀念或宗教觀念，可能與父母的觀念衝突，這種情形下，家庭是這位年青人的負參考羣。

壹　參考羣支撐個人的主觀性

參考羣是個人的心理預向性的潛在因素和心理選擇性的貯藏處。如：白人對於有色民族的歧視，並不是每一位白人與有色民族的交互作用中，有了惡劣的印象或經驗所影響。他們大部分沒有這種經驗的人，爲何產生歧視的態度？其原因是參考羣對他的影響。參考羣給與個人一套參考架構，使個人在各種社會情況中使用參考架構的內在尺度於交互作用中，藉著這套架構解釋社會現象和他人的表現，參考架構並且影響到個人對社會現象的接受程度。如：一位佛教徒拒食動物的肉類，因爲佛教的宗教團體成爲此個人的參考羣後，給他一套參考架構，去解釋動物對佛教徒的意義。解釋的結果，自然是拒絕以肉類佐食的。這就是說參考羣支配了個人的主觀性，形成個人某種特殊的性格和態度。

貳　參考羣影響個人的程度

個人在參考羣中，他雖不能意識到參考羣對他的影響，其實他的態度和行爲已經受到某種程度參考羣的薰陶。影響的程度必須看個人與參考羣的關係而定。若個人與其參考羣的交互關係頻繁時，或個人包容在參考羣的程度極深時，他受參考羣的影響越大。青年和兒童受家庭影響的比率，當然是兒童大於青年。因爲青年的參考羣除家庭外，有同伴及其他的羣體，同時青年與家庭的交互作用，因年紀的增加，也增加了社會各種的交互作用，所以他與家庭的關係逐漸疏遠，在這種情形下，家庭以外的參考羣，給予他另外的參考架構，形成他的價值系統（Value system）。至少參考羣供給了各個人的態度資料，且支持各個人延續其態度。藉着參考羣的影響，構成個人對社會事實和現象有不同的認知，因此參考羣的規範內在化於個人後，個人就獲得一組觀念體系，以判斷社會事實和現象。由於參考羣亦給予個人認同自己是屬於某羣體的意識，他在參考羣中尋求別人對他的認識(Recognition)，並且建立社會關係。經過這種交互的程序後，個人的自我觀念就確立。但現代社會裏，個人參加的羣體的數目日日增加，某個人在某一社團中是主腦人物，但他在其職業團體中，是一位低級的人員，這種事實，在現代社會已非罕見之事。爲了這個原因社會心理學者對行爲的分析更加困難，亦增加個人在社會中心理行爲的矛盾現象。

叁　自我在參考羣中的發展

個人的格式和特權只有在羣體中才顯出其意義。離開了羣體，格式和特權便消失。個人在羣體中不斷地尋求人格的認同(Personal identity)。這種心理的程序，自然地使個人接受羣體的條件和規範，接受的程度不在外界的壓力，是內在自願的接受。由此羣體的規範支配了個人的行爲。羣體中最明顯的是各個人的格式，且格式本身包含了一種强烈的自我意識的心理狀態，影響個人在羣體的活動形態。由於角色和格式的分配，個人瞭解他在羣體中的任務和歸屬感 (Belonging-ness)。依社會心理學者的格式分類；有經濟格式 (Economic status)。政治格式 (Political Status)，和特權格式 (Prestige status)三種。各個人在社會中或羣體中的格式不盡相同，這些不同的現有格式，命定了個人的自我觀念和自我在他人間之心理地位，這些心理特性供給了個人判斷社會情況和現象的基本原型。

第三篇　社會化交互程序

「人類是社會動物」，這一句話古代的哲學者已深切地體會到這個事實。自人類誕生的第一天，他所居住的社會不斷地施與壓力，輔導他的生理原動機，適合於社會的要求。社會原動機在個人的社會化程序中佔相當重要的地位。社會的壓力構成個人的經驗和行爲的指標。社會化程序始於社會中的交互作用，個人接觸他人情況和物體的刺激後，將這些刺激的經驗併入他人格的一部份，同時個人對刺激的反應强度與動機的强度有緊接的關係。因此，個人的社會化程序中，社會動機是行動的推動力和指標。並且社會動機內在化於個人後，成爲個人的態度、興趣、和價值體系。嗣後又藉著態度、興趣、和價值體系判斷社會中的刺激。因此，社會化程序不斷地重覆這種機能，構成個人特殊的社會經驗。社會化的定義乃指個人與他人的交互程序，藉此交互程序，個人行爲的某一部份被修改或增添後，才能符合社會既成的規範。因此，社會化程序代表了社會規範對個人行爲的期待和影響。

社會化程序是個人社會學習 (Social learning) 的程序。社會裏有許多團體，如家庭，學校等傳授個人在社會中的機能或角色。

第十章　社會學習 (Social Learning)

嬰兒誕生後除吸吮母乳外，其他的生活機能都不具備。他比起其他的動物來，有極高的依賴性。一隻小狗生下來後卽可以用牠的嗅覺，尋找母狗的乳房。但人類的嬰兒却不具備這種天性，他處處受到社會中他人的幫助和供給，才能延續生命。社會化程序是成人幫助嬰兒，教導嬰兒使他生長且具備生活的機能，成爲成熟的個人。因此，社會學習不是個人的獨創性，而是個人的接受性和接受性的轉移。他接受他人的提供，學習了他人的態度、價値、道德標準等。這等觀念的形成，一經學習後成爲個人和他人的關係聯繫物。個人被他人規整後，個人就規整自己行爲的程序就叫做社會化程序。

傳統上，社會心理學者不將社會化的程序包括成人的學習；社會化只限於嬰兒，兒童和少年的社會學習。但現代社會心理學者將社會化的程序擴展到成人的社會學習。因此，社會化程序是人生整個的交互學習的程序，包含從生到死的範圍。在今日科學進步的世紀中，新進的知識把社會的舊生活方式解體了，如自動化和大量生產方式解體了，社會中的大家庭制度。不論個人的行爲在人生的那一個階段，必受社會的改變，影響其生活的方式。社會的進步也期待了個人行爲的改變，去適應進步中的社會。因此，社會化就不可能停頓在某一年齡或某一階段。個人若拒絕社會化或社會學習時，其生存的延續就停頓在某一階段上，精神或心理方面的發展，成爲衰頹的狀態。當一個人獲得新地位或職位時，或參加某一社團時，或成爲丈夫或妻子時，或成爲父母時，或進入新環境時，都是社會化程序的某階段。

社會化的程序中個人可以獲得或摒棄觀念和行爲。不論是獲得或是改變行爲和觀念都是社會學習的程序。這是生長的社會原則。另方面行爲和觀念的獲得和改變的原因是源自交互作用。交互作用的範圍略分爲人格的和非人格的；前者是個人和他人的交互，後者是個人與事物的交互。這兩種交互關係影響人格結構的整體。風俗、習慣、語言、態度、信仰等之養成是交互作用的產品。社會化不再像傳統社會將個人塑成一種標準的社會典型的人物，因爲現代社會中已存有無數的社會壓力加在個人身上，個人對這些壓力各有其特殊的反應適應社會中的生存。因此，在社會化的程序中使人人差異，但也有相同的地方。社會心理學者注意社會化程序中的學習、摹擬、角色學習，自己觀念的形成，社會角色，行爲體系的發展和社會結構對社會化的影響。這範圍總括了個人和他人間的交互和影響。

壹　社會學習的四種基本模型

社會學習是個人社會化的基本要道。社會學習一詞所包含的意義廣濶，若分析其學習的形態可略分爲：手段的制約 (Instrumental conditioning)，附帶的學習 (Incidental learning)，行爲增強 (Behavi ral reinforcement)，和報償與刑罰的功能等。玆分別論述如下：

手段的制約是動物心理學者或稱爲教育心理學者施金納 (Shinner) 和華施達 (Ferster) 共同研究的成果，他們認爲學習是手段的養成。所謂手段乃指一種特殊的形態和行爲，反應特殊的情況的要求下所呈現的動作。這反應已內在化於個體機能中，若身體的機能遭遇到刺激時立即產生內在化之固定反應。如操縱機械的技能，個人若養成一種習慣，遇到外界之變化時，即以固定形式去應付刺激。如機車的煞車機的位置在右脚下，左脚操縱變速，若位置更改時，在緊急的情況下個人無法在短促的時間煞車，應付臨時的情況，即容易踏下變速器，因爲這個人已經養成了固定的反應。手段制約的核心原則是隨著增强而建立的。若社會交互中個人經驗到有利於他的行爲和機動時，行爲和動機即增强：易言之，手段的制約亦是增强的行爲。因此，人類行爲的解釋可藉著手段制約的養成而預測；如小孩子的重複行動就可以預測到父母對該項行動增强的因素。

附帶的學習是社會制度中，隨文化的潮流而得來的學習。兒童進入學校的環境時，他本身並沒有一套學習的自發動機，我們可以說他的學習是出於他本身意料外之事。附帶學習乃指個人本來沒有動機，沒有企圖去獲得知識或技術，但他與他人交互中無意識地吸收環境的影響；如由電視或電影的影響，相互交談中的影響，處理事物中的影響等。因爲手段制約的學習範圍是有限的，附帶的學習的機會比手段制約的學習機會爲多。最明顯的是許多社會不贊同的行爲我們也不斷地獲得，雖然個人沒有意圖學習那一套社會禁止的行爲，但在不知不覺的交互程序中，已養成了一套怪僻和反社會的行爲型體。手段的制約是行動獲得的適當解釋法，但這種適當的學習程序中處處都可能產生一些附帶的學習。譬如小孩子學習字彙中，有時會說出一些不禮貌的詞句，這些詞句一說出來時，父母或其他的人可能笑他，周圍的人所表現反應無意識地成爲小孩子的增强，雖然這種增强是無意識的，但這使小孩不斷地重覆一些不禮貌的詞句，取得他人對本身的注意。

行爲增强這個概念在心理學中指出手段的學習裏，個人得到他人的報償時，這種行爲就得到增强。報償是增强物 (Reinforcement)，因爲增强物與行爲的後果同時出現後，行爲因爲它的出現就得增强。事實上社會中許多行爲表現後都帶有增强的意味。譬如議員的選舉，雖然是爲民服務的機會，事實上當議員的人可能得到他人的尊敬，認識和讚揚，也可能因爲當議員之後，他的事業比以前順利了。這些原因使一個人不甘願離開議壇，因爲他在他所處的社會中，處處得到增强的實物和象徵。事業上的投資，工廠的經營，股票的買賣，服務於某一機關等都有增强物去鼓動行爲。

社會學習離開不了報償和刑罰。所羅門 Solomon 指出刑罰是消極增强(Negative reinforcement)，被刑罰的行爲也是達到目的和滿足的方法，因爲刑罰的功用是消除不須要的或干擾到學習的因素。因此，避免刑罰也能增强行爲。

貳　學習社會中既成的模型

個人若要成爲社會的成員，必須接受社會既成的模型，並且將這些模型併入於人格的一部份。這種程序一般人認爲是模仿他人的行爲。社會的組織和形態在個人未誕生以前就存在了。個人誕生後也須要按社會的模型塑造個人行爲的樣式，使他順利地與他者交互，這些程序施肯 Secord 稱爲模型的學習。其內容包括摹擬(Identification)、角色的實行和角色的學習。模型的學習 (Learning from models)。甘伯爾(Compbell)指出兩種模型的學習的形態；第一種是行爲後果的報償和刑罰的模型；第二種是直接模仿他人的行爲。不論如何，社會行爲的產生不是顯然的，有時候學習者不注意到環境的影響，其實行爲整個體系的養成都是個人對環境的反應。

摹擬學習是社會化程序中的基本原理之一。摹擬的原理在社會心理方面適當地解釋個人行爲的養成和學習者的行爲模型。摹擬是個人社會化程序中，選擇他人的行爲，內在化於自己的行爲體系中。心理學家對摹擬的定義和論說不盡一致，許多不同的摹擬動作的原理施肯會歸納如下：

次要增强(Secondary reinforcement)是個人因爲報償而選擇行爲的模型。

多樣增强(Various reinforcement)是個人經驗到代替的報償伴隨著他的行爲，因而選擇其模型。

愛情削減的控制(With-holding of love)是個人恐懼他會失掉他人的愛情，而學習某一行爲模型去迎合他者。

逃避刑罰是個人選擇行爲模型去避免他人之傷害。

格式的嫉妒(Status envy)是個人成爲接受者時嫉妒給他報償的人而欣慕其格式。

社會力量是個人選擇有權力人士的行爲，做他本身的行爲。

類似學習是個人感覺到某一行爲模型與他本身的行爲有類似的地方。

這些不同的摹擬觀念乃綜合各學者所提供的摹擬原理而得來的。次要增强的摹擬是毛珥(Mowrer)重新註釋傳統上的學習原理。他的原理就是說一種行動陪伴著許多增强物的刺激時，這行動便得增强，但這些增强物的强度，對行爲的養成來說，都有了程度上的差別。因此，毛珥使用次要增强的概念說明行爲形成的多樣性原因。社會的事實是這樣的，許多行爲的構成都藉著增强後成爲歐利波特所說的機能自主的活動狀態，如參加社團，不論是社交性的，宗教性的或研究性的，首先參加的强烈動機的是受一些增强物所影響，後來參加的行爲就內在化於一個人的機能中或肌肉神經系中，繼續鼓動個人的行爲。嬰兒的社會化程序更可以淸楚地看出這種趨勢。毛珥將這種社會化的趨勢以圖表表示：

第一程序：刺激（餵乳）————→反應（滿足）
　　刺激A（母親的聲音）↗
第二程序：刺激（母親的聲音）——→反應（滿足）
第三程序：刺激（嬰兒發聲）——→反應（滿足）
第四程序：刺激（嬰兒發聲）——→反應（滿足）
　　刺激A（母親增强記號）↗

第一程序中母親的乳房是嬰兒滿足前之刺激，哺乳的時候，母親再配上一些聲音，嬰兒就學習了制約刺激(Conditioned stimulus)，因爲母親的聲音和餵乳時間同時出現，兩者就建立制約反應(Conditioned response) 的關係。嬰兒已發見了母親的聲音能使他滿足，所以就學習發音。當嬰兒由母親的刺激而發音時再配上母親的報償（言語上的讚揚），嬰兒就漸漸地學會了發音和言語。母親在嬰兒或小孩前象徵了報償的出現。

今日社會心理學者曾提出無數的摹擬原理，解釋摹擬的程序。施阿士（Sears）提出依賴模型的原理（A dependency theory of identification）；嬰兒社會化的過程從嬰兒行爲而言，母親能夠提供給他的生理需要，她的動作成爲孩子行爲增强的原因。當母親收回她對嬰兒的愛情時，嬰兒會感到安全受極大的威脅，因爲兩者之間已經建立了依賴關係。依賴性格是兒童行爲的一部份，懼怕失掉依賴對象是消極的心理，由於消極原因，嬰兒就開始摹擬父母，惟恐失掉依賴的連鎖。這種依賴模型的形式，在社會中的人事關係屢屢可見，如雇員或職員對上司的摹擬，也是建立在依賴關係上。假如低格式者之依賴程度不强烈時，不可能產生這種依賴的形式。

威丁 Whiting 證實一個頗有趣味的摹擬法，就是格式嫉妒的摹擬（Status envy of identification）。威氏也是觀察兒童的行爲，說明這種心理的程序。因爲小孩嫉妒父母或教師對他行動和需要的控制，有此嫉妒的心理後，他就開始摹擬他們。倘若父母或教師愈控制兒童需要的泉源時，兒童愈摹擬這些控制他的人物，效法他們的角色。兒童效法這些人物時，陪伴著一些幻想，認爲他自己已經成爲有權力的人物。事實上，個人不隨便摹擬社會上的權力者，惟獨權力者控制個人的需要和行動時，才可能產生權力摹擬的程序。一位士兵不會摹擬一位資產家的權力，但他因嫉妒他的上司，便開始摹擬他的上級官員的行動。

司德蘭 Stoland 提出奇異的摹擬法——類似原理的摹擬。他提出的原理和前兩氏是對立的。類似原理的摹擬（A similarity theory of identification）是指個人發見到他人與本身有類似的地方時，就開始摹擬他人。假如這個摹擬的原理可以得到適當的解釋，只可以說個人的自我觀念藉著他人的類似點而得贊同。

目前，社會心理學者大致同意摹擬的程序大半發生於次要增强的情況下。個人所摹擬的模型很多，包括有報償的模型，權威的模型、類似的模型等。摹擬不是簡單的機械程序，而是許多複雜的因素構成的。

參考書籍

Skinner, B. F. Science and Human Behauior, New York: The Macmillan Co. 1953

Ferster, C. B. and B. F. Skinner, Schedules of Reinforcement, t, New York: Appleton-Century-Crofts, Inc., 1957

Solomon, R. L. Punishment, American Psychologist, 1964, 19, 239-253

Camphell, D. T. Conformity in Psychologys' Theories of Acquired Behaviral Dispositions. In Berg & Bass (Eds.) Conformity and Deviation, New York: Harper & Raw, Pub. 1961

Mowrer, O. H. Learning Theory and Personality Dynamics, New York: The Ronald Press Co. 1950

Sears, R. R. Identification as a form of Behaviral Development, In O. B. Harris (Ed.) The

Concept of Development, Minneapolis: The University of Minnesota Preas, 1957

Whiting, J. W. M. Resource Mediation and Learning by Identification. In I. Iscoe & H. W. Stevenson (Eds.) Personality Development in Children, Austin, Tex: University of Texas Press, 1960

第十一章　角色的學習 (Process of role learning)

前章中我們已經瞭解社會化主要的原理，依這些原理可以解釋個人怎樣地學習，通過學習個人獲得適應社會的機能。社會化的特性是個人角色的學習。角色本身代表了個人的身價，並且能養成個人的自我觀念。角色也是社會既定組織中對個人機能的劃分。什麼時候角色成爲社會對個人的期待。假如一個人做了父親的角色後，社會自然對他期待他對角色能勝任和完成。角色指出個人在社會中的地位；是人與他人間的比較位置；是社會關係的聯繫位置。因此角色不但是個人對他本身的自我觀念和自我價值，也是別人對他的期待。每一個人在整個的社會化程序中，若要符合社會要求取得成員資格時，他必須學習適當的角色。

壹　角色的涵義

角色是個人行動的規範，自我意識、認知世界、責任和義務等的社會行爲。角色不是個人自定的，而是社會命定的機能職位；如做父親、母親、兒子、學生、教員、商人等，與社會中他人建立交互的關係。完整的角色是自我對於該角色的實行程度與於他人對於此角色之期待相吻合。角色的實行就是社會行爲中適當的交互狀態。若個人與他人間沒有互動關係時，即無角色可言。

當個人意識到某角色的時候，個人就開始學習該角色。一位初次生嬰兒的少婦，當她做母親的頭一天她才開始學習她對她親生嬰兒的感情和態度，發展她的認知反應(Perceptual congnitive responses)，自我的意識亦在母子之交互關係下產生了母親的觀念。一位醫院中的實習醫生與住院醫師與護士和病人交互下，產生了醫生角色的自我意識。社會角色的學習包括整個的社會領域。個人行使他的角色時，不斷地接受他人對其角色的情緒反應，假如得到積極的反應時，個人對本身的角色漸漸穩固且學習了該項角色中規範和價值。事實上，個人不能順利地獲得他人的積極反應。消極反應如厭惡、憤怒等，也能促使個人修改他的角色去迎合他人的要求。

角色乃指個人在團體中所扮演的與自我有關的行動，也是社會關係中的個人被分劃的位置。家庭中有父親、母親、哥哥、弟弟等的角色分劃。這分劃也暗示了交互程序中的互相期待和標準。社會中角色的分劃是清晰的，如律師、敎師、醫師、駕駛員、工友、理髮師、店員等無數的角色。這分劃清楚地指出個人的交互範圍和性質。每一角色的分劃中，明確地規定了他者對此持有某角色的交互性質。

角色是個人行爲的指標。角色行爲(Role behavior)在社會許多情況中，並不能和社會期待完全一致的。比方說店員的角色在消費者的眼光中，期待她是一位有禮貌的，和靄可親的人，事實上她對顧容可能表示冷淡，毫無生意人的風度，雖然她缺乏這種態度，她仍持有店員的角色。不論個人在其角色範圍中完成到什麼程度，角色的分類和角色的行爲指出了個人的社會關係。當然社會分類角色且期待個人符合其分類的行爲。若個人的角色不能達到社會要求的標準時，則產生了角色的偏差。

由此可見，一個角色的勝任包含了相當的技術。所謂技術乃指角色本身的技能含義，如農夫、工人、工程師、律師等角色，各有其內容和技術。學習不是角色的完成；學習可獲得角色內容的資料。個人佔據了社會中的某角色後可適當地解決其角色的難題，順利地完成他的角色才是角色的勝任。在這種意義下，角色是社會交互關係中的必要條件。角色的交互中，個人獲得了社會化程序的各種經驗；經驗到自己的能力和自我觀念的强度。

貳　學習角色的幫助物和阻礙物

一般人對學習角色有錯誤觀念，認爲是持有角色者對新學習角色者之主觀的訓誨。這種觀念對角色養成的瞭解不甚健全，師生式的學習只包括角色的知識而已，並不包括角色交互中的情緒經驗和角色的實行。師生式的角色學習也不過是被動的學習狀態。事實上角色的學習是主動的，其範圍是廣闊的。師生式的角色學習也忽略了角色伴侶的交互關係(Role partner)。如沒有開業經驗的醫生本身的估價和一位富有臨床經驗的醫生對他們所以做的工作與對病人的看法必不盡相同，經過臨床的交互經驗後，做醫生的思想、感情、行動和自我觀念漸漸改變。因此本段我們討論學習角色時的幫助物和阻礙物。

第一、角色學習和社會制度的關係

每一個社會裏已經有了常套角色的描述(Role-description)，如女孩子在家裏應該怎樣幫助母親做烹飪工作。假如社會中有這樣清晰的角色描述時，學習者就毫無疑問地接受社會既定的體系。比方現代化中的臺灣社會，對女子的家政學習，似乎沒有明顯的體系，這對女子成爲家庭主婦的角色發生了困擾。個人對其應有的角色不瞭解或不能接受時，能阻礙其角色的學習。若社會體系中，不論性別或年齡的角色，淸楚地劃分時，學習者就很容易地學習到角色中所附的任務和權利。不論任何角色，個人未完全獲得之先，已經學習該未獲得角色的許多因素和知識。如小孩在遊戲中學習做父母的角色，或一位法律系的學生在課堂中學習律師的角色等。無論通過遊戲或想像或實際，都能助益於角色的學習。角色的伴侶也是使角色學習最容易的實際方法；如小孩和父母的角色交互中，他不但學習做兒子的角色，同時也訓練了他將來做父親或父親職業的角色，這種實例在許多子承父業的事實中可得證實。又兒子中只有同一性別，缺乏異性之兄弟或姊妹時，他們缺乏了與同輩異性的交互經驗，到了青年時期，這種缺點就顯露出來。假如缺乏了角色伴侶的交互的，如寡婦、孤兒、就不容易學習交互中之角色。

第二、情況和角色的關係

個人在社會化程序中學習角色，同時角色學習程序也基於代價和報酬。有時候互動中之負代價也能促進個人對角色之學習，惟有個人認爲角色學習的價值强於負報償時，在這種情形下負報償仍有促進角色的學習的可能。個人產生學習新角色之意欲後，舊的角色逐漸淘汰，新的角色的因素逐漸被吸收。如一個人進入戀愛、特權、職位等的新階段時，他從這些新情況中强化其角色。並且個人的性格也不斷地在新角色的影響下演變。

叁　社會角色

認識角色之前提必先瞭解社會角色的特性和其結構的內容。社會角色的結構基於個人在社會中有效地交互和執行個人的角色，完成個人在社會中的責任。個人的社會化程序中，認知的因素佔相當重要的地位，並且影響個人的角色。個人由認知揣摩他自己與其周圍的人的關係；個人對他人所承受角色的交互反應以及自己反應他人的角色等，都是認知的後果。社會角色的學習大半不是經過描述後而學習的，而是經過交互經驗後，他人的情緒反應和自身的情緒反應的複雜產品。個人的角色和他人的角色交互後，個人就察覺到其角色之適當性。這就是說他人的期待和個人角色的行動相吻合時，個人在該團體中的角色行使已達到其團體對他的期望。當個人適當地行使他的角色時，他的情緒和行爲在許多人的認知反應中得增强，增强後自我的觀念因他人的贊同得强化。因此角色的實行也是合乎社會規範的行爲表現。

（一）社會角色的本質

社會角色不是單方面的行爲表現，而是交互形式的行爲；當個人有規則地行使他的角色時，不但符合自己滿足的心理條件，同時還要迎合他人的需要和期望。因爲個人本身的願望和他人對本身的期待是個人行爲的準則，當個人用這兩種心思實行他的角色機能時，自然他的角色行爲漸漸走趨穩定的方向，他的一舉一動和表現都不斷地受到周圍人士對其角色的衡量。如一位工人進到新工廠裏工作，他非常關心自己的工作能力、態度的表現，和談吐舉止的方式等是否迎合雇主和同事之期望。

當個人表示他的角色時，他已經預期周圍的人對他的可能反應。當他在團體中說了一個滑稽的故事時，他預期從他人得到微笑的反應，否則他不會說出來的。當他表現了一個困擾或辛辣痛苦的經驗時，也期望他人對他有同情的反應，假如他不能預期他人的同情，他就不會說出那痛苦的經驗。因爲個人的社會上和情緒上的需要在交互中始得滿足。倘若個人企圖獲得這種滿足，他必先淸楚地認識他在團體中被指定的位置並且要瞭解他人對個人本身之現有角色的表現，是否認爲是適當的表現。如在一羣工人的交談中，申述昨夜在黃色咖啡廳裏怎樣地取樂，其他的工人對這個人的表現，用積極的態度反應，因爲這種談吐正適合於他在團體中的角色；若一位高級職員用同樣的資料敍述他昨夜的經驗時，必得到不同的反應，原因是他所談吐的資料不合於他的角色。因此角色的期待和角色的性質有密切的關係。比方做丈夫的，社會期待他有經濟的能力維持家庭的生計。所以社會角色乃指兩項職份的配合；個人的職位和其有關之期望。

(二) 角色的交互

角色的定義中指出兩者或兩者以上被分劃位格或機能的交互。每一社會角色都有關係的他人的存在。各個不相同的角色會集後形成社團的結構，且在結構中展開交互作用。角色的聯結，在社會心理學的定義上，稱爲社會體系 (Social System)，如家庭體系、學校體系、民社團體等的各種體系。個人在體系中持有對衡位格(Counterpositions)。家庭中丈夫和妻子是對衡位格，他們兩者的關係也稱爲角色伴侶。角色伴侶的範圍，不限於家庭中的丈夫和妻子，母親和兒子，也可以延展到醫生和病人，雇主和雇員，老師和學生等，整個的人類社團都有了角色伴侶的特性。

角色的對衡位格乃指角色關係中的義務和權利，如在夫妻的義務和權利中，丈夫應盡的行爲是妻子的期待，也是丈夫的角色義務。從妻子方面來說，她應盡的義務是丈夫所要求的特權。角色中的權利和義務是不可分開的一體的兩面。丈夫必須賺錢維持生計，這些收入妻子可與其分享和使用，這是妻子的特權。相反的妻子必須看顧和料理家務，使丈夫享受這種權利。所以角色的義務是角色伴侶者的權利。可是這種義務和權利在整個的社會中是複雜的，因爲角色的交互在現代的社會體系中，已經不是單純的一方面了，而是多方面的。一位銀行中的職員，他行使丈夫的義務，養活家人，同時他另有其他的角色；包括他對雇客，對銀行中的經理的關係，都是同一角色的多樣交互。

（三）社會角色和規範

社會規範的功能是規整行爲且指示行爲的方向。規範是他人對個人所要求的社會行爲標準，也是社會中共同遵守的典範。超出大衆預期的行爲或違背大衆典範的行爲，能刺激他人之負情緒反應，如驚奇、厭惡、憤怒或不滿等。這些反應和社會結構有直接的關係，一對男女如發生性行爲後而放棄他方者，在中國文化和美國文化中，憤怒和刑罰的表現是不同的。因爲兩種文化的價值結構是相異的。價值乃使個人覺知他在羣體中的重要性及他所表現的行爲之影響性。但同樣的價值結構，在同一社會中並不有一致的看法，如男學生認爲運動技能的表現是至高無上的男性美，女學生認爲美麗和裝飾是女學生的貞德，可是這羣學生之父母並不持有同樣的價值觀，也學生認爲最重要的價值，可能和老師們的價值觀相抵觸。

規範的推行是藉著社會認可(Social approval)的力量而干涉個人的行爲；意思是說對社會順從的行爲，社會嘉許之。反之，不順從之社會行爲，社會懲罰之。社會嘉獎和懲罰的方法可歸納爲正負認可兩種：前者使個人得到滿足和快樂，後者卽使個人經驗到剝奪和不安的情緒。嘉許和懲罰的程度，自然是依據價值本身的重要性而定。假如個人違反社會規範時，卽使社會不懲罰他，他自己也能產生一種內在的罪惡感。

社會角色是行爲科學的核心，至少社會角色直接關連到社會體系的存在實況，人格和文化的演變。不論心理學者，社會學者和人類學者研究人類的行爲現象時，都牽涉到個人在社會角色的重要性。社會體系是角色間之交互的形態之總和。且人格和個人角色的實行有緊接的關係。個人的自我觀念之强度也是角色行使的强度。社會中無數的個人的互相交互後造成了該社會中的文化色彩。

肆　角色的偏差(Role strain)

觀察社會中的事實，顯然地可以看出每一個人不能完全符合社會角色中預期，這是社會中普徧的現象。當個人實行其角色時，不能符合他人預期的條件時產生的心理怪異的狀態，叫做角色偏差。有的社會心理學者主張這種狀態叫做角色衝突(Role conflict)。

(一) 角色偏差和社會體系的關係

當個人的角色不能符合他者的要求時或社會規定的行爲標準時，個人與他人間的交互作用發生困難或互相溝通時之阻塞。在這一種情形下，團體中的他人，失掉對個人的期待。角色偏差者逐漸經驗到不舒適的感覺、亦產生罪感、困擾、和挫折等。從社會體系觀察之，角色的偏差即指人格交互間的衝突和目標之不一致而不能獲得圓滿的相處。完成角色的期待的標準，每一社會中各有其特殊的定義和規定。倘若各個人順利地執行各角色時，整個的社會體系也順利地交互。社會對角色的期待愈淸楚地分劃時，角色的偏差在這情況中愈減少。

新發展的角色；如剛結婚、或做父母、或任新職等，常常對其角色所包含的意義和實行是含糊的。假如社會或社團對各角色缺乏淸楚的描述時，個人在這情況中最容易混亂，而引起角色的偏差。一個不斷變化的角色，從持有該角色者本身來說也是含糊不淸的角色。譬如一個富有規模的工廠劃定了雇員的角色；工人、技工、技術員、助理工程師、工程師等，有時也藉著服裝識別其角色，在這種情形下，角色的衝突也減至最低限度。因此角色的偏差往往是個人對其角色含糊，這容易造成持有該角色者的角色和自我觀念的衝突。實驗也證實此事。

角色偏差不只發生於角色本身之含糊，有時候社會中的某一角色從各個人的判斷也有不一致的解釋。有時候，持有角色者不同意該角色中他人對他的期待和適用範圍而產生角色的偏差。如職業婦女的問題，她是否可以持有其他的職業，因爲社會中對婦女就業既無淸楚的規定，又無適當的鼓勵，她的丈夫也可能反對婦女供職於某一機關或不主張婦女可供職等，這些各種不同的歧見。如果她的角色伴侶表示負贊同時，兩者之間就開始冷淡。社會中這種角色偏差產生於一人持有兩個或兩個以上的角色時，其中的某一角色和角色的伴侶衝突。社會對婦女之職業似不鼓勵亦不反對之下，角色之衝突是很明顯的。

伍 角色的衝突

同一角色中有時候也可能產生角色內在的衝突。士爾蔓(Schulman) 研究護士的角色中指出，護士的工作和一般的人對她的工作期待，往往是矛盾的。一般的人對她們的期待是一種母親代替 (Mother surrogate)的典型人物。當然病者期待她們有母親般的行爲，安慰他們，照料他們。另一方面，她們負有醫學上之專門人員之責。衝突的地方是醫院對護士的要求和病人對護士的要求不同；一方面患者期待她們的照料是有情感的，有同情心的看護；但另一方面醫院禁止她們表現這種行爲。顯然地在同一角色中的矛盾現象自然呈現。在社會組織裏同一角色中的矛盾屢屢可見。最明顯的是美國軍隊中的牧師，一方面是宗教的領導人物，另一方面他是軍官。其他如一位婦女，她是母親，是妻子，又是職業婦女，這是同一人物持有數個不同角色的衝突。不論同一角色中的數種不同的機能或數種角色中的互相衝突，就個人而言，他最容易產生角色偏差的現象。因爲一人持有數個角色的狀態中，最容易產生衝突，或產生數個角色的互相干擾。在這情形下，個人對角色的心理負荷無法擺脫時，社會適應的難題因此產生。在這種情形下，我們可以列出角色偏差的幾個原因。

第一、當角色的期待含糊不清或不一致時。

第二、一個角色中有數種期待時。

第三、角色改換時。

第四、促進角色的動機或誘因減少時。

陸　人格和角色的偏差

角色行使和人格形態有莫大的關係。這包括兩方面的事實；角色能影響到人格形成的因素，另方面人格也會影響個人對其角色行使的態度。個人的特性影響角色偏差的原因有三：第一，個人缺乏勝任該角色的能力。第二，個人的自我觀念和他現有的角色相背。第三，個人的態度和需要干擾該角色等。

第一個問題，個人的特性可能幫助個人對該角色的行使，也可能干擾到其角色。這些因素甚多，如體力、能力、性情、態度、知識或其他社會准許的條件等。如一位年輕且有能力的醫師，因爲年輕而不能獲得病者之信任。

第二個問題是自我的觀念和他現持有的角色相背時產生的心理現象。如一位妓女雖操淫業，但她在大衆的場合裏，或她所熟悉的社團裏，不敢吐露她的身份，惟恐她的自我觀念因操淫業而降下。

第三個問題是個人的態度和需要阻礙角色的完成。因爲態度是行動的預向性，個人的行爲預向性能够幫助或干擾角色的完成。如一位具有種族偏見的人，在人種混雜的工作場合中，很難安適地工作下去。有時候，個人因持有某種角色，受這角色的拘禁而不能任意表現他的需要。

角色的問題在現代青年中最容易觀察出其毛病。今日社會心理學者指出年青者的角色混亂（Role confusion）。不滿足角色的狀態是今日受過大專教育的青年的一個共同的現象。可能目前臺灣的人才外流也是由於角色偏差的後果。主要的原因是自我的觀念和社會提供的角色不能構成相等程式。個人在這種情況下，人格受到角色的壓力；兩者之間的衝突，造成異常人格的原因。

現代社會心理學家已注意到社會體系對角色偏差的影響，如個人的信念體系，社會理想等，都能影響到個人的角色偏差的現象。社會不斷地要求各個人所持有的不相同角色，能規整和連繫個人內外的因素，使個人角色和他人角色能順利地協調交互。因爲社會體系在不斷地改變中，謀求有系統和規則的互動。在軍隊中各不相同的兵階必須建立關係，低角色者必與高角色者建立服從的關係。雖然在人人平等的口號下，角色是無法平等的。地位高低之不同，經濟能力之多寡，教育程度的高低，性別的不同，年齡的不同等，都會引起角色的偏差。這是個人在文化中避免不了的事實，也是角色偏差裏所包含的文化因素。

柒　角色偏差的解決方法

從社會體系中觀察之，人格因素和文化因素影響到角色的偏差；就是角色者本身的心理和社會難題。如何彌補角色的偏差，這是社會心理學者用心研究的題目。角色偏差很容易建立了人與人的緊張關係。在緊張關係中個人不斷地尋求澄清角色關係中的權利和義務。這現象在現代化的工廠，人民團體、政治體系中、不斷地定義各職位的功能和權力的範圍。在學校裏有校長、總務長、教務長、訓導長、教授、副教授、講師、助教、和學生等之機能便覽，說明各其角色所包含的定義。且強迫該社團中的成員服從角色的規章，這也是個人在社團中的權利和義務的體系。爲了減少角色的偏差到最低程度，社會心理學者曾提供以下幾個原則。

第一個方法是角色的規章化

社會體系不斷地編制和規劃各不相同的角色的權利和義務，使角色間的矛盾減至最低程度，規則是現代化社會體系中保護角色或避免角色衝突的工具。社會體系暗示了角色的義務是樓梯式的層次順序。當社會體系中的角色權利和義務、清楚地劃分時，角色的偏差就減少到最低的程度。社會體系的劃分也是該社團的價値結構。社團中的高角色代表了該社團認爲最有價値並且是重要的職位。角色是不易改變的，保持恒常的角色須賴於個人的自己適應去符合其角色內容。有時候角色的衝突也是解決角色偏差的方法；當衝突發生時，社團的成員就重新考慮方法去刪除衝突的癥結。

第二個方法是角色合併法

達納(Turner)的研究指出，當個人同時持有兩個或兩個以上的角色時，這兩個角色衝突，個人漸漸地合併二個不相同的角色爲一個，發展另一角色的新形態或角色的新觀念，譬如職業婦女和家庭主婦的兩個角色的衝突時，這位職業的婦女，可能加上經濟壓力的新觀念，消彌這兩組角色的衝突。合併的程序乃是再定義新角色的功能後，角色的偏差就漸漸消滅。

第三個方法是角色地位的變換法

這種方法也可以稱爲現有角色的停止法。角色的偏差依一般的觀察，往往是持有該角色者不甚瞭解且不接受其本有角色之觀念和情緒而引起的。因此，更改角色可以解決個人人格特性與角色交互時之心理和社會的矛盾。有一些比較守舊的社會裏，少年人長到十六歲時給他一個宗教儀式，消除了他的小孩格式，使他意識到成人的身份。經過這儀式以後，這些少年人的行爲轉變和自我觀念的變化是非常顯著的。這種方法在社會中最廣泛地使用；如畢業典禮、就職典禮、升任授階典禮等，都是角色變換法的實例。

以上三個方法是社會體系中糾正角色偏差的方法。但是這些方法不包括角色偏差的全般解決方法。個人對角色偏差的解決方法也具有相當的效果。個人解法角色偏差的第一個方法是自我防禦機能的活動法；這種方法最普偏使用的是合理化(Rationalization)。譬如美國的軍中牧師的一角色中，包括二項主要任務的衝突；他是牧師，所以他必須宣揚耶穌的愛，甚至於愛敵人。另一方面他是軍人，必須參加殲滅敵人，鼓勵殺敵之士氣。在這兩種衝突下，軍中牧師的工作口號就就以合理化的程序解決一角色中的兩個衝突；爲自衞和爲神的公義而戰的口號。所以遇到一角色的兩個或兩個以上的衝突時，個人若是以人格的方法去對付時，往往是重新結構情況的新意義或新定義。最普遍的自我防禦的方法有合理化，代替(Displacement)和塡滿慾望的幻想等。

個人解決角色衝突的第三方法是角色層次法(The Method of role hierarchies)。巴查特(Burchard)研究軍中牧師的角色衝突時，發見到每一個角色中的兩個衝突，都具有機能比重的差別。個人在這情況中，對兩個衝突的角色或一個角色中的兩項衝突產生價值重量的認知差異。這就是角色者將他本身持有之數個角色或一個角色中的數項職務，做層次上的分劃；那一個角色或職務最重要，那一個是第二、第三等，依次做角色重要性的心理分類。層次分類的依據是按個人需要的結構和他人期待之重要程度而定。

第四個方法是合法和認可 (Legitimacy and sanction)。合法乃指個人的價值觀，個人認爲合乎道德和社會規範的方法。認可是他人的期待。假如一個角色中兩個或以上的衝突因素時，個人解決的方式是：

	(合法)	(認可)	(解決)
角色Ⅰ	合法	強	→妥協
角色Ⅱ	合法	強	
角色Ⅰ	合法	強	→選擇角色Ⅰ
角色Ⅱ	合法	弱	
角色Ⅰ	不合法	強	→選擇角色Ⅱ
角色Ⅱ	合法	強	

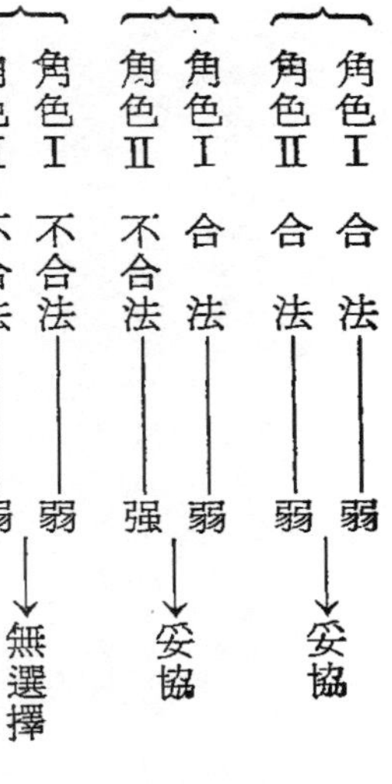

由合法性和認可程度相配合後，角色的衝突者便可以比較角Ⅰ和角色Ⅱ之比重，選擇或妥協的方法，解決衝突。

以上我們已經討論社會體系和個人對角色衝突的解決方法。更進一步我們再思索文化對角色衝突的解決方法。文化對角色衝突的解決方法，我們從信念體系和社會理想著想，前者是信念建立於理性上，就是文化已經先指出什麼是善的信念。後者也是文化預先地指出一個理想的藍圖。這兩者都供角色衝突者做借鏡，去實行合法和認可的選擇標準。

總之，角色的偏差原因歸咎於社會體系，個人人格，和文化因素。解決的方法也是基於這三個因素而發展的。角色的協調是社會安定必具有的條件。社會中的各角色趨於明確地劃定時，且角色間和角色中的衝突減少時，社會的安定是可預期的。

捌　角色的研究法

角色的研究注重於角色關係的正規或偏差方面，根據上述的角色原則，他人對個人的角色期待和個人所表現的角色趨於一致或吻合時，個人已適當地完成其角色。若他人對個人之角色期待和個人之角色觀念之兩條坐標線交叉構成角度時，這角度之大小指出角色偏差之大小。從社會心理學上的定義，角色偏差者，往往在其社團中處於社團的邊緣，這種人叫做邊緣人(Marginal man)。一位問題少年，他在家庭和學校社團中，不能與家人，其他學生或老師，有適當的交互，在這種情況下，他在家庭和學校中的位置都處在邊緣的地方。馬克特 (Mc Cord) 研究少年犯罪和少年在家庭中的角色關係時指出兩者的關係。我們借用其研究的方法，提供研究的設計。

表．少年犯罪和父母角色的偏差關係

父母的行為	少年犯罪的百分比
父母犯罪或角色偏差	八八
母親犯罪，父母角色偏差	五九
母親犯罪和角色偏差	四二
父親犯罪和角色偏差	三八
父母正常	二四

上列圖表，淸楚地指出父母角色的偏差和問題少年的關係。這研究方法純爲調查方法。若使用前述之自我觀念和他人的期待來做比較時，作者曾使用的方法是在某機關中之甲職員之角色勝任的問題，並以此單位之整體同事之期待爲研究對象，其研究的方式如：

甲職員的角色偏差問題。

他職員（同單位之職員）十二名。

問卷法內容包括：五點分劃尺度表爲衡量工具，問及甲之工作精神、合作、責任、態度、自我對現職的評價等。同時使用同類項目和內容詢問其他十二名職員對甲職員之看法，結果指出甲職員和他職員之比較。

當甲職員和他職員交互時，構成一四角形：包括正方形和矩形。然後計算偏差值時，若兩者之評價相等時，能構成正四方形。若構成矩形時，即超出正方形的部份爲偏離值。當詳細地研究A項目時，甲職員之評價值爲14，他職員之評價爲8。假設兩方都是8時，即指

表：甲職員之角色衡量表

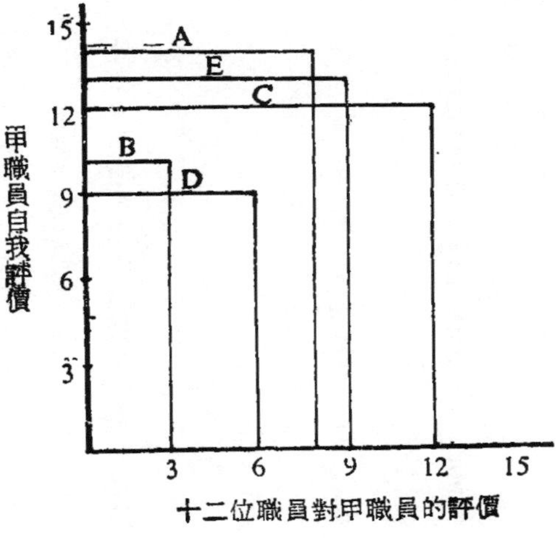

A——工作精神
B——合作
C——責任
D——態度
E——自我對現職評價

出兩者之商爲一。這也是說他們兩者的交互場域裏，構成一正方形。在這種情況下，甲職員的工作精神等於他職員的期望。事實上在A項目之面積，若兩者相等時爲64。事實上爲112。當112－64＝48。48是差額部份。故 64:48＝1:0.75。以此類推B、C、D及E的比率。差值指出甲職員和他職員之角色偏差率。

參考書籍

Maccoby E. E., T. M. Newcomb and E. L. Hartley, Readings in Social Psychology, New York: Holt, Rinehart and Winstion, Inc. 1958

Newcomb, T. M., R. H. Turner and P. E. Converse, Social Psychology: The study of Human Interaction, New York: Holt, Rinehart and Winston, Inc. 1965

第十二章　自我觀念

社會化的整個程序是社會互動的程序。社會化程序中，塑造個人的行爲符合於他人或社團的期待。個人在社會化程序中，他的行爲不斷地受他人和環境的刺激而修改，使他不迎合社會的習慣行爲，產生新行爲的新狀態。嬰兒的生理中心的行爲無法適應社會的要求，所以整個的社會化程序中，生理中心的行爲，漸漸進展爲社會中心的的行爲。社會中心行爲乃是自我觀念的强化或建立。

壹　個人行爲的決定因素

綜合過去社會心理學者對行爲始因的探求，可分爲二大類：一者，行爲是以個人結構中的性格爲動力，而反應外界的刺激。另者，行爲是情況的決定因素。極端地分別這兩大類能導致對行爲解釋的許多誤會。我們必須瞭解行爲是社會和心理的決定因素，也是這二大因素交互中造成行爲的典型。社會具有强大的力量刺激個人行動。社會學者和人類學者都認爲行爲是個人對情況的反應，社會情況的刺激造成個人行爲的型態。這種學理以霧林(Brim)爲最典型的說明者。他從觀察裏說明了個人在職業的角色中，在家庭生活的角色中，朋友互動中，所表現的各不相同。有些個人在職業中表現的非常能幹，侵略，創造性等，但回到家中却是一位很溫順的丈夫。因此，就斷定了行爲是情況的決定因素。相反地，心理學者却認爲行爲是人格決定因素。密拉(Miller)主張行爲是個人內在的機能；如習慣的運動、需要、認知的結構和人格特性等都是行爲決定因素。這兩種見解各有其支持論說的實驗證據。這兩種論說若單獨使用時，對行爲的分析是不完整的，不能解釋行爲的全般。現代社會心理學者對這個問題非常重視，他們企圖組成一組行爲解釋的學理，探求社會中的行爲。

貳　自我觀念的特性

人類不斷地被他自己的目標影響到其行爲向某一方向進展，這種程序稱爲完成自我（Becoming self）。人類獨特的地方是他可以想到他自己的生物體，他的行爲和他的表現。每一個人對他本身都有一套的認知和感覺的體系。這在心理學上稱爲自我觀念（Self concept）。當我們研究個人對他自己的態度時，至少有三方面與自我觀念有緊接的關係：認知、情感和行爲。認知是自我的內容，如一個人說「我是誠實的，我有野心，我很强壯，我太瘦了」等。情感方面，是個人對他自己的感情，而且這感情是複雜的，不易用言語表達。如一個人不喜歡他自己的鼻子，因爲太平坦了。行爲是自我的傾向，是他所表現的態度或他對刺激反應的敏感性。這些自我觀念的形成；不是一個單獨因素所構成的。構成自我觀念的因素很多，我們列舉如下：

第一、自我的社會特性　自我的社會特性的研究方面，早期的心理學者和社會學者已注意到這個問題，可是他們不直接使用「自我」這個名詞。他們認爲態度是在生活的經驗中形成的。自我態度是個人交互經驗的結晶。這問題克勵(Cooley)早在一九〇二年就論到，自我發展的程序包含在他者對自我的評價和反應。密拉(Miller)認爲他人對自我的評價極其敏感。因此個人在他人的評價下，自我漸漸形成某一特殊形態去迎合他人的期待，在這種情形下，自我不斷地摹擬他理想中的人物，將這些人物的意像併入自我的一部份。因此摹擬程序是瞭解自我最適當的方法。在摹擬的程序中，首先個人搜集了一大堆迎合個人心理體系的模型，公開地學習它們。這就是說自我觀念是社會各種特殊因素的滙集。又摹擬程序中，最基本的摹擬對象是父母。因此父母對兒女所表現的愛情和態度是嬰兒和兒童養成自我觀念的程序中最基要的因素。老師、同學、遊伴和朋友也是自我觀念形成的重要刺激因素。但這些人物尚屬次要的摹擬體。

第二、自我觀念的形成和角色的關係。自個人誕生後，社會就爲他安排角色；他是嬰兒、小孩、兒童、少年、青年等。整個的發展程序中，個人須要完成他的角色，並且與他的角色伴侶建立關係。他也須要表現行動去迎合角色伴侶者。所謂角色伴侶者乃指角色周圍的有關人士。在角色形成的程序中，小孩學習了他的角色和他人的期望對他本身的關係。最初期的自我形成完全憑賴於他人的期待，因此社會因素是自我形成的全般。原來兒童的行爲是自我中心的行爲和態度，但與社會中的他者交互後，他人對兒童本身的感覺和情感，使兒童修改了他的自我觀念，始能與他人做進一步的互動。因此自我的意像乃是自我對他者所表現的態度和情感的反應。

第三、自我的穩定和個人的行爲　當自我觀念建立以後，行爲的形態趨於穩定。個人獲得自我穩定的手段並不是被動的，是個人自動地建立人際關係(Interpersonal relationship)，產生人際互動的程序。當自我觀念建立以後，個人就使用自我觀念中的思想和判斷的體系解釋他人，他事和他物。如一位自己以爲漂亮的小姐，自然她會想到他人看到她的時候，如何地欣賞她的美麗，同時也會感覺到她的美貌。個人的自我觀念和行爲在正常的情緒下是趨於一致的。並且別人對她的看法 (Seen by others) 和他本身的自我觀念的一致，是健全人格的條件，兩者的觀點有出入或矛盾時，個人在社會中的適應就碰到難題。因此，個人常常選擇一羣人士，使他們的批價和自我觀念間不產生矛盾。因此，個人活動範圍的選擇，也受了自我觀念的影響，並且活動中的滿意程度也是基於兩者的一致性。何益 (Hoe) 研究一羣資深教師的自我觀念和他者對該羣教師的評價時，發現這羣老師之兩個因素的距離甚遠，這就是說該羣老師的自我觀念和他人對教師角色的期待相違，這事證明這羣老師過甚地不滿現狀。顯然地兩者的相違指出不滿足率的高度。兩者一致時，自我關聯的各種行爲和行爲的交互作用，亦趨於順利與緩和。

第四、自我和他者之情感一致性 (Affective congruency)：自我的觀念和他者對自我的評價一致時，自我的行爲和活動獲得增强。兩者的一致也指出自我和他者的感情關係。當甲估價乙對他所表現的感情的多寡，等於乙本身實際上發洩在甲身上的感情時，我們稱爲感情的一致性。若兩個人間的交往關係有了感情的一致時，兩人間的認識一致性 (Cognitive Congruency) 增加，同時兩者的親密程度和交互關係亦隨之進展到深刻的地步。這時候自己價值的意識，便受了認識和感情的一致所影響，因此個人就容易接近他自我意識中，有情感和認識一致性的他人。

羅森堡所提供的認識和情感的一致原理，可供爲解釋自我觀念的形成原理。若一個自認他是有理智的人，有責任感的人，他所選擇的對象或交往的人士也具有同類的性格。這就是說，自我觀念中的認識和情感的評價與他者之認識和情感的反應是一致的。若自我和他者之認識和情感不一致時，很難構成自我的觀念。在這種情形下，自我常常陷入含糊的狀態中。

第五、自我觀念的穩定和社會結構的關係　當社會結構中角色的安排妥善時，個人的自我觀念和行爲的關係是頗穩定的。因爲每一個人在社會體系中佔有某種明顯的地位時，能減少個人的心理紊亂。假如認識和情感一致時，自我的觀念藉著角色的完成獲得增強。角色是社會體系中的編制和編制中被指定的義務，每一角色中，自然有他人對持有角色者的期待和評價。個人被列於社會體系中的編制，取得某種角色時，他人就開始觀察持有角色者的行爲，同時持有角色者也開始對自身覺知。個人在社會體系中，勝任地完成角色中的要求時，他的自我觀念和行爲趨於一致。因此社會體系具有三種的力量，影響到社會體系中的個人；一者，社會體系決定角色者與他角色者的交互頻率；二者，決定角色者之角色範圍；三者，控制他者對角色者之反應行爲。

叁　自我觀念的演變

社會結構中，人際環境 (Interpersonal environment) 的演變能導致自我觀念的變化。個人在社會結構中，若遇到角色和格式變化時，自我的觀念亦隨著變化。本段所討論的中心是年齡和職業對自我觀念的影響。

第一、年齡和自我觀念的變化 每一個社會對人生的各階段，均安排其角色及角色中的任務和權利。如嬰孩，兒童、少年、青年、中年和老年等。各階段的年齡角色在家庭中的地位和義務，各社會都有明確的規定。親屬的體系，也是社會結構中的角色和格式的安排。其他，如男性在青年時應服兵役，結婚，做父母等，都影響到自我觀念的形成。隨著角色的變化，個人的自我觀念也變化。卡蔓(Covan)研究退休和角色的關係時指出，老人到退休時，社會命令他中止角色，同時自我的意像起了大變化。因爲個人自我觀念的形成，在於社會角色的行使中，個人獲得行爲的增強。退休就是社會剝削個人的社會角色；他沒有工作了，他不再維持自身和他人的需要了。過去幾十年所建立的自我意像在旦夕之間，完全被剝削，過去的互動形式，也在一日之間起了相當大的變化。退休以後，個人的自我價值觀受了極大的威脅。社會角色本來是自我意像(Self image)的增強物，角色的失落，自我意像也趨於紊亂。強迫退休是社會對個人角色的強迫剝削，他不再持有社會角色了。譬如一位醫師沒有患者去看他，一位老師不教書，一位律師沒有案件可辦理，一位技術人員沒有工具等。另外的一個現象是本來他參與某種社團，從事生產的工作，強迫退休是該社團排除他在該社團中的地位，他自然地失掉了他本來的同事或交互的人士，成爲被隔離的社會份子。自然他的部屬不再像以前那般地尊敬他了。這些角色的變化，自身產生了「無用」之感。從此自我的觀念在榮耀的退休中，漸漸消失，退化(Regression)的心理現象日益加深。

第二、職業的演變和自我觀念的關係　職業是個人能力的代表。個人藉著他過去的準備，從事於現在社團中的經濟活動、政治活動、宗教活動和社會活動。這些職業的角色滋助個人自我觀念的生長。比喻政治家、商人、工人、教師等都是社會體系中的職位，當個人接受社會體系中的職位時，他的言行舉動很容易地和這些職位平行地建立自我的觀念，譬如教書者，常常意識到待遇之薄祿，但以教書生涯的貢獻誇耀自己。這種現象就是用自我意像和代價平衡的方法去打消被剝奪的心理痛苦。個人的心理機能的活動，不斷地將職業的特性併入自我觀念的一部份或全般，構成特殊的自我觀念。根據美國許多醫學院對該院學生的調查報告中指出，一年級的學生處理患者時，百分之三十七的學生自認是醫師，到四年級時，增加到百分之八十以上。這就是自我觀念或自我意像在職業的執行中，增加其自我觀念和所持職業的平衡。自我觀念的增加或改變，不只是個人本身的意識而已，而是靠著他所接觸的角色伴侶對他的反應後而塑成行爲的模型。因此，社會學習首先形成自我的意識和與自我有關的觀念。假如一羣醫學院四年級的學生，每日的交互範圍只限於教授，實驗或臨床的指導者，護士，以及同學時，則醫生之自我意識不會增加的那麼高。自我觀念的養成必視個人在該職業中執行任務的包容(Degree of involvement)程度和角色伴侶對持有角色者的反應和刺激而來的。因此包容程度和角色伴侶是自我意識的增強物。角色的執行是自我觀念養成的基本條件。在民主國家裏，許多政治地位必須以民衆爲基礎，如總統、國民代表、立法委員、監察委員、省長、省議員、縣市長、縣市議員、鄉鎮長、鄉鎮代表等，均賴羣衆支持票數的多寡決定他的角色。若經過一兩任的民意代表後，自我的觀念隨即建立，倘若下次競選中落選或不獲提名時，强要違紀競選的現象，都是自我觀念受到威脅的反動。因此，職業的成功是自我觀念增强的條件；相反地，職業的失敗或不勝任，是自我觀念貶值的原因。社會上有無數的職業，各個人不斷地表現其行爲與其職位相稱。由此可見，自我觀念是個人在人際關係中獲得的，而且自我觀念對個人的行爲影響甚巨。

總之，本段以人際間互相影響的原理解釋個人人格的穩定和行爲的動向。個人的自我觀念形成的程序必須以認識和情感的一致原理去說明。心理常態或異常的識別方法，乃是視他人對自我的評價和自我對自身評價的接近性或一致性爲標準。當自我觀念的橫線坐標和他者對此人之評價坐標，構成平行或一致時，自我是健全且穩定的。當兩坐標線交叉的角度愈大時，個人的自我衝突和自我適應必定有很大的困難。

參考書籍

Brim, O. G., Jr. Personality development as role–learning, In. Iscoe and H. W. Stevenson (Eds.) personality development in children, Austin, Texas: University of Texas Press, 1960, p 127–159

Miller, D. R. The study of social relationships: situation, identity and social interaction. In S. Kach (Ed.) Psychology: A Study of Science VVol. 5, the process areas, the person and some applied fields. New York: McGraw–Hill Book Co. 1963, p. 639–737

Hoe, Betty H. Occupational satisfaction as a function of self–role congruency. Unpublished mastier thesis, University of Nevada, June, 1962

Cavan, Puth S. Self and role in adjustment during old age. In A. M. Rose (ed.) Human behavior and social processes: An interactionist approach. Boston: Hought Miffin Co. 1962, p. 526–536

第十三章　社會格式 (Social status)

格式是人羣或社團對個人在該羣體中所貢獻的價值評價，且藉此評價之高低安置個人在羣體中的位置。評價的方法乃是視個人技能的行使後對該羣體的利益程度。一個人對於某一羣體的貢獻，當然表現了個人的活動和能力的程度。格式隨着羣體的性質而異；外科醫師可能因一手成功的手術，增加他在社團中的格式；教授由著作或教學的能力增加他的格式；實業家因其生產品的優越和市場範圍之廣度增加他的格式。

壹　格式的決定因素

羣體中各個人均有不同的格式。格式的高低乃是視個人在羣體中所表現的貢獻的多寡而定的。衡量個人的貢獻乃視個人的角色中能完成角色中的任務到何地步。不論何人的意見，作風或政策能使羣體中的成員經驗到最大的報償時，這個人在該社團中的格式自然是最高的。另一方面，格式較高的份子，具有一個共同的現象，就是他們最能順從羣體價值的傾向。第三，格式較高的份子，往往是社團中被尊敬的人士。當社團中的人士，體驗到某人對該社團的特殊貢獻時，他自然地被尊敬。社會格式的高低劃分包含有文化高度的色彩和各文化中不同的定義。比喻說，英國的社會中，社會格式和家庭背景頗有重要的關係；中國的文化中，社會格式和年齡有重要關係；美國的文化中，社會格式和資產有重要的關係。以更小的社團來說，格式高低的劃分，也隨着各不相同的因素而定；比喻工廠社團中，年資較深的工人總是比年資淺的格式高。農業社團中，耕作面積廣大的人總比耕作面積小的人格式爲高。敎育社團中資深的敎員總比資淺的敎員的格式高。這些社會格式的不同亦淵源於過去和現在的交互作用，而且由交互作用中貢獻量之高低爲憑決定格式的高低。羣體中的人士，若共同認爲由某人可得更多的報償時，這個人的格式就升高了。根據這個原理，社團中既有了不同的角色編制，在編制職位中已暗示了與角色相等量的格式。譬如銀行中有總經理，襄理，課長等不同的角色，這些角色已暗示了角色與格式的關係。因此格式的定義是羣體結構的互相依賴關係中經交互作用後的貢獻程度而言。社團既然規定了某一角色的特權，社團中的份子，最活躍的角色者，或交互作用最廣泛且最有貢獻的人士，趨於佔據最高的格式。

社會格式乃指個人在社會中的地位。這些不同格式的產生過程是由社會比較的程序中來的（Process of comparison）；各個人在交互作用中對於該社團或社會的貢獻比較。社會格式是比較各個人的貢獻後互相的心理反應。其簡單的公式如：

$$\frac{\text{我的貢獻}}{\text{他人的貢獻}} = \text{格式商}$$

當一羣個人，在某一社團中的活動或交互作用，共同完成某目標時所表現的精力和技術的比較，嗣後各個人亦循環地比較後，其格式的商大於其他任何一個商者，其格式的高度就被認定。依作者的實驗觀察，一羣乒乓球隊五人；甲、乙、丙、丁、戊等。當他們聚集但未構成隊之先，或在練習中相互比較實力；甲與乙，甲與丙，甲與丁，甲與戊，乙與丙，乙與丁……等，循環式的比較。比較中的差率，除非兩者的實力絕對相等外，比較後的商，某者可能大於一，而與此人比較的他者自然是小於一。這些超過整數一的數量獲得最多者，隨著被此羣成員公認其格色，而成爲此球隊隊長的傾向，他的格式因此產生。但這個公式所得的整數的商之最高者，不一定會有隊長之頭銜，有時次者可能取代其地位。這就是說格式的高低還可能參有其他變素的緣故。社會中的人士，有不同的收入，職業的類別，學歷的高低及現有職位之影響力等，都會構成比較程序中複雜的因素。愛克蘭和熱拉（Exline and ziller）的人事關係的實驗中指出，羣體中若缺乏格式的安置，卽個人間的衝突率也增加。這衝突也是力量比較的程序。因個人在社會交互中，不斷地觀察他者的表現，包括其具體的貢獻，權力的表現，代價的比較後，社會格式就穩定下來。

貳　社會格式的穩定

社會格式在社會變化中，亦不斷地改變。不過社會格式一旦形成後，其變化的程度是緩慢的。格式的穩定必視個人佔據格式後對該羣體價值的促進或使羣體的價值之衰退而定。兩位已持有相等格式者，當其中的一人的格式比較商減少時，其格式就開始動搖。格式的動搖會引起一連串力量的循環比較的動作，這就是競爭產生的原因。爲了要鞏固社會角色和格式，一個人可能使用許多材料去佐助現有的格式；富人可能使用金錢去獲得權勢，老師可能使用他的學問和權威去阻止學生對難題的發問。格式不是個人自定的，而是一羣個人的交互中，羣體活動和羣體滿足必須的結構。在這種定義上，格式的穩定乃指持有角色者對於其等量的該格式繼續的貢獻或有價值的活動。各個人在某一社團中，當個人與格式認同時，這個社團結構和活動已呈現格式穩定的現象。換言之，各個人中不再發生比較的程序時或比較的意欲減少時，格式就穩定下來。

叁　格式結構的變化

格式結構的變化常常暗示了個人在羣體中地位的起落或不安定而言；因爲格式是指活動機能的協調方面而言。某人持有某格式，且具有優越的表現時，或不能勝任他現有的格式時，都可能產生格式的變化。格式的變化不只是指一個人的變化，而是羣體成員中互相影響的變化。譬如某機關首長，對其擔任的工作，不能得到成員的滿足時，或不能勝任時，他有意辭掉這項職務。辭職表明了這位首長的格式變化，同時他的部屬，也開始產生一種心理緊張，意欲攝取該首長的職位，又企圖爭取第二職位者也產生。這就是說一個重要格式的變化，往往帶來一連串的變化。這種情形下，增加個人的社會動機，而且企圖平衡自我現實與自我理想（Real self and ideal self）的調協。自我理想的升高會促進自我現實的活動頻繁率，以求兩者一致的活動。格式既成爲社會活動和自我意識的焦點，格式的保持和增進，便影響了個人在社會中的人格形態；特別是與格式有直接關係的，是控制，競爭和權力的表現。高格式暗示了個人在社會中的特殊力量和特權，就是個人與其交互羣體的關係，具有控制和影響的力量。格式一詞與社會組織有了直接的關係；格式的損失或提升與社會組織也有直接的關係。

肆　格式和自我的伸展(Status and the extension of ego)

社會心理學的主要觀念，依著者的判斷，是以社會的交互作用爲據點而發展的。交互作用中自我是最基本單位。但自我周圍的各衛星因素，決定了交互的範圍和交互的形式。比喻說，事業家、政治家、宗教家、教育家等，各不相同的職位暗示了自我在其職位的高低程度，亦暗示了他在社會中的交互範圍和交互形式。這兩種交互特性包括在社會傳達 (Social communication) 的結構中。羣體中的傳達，直接或間接地受格式和角色關係所影響。羣體的穩定是格式和角色的適當交互。格式和角色也是保持羣體中活動秩序的正規性。因此個人在羣體中活動的方針和範圍，或是與其他個人的交往，自然被羣體的編制所限制，羣體正常的活動必須務求個人間的作用或反作用的協調 (Co-odination) 而得到活動上的順利。因此，社團中的規則，劃定了自我伸展的範圍，而且使每個人瞭解他在社團中的交互形式和自我價值的意識。

自我的伸展可從兩方面來說：一方面是個人被指派的格式和角色範圍中可能活動的程度。例如一位工頭，他在被指定的職份下，發揮他的格式和角色的範圍。另方面，格式伸展的活動，在理想上使個人超越現有的格式和角色的寄望。格式的變遷，乃是指個人的自我伸展中的表現和貢獻受到人際間的承認。個人的自我伸展，意識地或無意識地影響到個人的活動和表現，且造成了羣體中衝突的可能性。這是社會競爭現象之一。

伍　格式是個人的指標（Indicator）

前述，格式是社會比較的程序。參遜（Sampson）指出，格式是個人在社團中的身份和特權的比較。羣體對於個人間比較的程序，要求協調或妥協，才能執行個人格式和他者格式的交互作用，且能減少個人間的衝突到最低的程度。格式在這種意義下，不只是指個人的身份，且指出羣體對個人的評價。羣體對個人的壓力，使個人產生活動的模式（Model）。假如個人自我意識到的格式和現持有格式吻合時，這種人在社團互動關係中，混亂和衝突現象能減少到最低的程度。事實上格式也代表了社會的特權，由於特權的引力，個人內在的自我理想和現有格式不斷地發生衝突，且這種衝突表現於羣體中時，羣體即產生混亂。他的行動就因之困擾或阻礙到羣體的正規活動和個人間的距離關係。因此，格式對個人或他人的觀點，乃指人在該羣體或社團中的價值位置。格式，因此，是社會中個人地位的指標，指出個人對羣體的成就和貢獻，成就和貢獻的大小與個人價值的高低正成正比的關係。如：世襲的富翁，在社會中的格式甚高，這種格式包括有歷史性的指標。（格式的指標包括有經濟格式，權力格式，歷史格式，技術格式的指標，但歷史格式的指標在日新月異的進步世紀中，漸漸遜色）。

陸　格式和社會交互傳達

格式是社會人際間交往的先決條件。格式的不同也影響了羣體中互動的頻率(Frequency of interaction)；高層格式的人士，傾向於提供傳達的資料且接受他人的意見。當羣體所包括的成員數增加時，中層格式的人士的互動率也增加，但上及下兩格式的人士，却減少互相傳達的現象。一個接受自己的格式者與他者之社會傳達的頻率總比不滿現實格式者爲高。但社會互相傳達中，有一共同的現象，即低格式者，不斷地尋找機會和高格式者互動，蓋其欲提高格式。但在同格式人士中的互動也不亞於前者，蓋其於安全感的獲得。若是兩人互爭格式的高低時，他倆之間的互動，儘量避免。因此格式和互動顯然地受格式所暗示的權力所影響。

從上述理論和實例中，社會心理學者已提出一般社會中人與人間的互動形式。在我們社會中高格式的人士和低格式人士的互動頻率幾乎等於零的現象。實際上都是同格式者之間的互動趨於頻繁。這個現象也適合於前述惠斯丁嘉(Festinger)所提出的報酬原則下的互動。

總之，格式是羣體對個人價值的指標。價值的高低，乃是指個人對羣體貢獻和個人成就的程度。這是社團中互相比較貢獻的常數後，才決定格式在羣體中的位置。個人得到相當於他應得的格式後，繼續行使他的能力去支助其格式的穩定。且個人也是不斷地在格式的範圍中活動和互動。

參考書籍

Sampson) E. (ed), Approaches, Contexts and Problems of Social Psychdogy, Englewood Cliffs: Printice-Hall Inc. 1964

Secord, P. F. and C. Backman, Social Psychology, New York: McGraw-Hill Book Co. 1964

第十四章　個人間的吸引力 (Interpersonal Attraction)

人與人互動中，不論由實際的接觸或印象都能產生喜愛或厭惡他人的情感表現。如兩個人對同一對象互動時，這兩個人的印象和感觸不盡相同。其中一位可能表示他對此對象的喜愛。相反地，另一個人可能表示厭惡。這種問題是社交生活的主題。所謂社會中的互動作用一詞裏，包含有各種深度不同的互動形式。如政府與人民的互動，顯然是一種膚淺的機械化互動作用。家庭中個人間的互動作用，顯然是人格及愛情的互動。職業或事業中的互動是手段或片面的互動作用。互動作用一詞所包括的意義是有深度和廣度的。深度表示人格被包容的程度 (Degree of involvement)，廣度暗示了個互動人的屬性 (Attributes of personality)。作者簡略將互動的範圍，歸納於機械化的互動作用，手段的互動作用和人格的互動作用。這三種不同的互動形式，代表了互動間的深度以及互動時的不同涵義。產生這三種不同的互動作用的原因，始於個人的主觀體驗來的。個人在這三種不同深廣度的互動，乃視個人在互動中，將所得的利益和經驗而決定的。

壹　社會測度 (Sociometry)

社會測度源自一派的社會學者，借着數值和圖表衡量社團中個人間的互動關係的強度。任何一羣體，仔細地觀察後，都有許多個人組合的形態和成員間的團結強度。個人會選擇他所喜愛的伴侶從事羣體中次要部份的活動。個人間互相喜愛的程度也甚懸殊；選擇了自己所喜愛的朋友後，增加多方面的互動，如職務關係的互動，感情關係的互動，私生活關係的互動等。個人同時也忽略了其他的個人等現象。選擇的條件衆多，但喜愛是其中要件之一。喜愛的條件下成員在社團中結成小羣體，或社團中的非正式羣體。這在社會心理學上且爲衡量社團內部的結合力，而組成社會制度結構(Sosiometer structure)。這詞是毛勵哪(Moreno)最先使用的。社會測度法也是他先着手構造的。以後許多的社會學者更發揮這種測度法的使用，使其範圍和技術都得到適當的改善。因爲羣體的動力不以成員的多寡或財力的强弱，而決定羣體的活動强度。並且羣體的消沉或瓦解也不能推出簡單的決定變素，因爲人際和羣際的關係，雖不可能目睹其事實，但此兩因素支配了整個社團的活動强度。爲了覓求社團或羣體內在的眞象，社會心理學者使用數種方法，探求其癥結。這些方法可用問卷法或圖表法，使個人指出他所喜歡或不喜歡的人。用圖表的方法表示之：

圖表之直線之矢頭表示喜愛，點線表示拒絕或不喜愛。如①與②表示互相喜愛，①和⑧的關係中表示⑧對①喜愛，但①對⑧不喜愛。

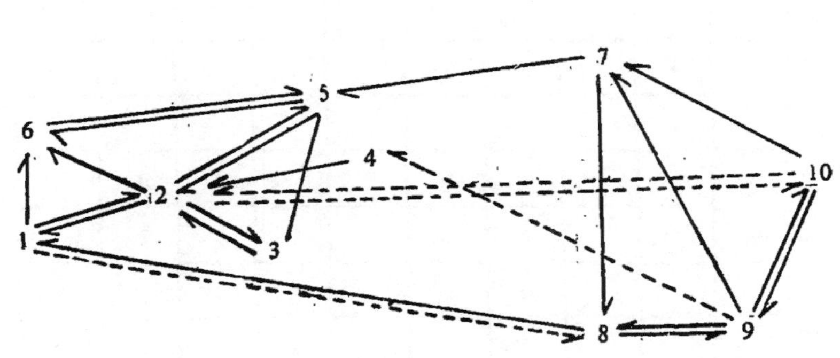

社團測度可解決該社團的三個基本問題：第一，在這種社會測度中，可以探測羣體中最受歡迎的人物。第二，可以瞭解羣體內部是否有次羣體的存在。第三，可以瞭解人際關係，如⑩這個人從圖表的指示，他是一位孤立的份子。社會測度圖表指出社團或羣體現有的社會和心理的結構狀態。但是這種圖表法必先設計一個中心題目，或數個要測量的項目，分別測度之。然後可用下列的表格歸納資料。

正一代表喜愛，負一代表拒絕，然後由表格可以查出羣體中最受歡迎的人士及最孤立的人士。

亦可將格式中的數值代入公式。假設上圖是選擇羣體中最活動的人士時，其公式爲：

活動力指數 (Active index)＝$\frac{\text{某個人之選擇}}{\text{羣體總數}-1}$

這種活動指數之商是由零至一之間。將各個

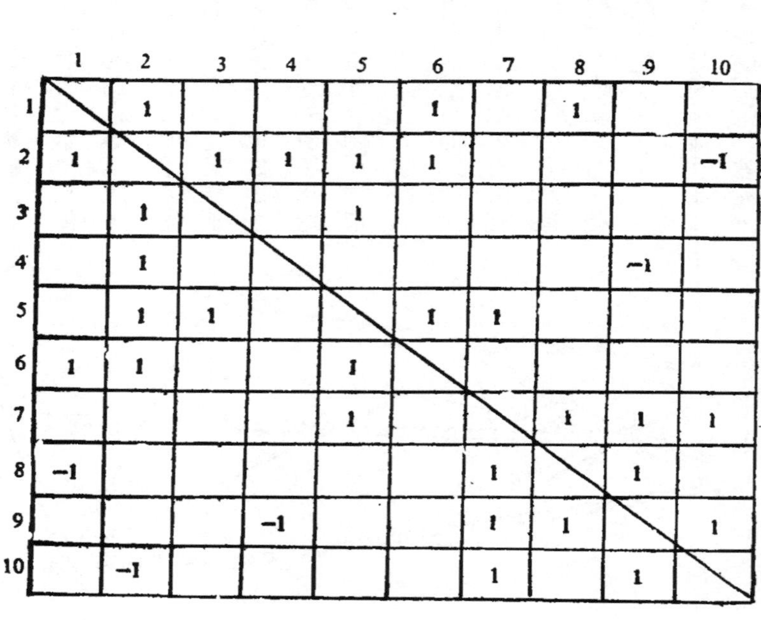

	1	2	3	4	5	6	7	8	9	10
1		1				1		1		
2	1		1	1	1	1				−1
3		1			1					
4		1							−1	
5		1	1			1	1			
6	1	1			1					
7					1			1	1	1
8	−1						1		1	
9				−1			1	1		1
10		−1					1		1	

入依序代入公式後，比較數值之大小；此數值即指出個人在羣體中活動或人緣關係的情形。社會測量法之目的是爲了探求多數的他人對某個人的情感或互動程度，經此測量後可以瞭解某個人在羣體中的人緣地位。至少可以測度某個人在該屬羣體中，被其他成員喜愛，不喜愛或被置之不理的心理反應。不止如此，此種測驗法也可以看出非正式羣體中的領袖人物或連繫羣體成員的有影響力量人士。

社會測度的原理主要的是根據各個人選擇的決定因素。(Determinants of choice)。人類總有羣屬的性格，羣屬性格乃滙集志趣相同或可溝通相互情感的交往的人，相互影響，並且可以瞭解個人對羣體的意見的贊同或反對之背後原因，同時也可以了解組成非正式羣體的原因。因此喜愛的指數，揭露了羣體中的互動情形和羣體黏着力的強度。羣屬因素亦能決定羣體的活動及瓦解的預測。著者曾實驗國校三年級的學生和幼稚園兒童的互動情形，證實了個人決定因素對選擇互動伴侶的重要性。國校三年級的羣星(Group star)對同性同學有相當深度的互動關係，而排斥異性的同學也非常明顯。幼稚園生却無此現象，這些傾向說明了性的發展成爲學生選擇羣星的決定因素。前玲(Jennings)早在一九五〇年的研究指出選擇的因素介於格式的問題。一般個人所認知的範圍裏，格式的高低影響對其他人格評價的高低；這個評價沒有一定的公式，有時候低格式者能評高格式者，有時候也可能評低格式者。雖然這是不合邏輯的條件，但社會間人類的關係總是這樣的。羣體中個人喜愛他人的第一原則：個人選擇他人爲羣伴的條件不是盲目無智的。選擇的原則是選擇者自身認爲他所選擇的對象，可能會產生互動關係的機會。卡拉蒙風(Gullaborn)認爲接近性(Nearnses)是選擇對象和互動關係的主因。接近性便是選擇的決定因素。社會上最明顯的例子是朋友情侶的選擇；這兩種選擇，個人間的社會距離是促成選擇後成爲互動的重要因素。嗣後有許多位社會心理學者的研究，都證實了接近性在社團中影響成員互動的情形。大學生間構中同學間之非正式小羣體，也符合這個原則；結交爲朋友而互動感情也是以同系同宿舍的同學爲主。將這個原則展開到社會的各種社團時，也具有同樣的傾向。譬如鄰居的來往，同事間的交往都合乎這個原則。

羣體中個人喜愛他人的第二原則：個人選擇他人爲羣伴是因爲他人在社團中具有携帶羣體的規範和價值的特性。譬如社區結構中，經濟因素是重要原因之一。貧民窟的形成或高級社區，中級社區的構成等，受經濟條件的支配形成了社區的特性。一位社會中頗有聲勢的人士，不會選擇一位毫無職業，地位或經濟能力的無賴漢爲互動對象。因爲互動作用均在利己的潛意識下進行的，且互動的對象若是對本身有利益時，才有了互動的意欲。這裏所說的利益是社團中優越的地方，也是羣體中個人持有的價值而言。

羣體中個人喜愛他人的第三原則是：個人容易選擇與本身具有同等格式的人士。因爲同等格式的人士，有互相接近的態度觀念，相差不遠的價值結構和社會背景的特性。如同信奉某一宗教者，同事業者均有這些現象。布羅達利克(Broderick)的研究，類似的價值體系和社會背景是決定喜愛或選擇他人的因素。此外紐卡姆也證實了態度和價值體系的重要性。許多實驗顯示價值體系的類似性對於選擇互動羣體的影響：如身價對象的重要性，背景程度的類似，均影響到個人選擇他人的條件。封建社會或保守社會中，結婚便是類似條件的明證。上列的選擇他人的條件均是個人主觀的認知（Subjective perception）的心理程序。這種認知包括兩方面的因素：個人對自己的認識或個人的自我心象（Self-image）。因為個人的心象裏，最容易反映他人，他事和他物的影像。雖然個人心象的反映，未必是正確的，但從個人主觀的立場來看往往是正確的。其他是個人對他人的意像，在個人心理程序中，常超於常套的判斷形態。這些選擇的背後，隱藏了個人需要的獲得和滿足的動機。

貳　個人間吸引力的原理（Theory of attraction between indiuiduals）

個人間的吸引力，介於兩人人格的互動形式而定。個人本身和他人互動中，常常受報償的關係所決定。本段裏著者企圖綜合各種個人間的吸引力依序分類，列舉，且以現有的實驗為佐證這些原理的有效性。

第一、成就平衡原理：（Theory of the balance of achievement）牛卡姆（Newcomb）的研究報告中指出個人若有相同傾向或目標時，趨於相互的吸引。人類在社會生存的過程中，不斷地覓求他人的贊同和認識。倘若個人具有某一種特殊的觀念時，也期望著他者對其觀念的贊同，而獲得心理上的安全感，同時也喜歡用他人的觀念去證實自己感官的印象，個人的態度和信念，也藉着他人的支助得到實在感。當個人碰到他人歧異於本身的態度和信念時，隨即感覺到不舒服的心理緊張。因此個人不斷地尋求被他人贊同的證實（Consensual validation）。假如某個人認為其持有的一種態度，與某羣人的態度相吻合時，卽此個人與該羣人士之間的吸引力增强了這是一般人民擁護領袖人物的原則，因領袖人物提供或主張的意見和政策與個人的思想和理想吻合時，卽產生了隨從該領袖的預向性。當個人認爲他的態度具有相當的重要性時，遇到某一社團或某一領袖的態度與個人相吻合，卽這兩者互相間的吸引力也增加。所謂重要性只限於在個人認知的範圍中，個人的感受程度而已。例如夫妻間感情的程度，如果丈夫的態度或意見，常常得到妻子的贊同證實，相反地，妻子也得到丈夫的贊同證實，兩者間相互的吸引力增加，換言之，他倆之間的愛情增强。倘若兩者的態度或意見互不相容時，相互的吸引力減低，感情結構趨於瓦解且互相的互動也趨於冷淡的現象。

根據牛卡姆的原理，一羣人士當初接觸之際，互動的作用便開始。互動的程度決定了態度和感情的流動量；這些流動是互動的，因在互動流動中的流動量決定了互動的健全或不健全。在這種程序中各個人尋求他者的態度與本身相似的人，以後就構成社會測度的結構(Sociometric structure)。牛氏的實驗，一羣不相識的大學生，短期間中（十六週）研究有關社會問題的各歧見，到最後的階程，意見或態度相同者趨於相互間的吸引。在研究最後的階段，他們遷移往宿時，讓這羣學生自由選擇對象同宿，牛氏發現同意見和態度者均選擇同一房間住宿。因此相互間的一致性增加時，相認識的深度和吸引力也隨之增加。由此可見，個人在互動作用中，企圖成就態度和意見的均衡狀態。

第二、需要的補缺原理：威積(Winch)認爲除了態度和意見的相似性所產生的吸引力外，人際間的差異也可能造成吸引的原因。這原理依據於選擇配偶的狀態中得到證實。男女間戀愛的前提，兩者均考慮到社會背景的特性，但威氏認爲男女成婚的原因是在個人需要的結構中，只可能從對方獲得滿足。威氏主張此原理的原因有二：一者，在個人互動中或互動中，從他人獲得自己缺陷的滿足。自然威氏的原理是從心理學上的依賴性引出來的。二者，他人殊異於個人自身的特性能使個人產生期待的心理。事實上，威氏的結論並不可能代表互相間吸引的整個項目，而只限於某些特殊情況的吸引而已。如男女間的吸引力，社會中事業上的互相利用，欣慕高格式的心理等，可說明這個原理的有效性。如主婦和女傭的關係，主管和其部屬的關係等，兩位互動者間均有顯然的差異，但仍有相互吸引力的存在。吸引力基於其中一者可能供給本身所缺乏的條件。

第三、交互補足原理：人類的互動作用中，報酬成爲潛意識或意識的社會動機，促進互動的程度。不論任何一種社團，各個人所表現的互動頻率(Frequency of interaction)之多寡，乃受現在獲得預期的報償所支配。爲什麼某人參加某政黨，且在政黨中的活動極爲踴躍？爲什麼一位工人參加公會？爲什麼許多婦女願意參加宗教社團的活動？這些參加者並不公開地揭露他們的參加動機和目的。雖然他們不明確地指出其用意，但已有了獲得報酬的預期，並且這報償是補足現時這些人所認知上的生理，心理和社會狀態的不均衡。各個人對這三項的需要的程度各有所異。所謂差異乃指不均衡的狀態或個人現有需要的狀態和預期目標的距離，這段距離的長短決定了互動的特性。下圖說明了這種關係。

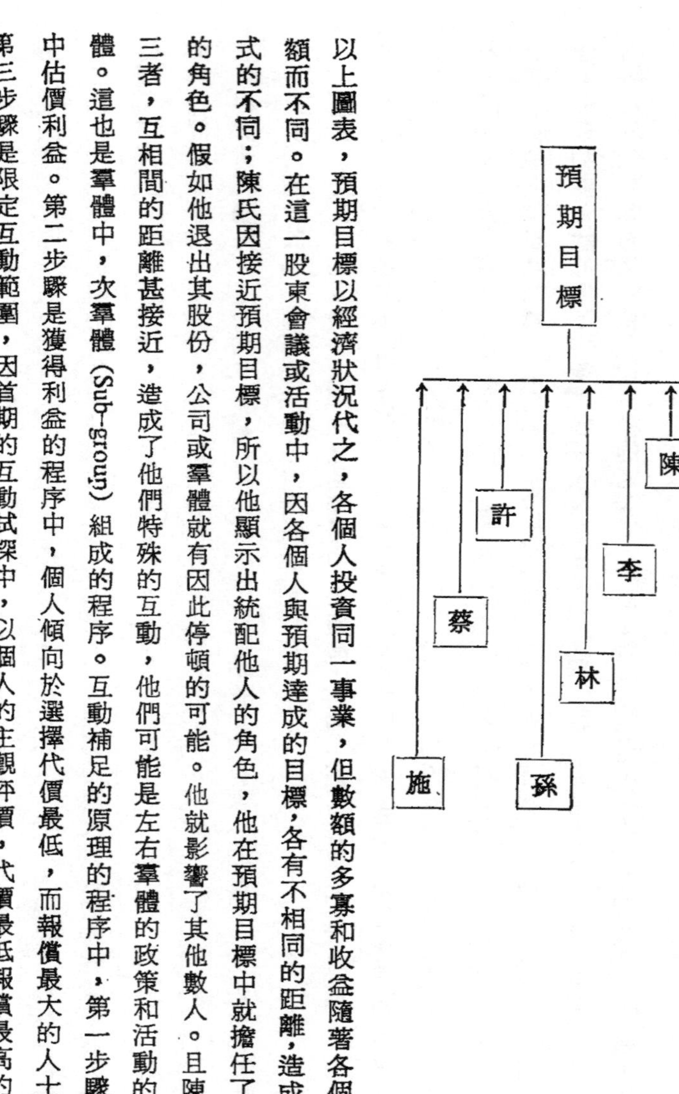

以上圖表，預期目標以經濟狀況代之，各個人投資同一事業，但數額的多寡和收益隨著各個人的投資額而不同。在這一股東會議或活動中，因各個人與預期達成的目標，各有不相同的距離，造成了互動形式的不同；陳氏因接近預期目標，所以他顯示出統配他人的角色，他在預期目標中就擔任了相當重要的角色。假如他退出其股份，公司或羣體就有因此停頓的可能。他就影響了其他數人。且陳、許、李三者，互相間的距離甚接近，造成了他們特殊的互動，他們可能是左右羣體的政策和活動的基要小羣體。這也是羣體中，次羣體（Sub-group）組成的程序。互動補足的原理的程序中，第一步驟是從互動中估價利益。第二步驟是獲得利益的程序中，個人傾向於選擇代價最低，而報償最大的人士去互動。第三步驟是限定互動範圍，因首期的互動試探中，以個人的主觀評價，代價最低報償最高的目標後，互動趨於限定的範圍中，這也是交互目標的選定。達到這步驟後，羣體的形式和互動的性質，就制度化了 (Institutionalized)。這是第四步驟。青年男女戀愛的程序進到家庭的組成，正與這四個步驟吻合。這也不過是最基本社團構成之一例而已。

從臨床心理上的觀點，自我觀念 (Self-concept) 決定活動的範圍和活動中應表現的形式。個人不斷地防禦自我觀念的鞏固和證實自我觀念的健全，而且排除威脅到自我觀念瓦解的因素。由他人獲得贊同或證實能使個人在非物質社會中 (Nonsocial environment)，使意見和態度增强。這也是自我觀念的增强。因爲自我觀念的形成不在個人單獨的活動，而在個人與他人的互動下，由格式和角色的成就命定了自我觀念的形體。各個人持有不同的格式和角色下，尋求互動的補足，避免自我的矛盾和自我的衝突後，始能支撐人格的完整。譬如一位低級職員，對他的總裁表現的彬彬有禮，做事順從，談吐有序，但他對同級的同事，不一定有這種態度了。他對總裁以下的高級職員或中級職員，表現各不同的儀貌，證明了這位低級職員對職務上所接觸的人士，有不同形態的互動。分析其原因，他與總裁或上司的關係，乃互動中補足職位的安全感；但他對同級職員的互動乃補足格式的競爭 (Status Competition)。因此，社會心理的因素，支配了個人的互動形式。

互動補足的程序亦隨著個人經驗到的代價(Cost) 及報償的關係而起落。若個人處於代價低報償高的互動情形下，互動補足率增高。相反地代價高報償低，能使互動補足率降下。不論升高或降下，都表現了相互吸引力的强弱關係。一個人可能爲了報償的提高想盡各種的互動方法，俾使格式的增高和角色的穩定；或與他的上司玩牌，假意弄技地輸給他，或通過私人的交情而建立關係，保持角色和提高格式。不論他玩牌的技巧高明，或不喜歡玩牌，但交際上只應付而已，這種動作有二種可能性；第一可能性是他眞正的喜歡玩牌，第二可能性是玩牌是代價，代價背後埋藏有被期待的報償。若在第二情形下自我不斷地評價代價和報償的比重，去決定互動的性質和互動的重量。第一種情形下，也不外於互動的補足。他可能藉着玩牌，尋求朋侶，擴大自我活動的範圍。中國人的送禮原型是屬於互動補足的原理。

參考書籍

Newcomb, T. M., R. H. Turner and P. E. Converse, Social psychology, New York: Holt, Rinehart and Winston, Inc., 1965

Secord, P. E. and C. Backman, Social psychology, New York: McGraw-Hill Book Co. 1964

第四篇　社會現象構成的程序

社會是動態和機能的社會；意思就是說社會不斷地向某一方向演變和進行。社會現象是人羣互動的產品。社會交互作用中產生了各種的社會現象，且社會現象也是社會心理學研究的對象之一。到目前爲止，沒有社會心理學者有系統地說明社會現象的原理和分析。著者深深地感受到將社會現象系統化，使之成爲一套有體系的學理，困難重重，因爲範圍之廣濶和內容之複雜，又加上時代和社會不斷地演變；這些原因使研究上的工作遭遇到困難。綜合今日社會心理學的材料，做個系統的說明是著者的本意。當然社會現象的範圍，雖不能整個地列舉說明，但可以從社會現象中，比較普遍的而常常發生的現象，加以分析。所以本段包括社會運動、言語和交通、社會輿論、社會謠言、集體行爲、領導人物等重要現象，但主要的還是提供原理和分析。

第十五章　社會運動 (Social movemeut)

社會這個名詞暗示了社會本質的動力因素。社會是動態的，因爲社會中的人不是靜止的物品，是活動的人羣。生命的延續包含了生活的各動力方向。自個人被生下來的頭一天，生存在一個有組織、有風俗習慣，有社團體系的社會中，這種體系塑造了個人的特性。但個人不只是社會的產品，他可以藉著天賦的能力和需要的驅力變更社會的方向，增添或消滅其文化的色彩。因爲個人生存於社會中，不能完全接受以往傳下來的文化，他可能選擇某一部份，而拒絕他部份。繼往開來的文化，不斷地在個人和社團的活動中，增强或削弱。個人和社團，只是順應文化的要求而生存，他們也可能挑戰和反抗現有的文化，或對現時的文化增添新意義，這等都能構成特殊的生活方式。個人和社團也是文化的携帶者，這種使命因爲態度、認知、動機等程度不同，自然地個人和社團吸收文化的數量就有了差異。首先我們必先關心社會運動的社會關聯(Social context)。個人生活在社會裏，有無數的刺激，不斷地傳達到個人認知的體系中。這些刺激在於個人認知的交互關係後產生了個人一套的規範。例如社會中的交談方式、建築樣態、穿着方式、思想方法、交易方式、工作性質、娛樂性質等都是個人在社會中尋求滿足的媒介，且在滿足獲得的程序中，社會的規範已經制定了滿足的方法。社會的刺激也帶來了個人的欲望、煩悶、挫折、偏見和態度。這些問題都是社會運動的關聯起因。

壹　社會運動的原理

一、社會運動的社會關連(Social context of the Social movement)

社會運動是社會中羣體或有組織、有目的、有方法的社會活動。這些活動針對着社會中難題適應的解決法。這些運動包括宗教運動、提高女權運動、種族的民權運動、家庭計劃運動等，不能全數枚舉。社會運動的起因是文化中的既有規範不能適用於時代的要求時，社會運動是解決規範衝突的方法。以家庭計劃爲例，中國人認爲百子千孫是一件可欣慕的美德，但由於人口壓力和人口爆炸的危機，造成傳統觀念和現實問題的衝突。又如百子千孫的傳統規範與現實的觀念發生衝突，由於實際上的關鍵，生育節制是必要的，因此家庭計劃的運動便開始了。本來文化的變遷是緩慢的，文化的規範從文化中的個人來說，他是不加思索地接受了。早時期生長中一些不經考慮而接受的社會規範，在易變的社會生活領域中受到威脅或構成矛盾。但這些規範已經內在化於個人人格架構中，使個人無法違背這些規範。倘若個人違背了這些規範，他的行動就被列入反社會行爲的項目中。

規範形成的程序中指出，個人受到社會刺激後，無意識地將刺激中的價值內在化於個人思想、判斷、記憶和習慣等的體系中。內在化的意思是說個人不加思索地接受社會既存的規範，併入人格的部份。假如一位母親帶她的小孩到鄉下去找親戚，旅途中看到一羣農夫在田間工作，小孩子就問到這羣農夫的事，母親亦不如思索地說，這羣農夫是沒有上過學校，不識字，所以他們必須在田間工作。這樣小孩子就獲得了對農夫的概念，農夫是在學校中不用功又不識字的人。規範在無意識中養成了。從無意識中養成社會規範是各社會中最普遍的事。另者，社會規範可能有一些知識和合理的基礎。所謂知識和合理只對個人認知程度而言，並非客體本身的合理性。美國南方的農家裏有黑人住在白人之家，若他們住在同一個家庭，他們必須是奴僕或女婢。白人的小孩子與黑人小孩在家裏一起玩，可是上學時在白人學校看不到一個黑人孩子，白人孩子可能會問他的母親，爲什麼我們學校都是白人，沒有一個黑人？母親就教他不要跟鄰居的黑人小孩子玩，叫黑人時不要稱呼他「某某先生」，叫他的名字就好了。並且教他知道黑人是愚笨的，是白人的佣人。白人的小孩子在家庭，在學校接受這種規範後，併入他們的人格，養成他們對黑人的態度，確定了他們對黑人的規範。歧視由此產生了。因此順從文化的規範和不加思索地接受文化的規範是每一社會中，社會化程序的共同現象。接受共同的規範，不只經由社團而已，在今日科學進步的世紀中，也是經由大衆傳播的工具，使個人吸收社會規範。個人的知識和思想在進步的社會中，漸漸失掉了過去形成的規範，其原因乃尋求不出合理的基礎去支撐已形成的規範。因此社會既成的規範便與個人的興趣、思想和態度發生衝突或矛盾。社會運動的原因乃藉着集體的行爲，從事於改革不合潮流的規範和觀念。

個人心理選擇性也是構成價值和規範的原因。持有同量經濟能力的人士或同水準的社會階層的人士中，不一定抱取同類的價值和規範。雖然社會環境是價值和規範的決定因素，但亦不可忽略個人的心理選擇性 (Psychological selectivity)。富人對一般的社會問題比較容易持有保守的態度，但不是每一位富翁都有同樣的社會態度。個人在社會化程序中，可能接受某一規範，拒絕他一規範。不論接受或拒絕，大部份都是出於無意識的心理選擇性。假如個人對某一規範表示拒絕，但他的心理並不企圖去拒絕他的文化。其原因乃是由於時代的演變，個人不接受不迎合時宜的規範而已。這一代的青年，對於我們傳統的文化，因爲受西方科學的打擊，無意識地摒棄傳統的文化，在這種情況下，意識到這件事的人們，便提倡文化復古運動，直接的目的乃抗議被摒棄文化的遺憾；間接的目的乃樹立這些文化的時代價值的新解釋。事實上，青年們摒棄傳統的文化並非故意輕視自己的文化，原因是這些傳統的遺產在他們的判斷體系中，並不產生時代中的價值和意義。可是這個原因並不是他們自造的結果，而是整個的社會中，教育、技術、職業的各種場域，傳統的文化已不能把握其關聯地位(Contextual position)的緣故。個人可能企圖修改既有的規範，擴充既有的規範，使它成爲新規範。新規範的養成和原有規範的保存，也是促使社會運動的起因。

二、社會運動的精神關連(Mental context of social movement)

以上我們已詳論社會運動的社會關連。再進一步，我們要討論社會運動的精神關連。文化的特色是用規範和價值代表其特殊的地方。這些規範和價值的傳承：如風俗、習慣、法律等，並不是絕對不可變換的。文化，規範或價值的傳承，已暗示了原有的價值和規範不斷地在改變或演進，使原有的價值和規範加添新的色彩和新的意義。規範和價值的演變，從心理環境而言，假如其演變是緩慢的，那麼這種演變可以支持心理的穩定和秩序。急速的演變，會使精神混亂，且構成集體的精神健康的異狀。個人每日的起居、行動、飲食、參與社交活動都是固定的活動形態，促使原型活動形態(Stereotype)做固定的活動，且從這種活動中，獲得心理或精神的穩定。社會運動的心理是個人的信念，意見或固定的活動原型受到新環境的挑戰和壓力。以後，個人產生負價值的心理狀態；那是個人的煩悶、恐懼、焦慮和挫折。當個人使用既有的社會規範和價值解決或解釋現有的社會難題時，若是發現這些規範和價值的不合適時，則個人的標準，既往的規範和標準構成矛盾的現象。個人在這種情況中，最容易於接受新領袖的提示，接受新論說，來支持他的新觀念，且容易地從事於社會運動的傾向。

態度是個人精神狀態的表現，態度的形成和演變，前幾段已詳細地討論過，態度也是表示個人的精神關連。個人處於社會環境的刺激中，構成某一特殊形態的心理反應。從這種觀點着想，態度不是偶然的產物，而是因果關係的產品。因此，個人的心理結構，也富有精神關連的特性。至少精神關連方面，我們可以提出幾項特性：第一、精神關連是判斷的標準；善惡，是非和高低的判斷，具有精神關連的特性。但是心理或精神關連的特性，是不可能與文化脫節而存在的。精神關連的體系，是個人在文化中，由因果關係的反應得來的。為什麼兩個不同的人，對同樣的社會客體的刺激，各有各自的意義和反應？如生育節制的問題，為何有人提倡，有人反對呢？原因是個人的心理結構，已在某種心理環境中養成了精神關連的固定體系。所以精神關連性是個人定瞄點（Anchorage），判斷的準則和解決現象的心理基礎。第二、精神關連是個人的參考架構；個人所表現的態度中，有保守的、自由的、冷淡的態度，這些態度使個人判斷社會問題，產生適應和交互中的不同程度。參考架構是個人衡量社會現象和參與社會活動的法典。如個人參加宗教的復興運動，他的參加絕不是盲從的行為，是因為參考架構中的心理程序和現時的社會潮流發生矛盾，這些矛盾可能是道德的腐化，人心的不安，或享樂主義的蔓延所致。

態度裏所包括的判斷準則和參考架構並不能絕對地保證它的正確性。有時候態度是不加思索地判斷且曲解社會現象。

貳　社會運動的產生

個人在社會中活動時，主觀地接受社會價值，併入自我的部份。自我採納了既有的社會價值後，就成爲個人動力的原因。外界的環境和內在的自我交互後，自我得到滋養，這是一般人所謂的經驗的增加。外界發生的現象對各個人來說，該現象各有不相同的含義。古時一般人認爲土地之乾燥是天神之怒，不降雨是懲罰的象徵，因此必須排列祭事，求神之同情和憐憫。但有些人卻有相反的作風，構築水壩，儲積雨水，以利乾燥時之灌溉。在某些文化中，個人碰到厄運，如死亡或失敗時，有些人用科學方法對付這些難題，有些人單純地接受厄運的降臨，以爲這是天命不可違的。這些現象的解釋，可歸咎於自然原因，社會原因或生理原因等。譬如政客對政黨的提名，認爲是一件有重大意義的事。汽車修理技術人員認爲車輛的故障率是一件重大的事。醫生認爲病人和化學藥品是一件有重大意義的事。因此個人在社會中不斷地尋求與個人有關的有意義事件。社會現象對個人來說，其重要性和意義的程度是不盡相同的。

人類不斷地尋求和解釋有意義的事。尋求和解釋不相同的原因是由於個人經驗結構的不相同。個人學習社會現象中的物質環境，心理環境對個人的意義，社會環境的反應，各不盡相同。從經驗裏，個人養成內在體系的結構，引導個人判斷社會現象的重要性和解釋社會現象的準則。當個人認爲有意義的事，如報紙上，國際大事的標題，和地方新聞的刋載，或社會福利行政的推行等，個人以他的精神關連爲基礎，判斷其重要性和意義。個人內在體系的結構影響個人對社會現象的意義和解釋的不同趨勢。假如一個人相信命運論，他定能接受現時遭遇的厄運。因爲人類的心理結構，傾向於發現每日所遭遇到的難題之意義。若個人不能獲得合適的解決時，則內在的緊張能導致行動的產生。

叁　社會關聯和精神關聯

當個人遭遇危急的情況，但他不能適當地解釋該情況時，又加上他的自我包容 (Ego-involvement) 的程度過深，這個時候，這個人最容易接受他人的提示。譬如一個人的事業，經營到無法周轉的地步，面臨破產的邊緣，這時候他最容易接受他人給他的解釋。當一位妻子與丈夫的感情面臨破裂的情況時，也最容易接受別人所提供的宗教和修道法。

提示的條件是在於個人欠乏適當的社會關聯和精神關聯，去解釋現今個人所遭遇到的現象和情況時發生的。這就是說個人不具有一組健全的判斷標準和參考架構時，他就陷入情況和現象的濃霧中，這個時候提示的接受性急增。基督教會宣教的成功，從科學據點而論，宣教者的方針乃是針對無意義，迷惑和不穩定情況中提示人生的希望。在危急情況中，若有一位領袖拔身而起，提示一些對將來的應許時，羣衆立即挺起反應，順從領袖的口號向改革的目標進行。從歷史上觀察之，社會運動都產生於社會危急和混亂的狀態中，此時社會運動的領袖能抓住羣衆不滿的原因，配合適當的口號，便掀起了社會運動。順從的羣衆雖然不甚瞭解領袖的心意，但是各人參與的目的是由於社會關連的混亂和精神關連的解體和期望的激昂。各個人的不滿足原因雖未盡相同，可是在領袖提供的口號和象徵，點燃了幻想的火把，社會運動因此擴大。譬如美國的革命口號：「無代表、無課稅」；法國革命的口號：「自由、平等、博愛」，蘇俄的革命口號：「和平，麵包和土地」。這些口號和象徵，必須符合於當時危的急情況和社會關連。從心理上的觀察，社會運動也是不滿足某事的轉移，而找出了一個似乎合理的理由。因此甘特流(Cantril)認爲政治運動，宗教運動和其他的社會運動都呈現了精神失調的現象。

社會運動也可能開始於個人意識不到的自我需要和他所尋求的參考架構。這就是說個人陷入混亂的狀態中，無法擺脫情況的混亂。當個人陷入於混亂的狀態時，心理上的不安全，欠乏自信，增加焦慮等，使個人的人格結構搖動。不安全和焦慮的反作用，剝奪了邏輯上的思考，很容地易接受他者的簡易提示，構成集體行動。

參考書籍

Cantril, H. The psychology of Social Movements, New York: John Miley & Sons, 1963

Lindzey, G. Handbook of Social Psychology, Vol. II, Chapter 23, 1962

第十六章　集體行動

集體行爲是一羣羣衆，爲了應付共同的社會現象，呈現强烈的情緒反應，並採取行動的社會行爲。這個定義裏包括三項重要的因素：第一、共同現象，此乃指社會中發生的現象，如經濟不景氣，失業的焦慮，政治作風之歪曲，和社會不公平的事實等，大部分的人共同經驗到的事實。第二、反應乃是指一羣個人對這共同現象具有動作的表現。第三、强烈的情緒乃指主觀的情緒因素的激昂。研究集體行爲的先驅者李夢（Le Bon）認爲集體行爲不只是個人集合之總和，亦是會集者表示一致的感情，一致的思想和方向，並且消失了自我意識後構成的羣衆動向。由上述的理論觀察之，集體行爲是異常的社會交互作用。社會心理學者將集體行爲的範圍包括了暴動、罷工、革命等。當然這不是個人的行爲，是成千成萬的個人，遭遇到某些難題，受了某種程度的威脅和危機時，刺激到這羣人的動機共鳴（Motivational resonance）的表現。刺激因素是社會原因，而反應刺激的程度是心理原因。

壹　集體行爲的心理因素

由上段的定義觀察集體行爲的涵義和表現時，可察知感情是一個重要的因素。因爲感情或情緒因素的濃厚，所以集體行爲往往表現出一種不尋常的狀態。如暴動、革命、罷工等集體行動，處處都有了心理激昂的表現和非邏輯的要求。其心理原因簡述如下：

第一、本能，壓抑和欲望的復生論。這個原理是運用弗洛伊德的侵略的本能和轉移的理論併合而得的。按弗氏的見解，個人行爲的支撐物是無意識和慾原 (Unconscious and Libido)。個人的心理體系中隱藏着壓抑下來的辛酸經驗和慾原的痛苦。本來這些壓抑機能始自社會不允許和不贊同或是個人的能力不足以應付需要的滿足，在時日的過程中，個人已不意識到壓抑的原因，且將這原因轉移到焦慮或不滿意的心理現象上。當集體行爲的領袖主張一個口號呼籲羣衆時，各個人隨即將他們在社會中所遭受到的挫折經驗轉移到某一目標，藉此目標洩憤，因此集體行爲的構成，並不能代表羣衆心的焦點；個人眞正的動機和集體行爲的核心問題似不能建立學理上的顯著性，但可以代表社會環境的不景氣。集體行爲的構成程序，以罷工爲例，說明如下：

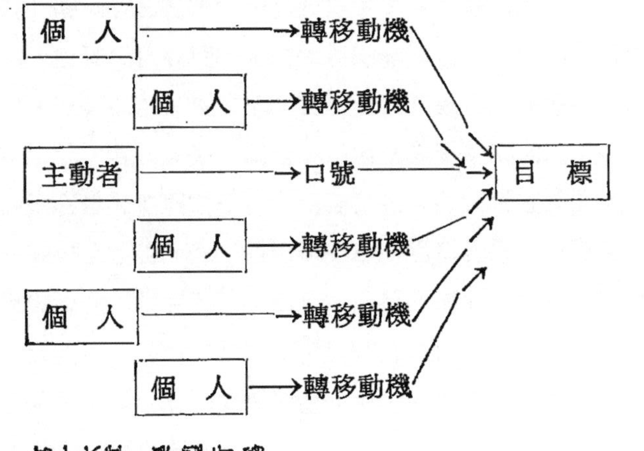

本來主動者有一套清晰的行動藍圖。各個人在社會情況下所處的位置各不相同。這些不相同的位置我們稱爲心理位置；有的對自動化的工作感覺到厭煩和不滿意，但爲了維持生活，不得不接受該項工作；有的曾遭受工頭或廠方的侮辱；有的因爲待遇之刻薄而無法糊口；有的個人得不到家庭中的安全感等許多複雜的問題。當主動者提出罷工的口號時，這羣個人將本來受挫折的動機和主動者的提示配合在一起，而在情緒激昂中非理性地將個人的難題轉移到罷工的行動上去，接受主動者提供的目標當做本身的目標，進行侵略、破壞，以此來發洩怨怒之氣。

第二、不安全和焦慮的轉移論。集體行爲的發生時間，都是社會中有危機，不景氣，容易經驗到挫折時。一個富有安全感的個人可能不會參加集體行爲，因爲他的心理結構中沒有不安全和焦慮的因素，所以不能產生由提示而來的情緒共鳴。在動盪不安的社會中，個人不斷地尋求安全，企圖摒棄不安全和焦慮的原因，但是這些原因對個人來說，往往是含糊不清的。當社會情況趨於複雜和變易時，不安全和焦慮當然增加，特別是都市化、工業化和現代化的各變易和進步中，非人格(Impersonal)的因素，日日增加。社會的變易和非人格的社會關係中很容易產生不安全和孤單的現象。個人和他人間之距離漸漸疏遠，個人和他人的關係容易陷入機械化的非人格關係時，會帶來不安全的經驗。倘若在這種情況中，有人應許安全的策略時，個人最容易接受提供者的提示。十一世紀的十字軍是最好的例證。大衆行爲的產生，從這論說的觀點，是社會解體的病態，影響到個人的心理安全，個人很容易地接受某人的呼籲，不加思索地構成社會中集體的行爲。

不安全和焦慮的心理反應，若不是逃避，便是侵略。倘若構成不安全和焦慮的目標明顯時，又個人的心思中有可能搗毀目標時，侵略的行爲就表面化了。若威脅到安全的目標含糊不淸或强於個人心思中無法破壞該目標時，逃避的現象是自然的結果。但這個原則只適合於個人爲單位時，但不能適合於集體的行爲。因此集體行爲的研究，不可針對個人的行爲，必須以社會或外界的環境爲主體，研究外界混亂的環境和個人內在之衝突。

第三、損失判斷標準和參考架構論。個人在社會中的行動，處處借用社團中既存或通用的價値結構去判斷社會現象。當社會的變易激烈時，判斷的標準和參考架構不敷適用的情形下，個人最容易接受他人的意見和他人的解釋。若集體行爲的領袖能夠把握這種混亂的狀態，提出適當的口號時，集體行爲的蔓延是非常快的。在這論說中，集體行爲必須有一位或數位的領袖，解釋混亂的原因，並且在混亂中，指示困擾到個人的目標，使個人接受後，提供一套似乎合理的解決方法，大衆行爲因此掀起。繼之，我們要討論個人在不安和混亂的情況中，怎樣地接受他人所提供的方案。

貳　提示和集體行爲

提示是集體行爲的開始。個人生存於不安和混亂的社會中，他的心理狀態不斷地尋求一個合適的方法來解決現實遭遇到的難題。提示在這種情況中的作用是滙集各個人的動機方向，走上一致的目標。布朗(Brown)劃分四種的行動羣衆：侵略羣衆(Aggressive mob)如暴動；逃避羣衆(Escape mob)，是一種有組織或無組織的羣衆，遭遇危險情況時產生恐怖的狀態；慾心羣衆(Acquisitive mob)，如聞金融價值貶值時，趕往銀行提款的行動，急速領回存款之一羣人或聞悉社會之危機而搶購食品儲藏者；表現羣衆(Expressive mob)，是感情上的表露，如宗教上的復興運動。前兩種羣衆且有侵略和逃避羣衆的特性，當他們交互作用時，都有了行爲的表現。慾心羣衆卻有特殊的動機和表現。表現羣衆是行爲配上感情的表現。社會心理學者不太注重羣衆的分類，而關心到羣衆互動的現象。倘若集體的交互對付威脅的目標時，羣衆可能採取侵略的行爲，若威脅的力量過强時，可能採取逃避行爲而獲得安全。不論侵略或逃避的羣衆，都有了他們的特殊目標，且向着這個目標進行。其他兩種的羣衆的行動，也受了目標所支配，再加上情緒的因素而已。所以集體行爲的共同形式是朝向目標的集體互動，他們活動的目的乃是求得個人或社會的安定規範。因此眞正的集體行爲的瞭解必須由自我的動機發掘。

社會學者和心理學家對集體行爲的研究，曾經用了不少的工夫搜集資料。這些研究的成果可歸納爲幾句簡單的話：達勵(Tard)的模仿論，李蒙(Le Bon)的提示論，馬克杜嘉(Mc Dougall)的原始同情論(Primitive sympathy)，巴克(Park)的關係論(Rapport)。不論那一個論說都承認集體行動的前提，必經提示才能發足。最近布呂馬(Blumer)主張集體與奮和感染，也符合於本能衝動的原則。

集體交互的條件必須從社會心理的原則去探究。因爲人類社會關係的互動原則，已經被社會既定的規則所統配，再加上個人的期待的色彩。在穩定的社會中，個人依照社會分工的安排進行個人的角色和格式的關係時，不太容易發生集體行爲。集體行爲不是每日發生的；集體行爲是異常的行爲，只有在異常的社會環境中才能發生的可能。因此集體行爲從外表觀察，似乎是偶然發生的，其實它的產生並非偶然的，是先有了它的背景原因和條件的催促下，經過有計劃的提示而擴展它。集體行爲發生的時間和地點都是社會不穩定時，不安全時，大部份的羣衆同樣地經驗到剝奪的威脅時，或社會規範的改變而構成混亂狀態時。但共同的動機，共同的挫折經驗，社會的難題，亦不足以產生集體行爲的傾向。因爲在這些問題的背後，有社會組織，傳統規範，法律禁止等阻止集體行爲的發生。因此集體行爲的步驟必先弱化既存的規範，意見交互的混亂和提示的號召。

集體行爲的特徵。在世界的每一個角落，都曾經發生過一些集體行爲。根據社會心理學者從實際情況的觀察，集體行爲有情緒統配的特徵。理性的判斷也受到了個人或羣衆的心理選擇性的偏見所支配，處處可以看出認知上極端的現象。情緒互相感染的程度亦非常强烈。第二個特徵是情感傳達的速度是異常的迅速，且他者的影響也非常快。任何提議或報導，都不加思索地接受而認爲其眞實，且可立刻見其反應的行動。第三個特徵是容易產生越軌的行爲或破壞的行爲。羣衆聚集雖未必有暴行，但人羣的個人數目愈增加，理性的思考愈減少，情緒的衝動愈激昂。在這種情況下已暗示了暴行的前奏。

中外的歷史詳載一連串的集體行爲，如義和團運動、法國大革命、黃花岡起義、美國革命、黑人的民權運動等不勝枚舉。從這些集體行爲可窺視到當時的社會概況：社會權利或義務分配的不均衡，促使不平衡的吼聲，使羣衆意識到精神負擔過激時，不安全和焦慮普及羣衆時，都能激發集體行爲。

上面的理論和事實，揭開了集體行為的利弊。就長處來說，布倫馬主張集體行為的後果，準備了社會改革的風氣，新的社會潮流，社會思想，人權至上，改革不合時宜的社會組織，提高價值觀和規範，找出時代中的毛病等，力求社會的進步。另一方面集體行為能破壞現實的社會秩序，毆人毀物，殺人放火，貽害地區的建設，阻止交通，至無法收拾的肇禍。

參考書籍

Brown, R. W. Mass phenomena In G. Lindzey ed. Handbook of social psychology, Cambridge: Addison-Wesley, 1954. Vol. II.

Blumer, H. Collective Behavior. In A. M. Lee (ed.) The new outline of the principles of sociology, New York: Barnes and Noble, 1946

Maccoby, E. E., T. M. Newcomb and E. L. Hartley, Reading in Social Psychology, third edition, Holt, Rinehart and Winston, Inc. 1958

第十七章　言語和傳達 (Language and Communication)

言語是人類互相傳達的主要工具。整個的社會活動，社會關係，社會化程序等都要用言語來表達意義和象徵。言語是互相間互動的符號，並且這符號代表了觀念，意義和感情。人類若無言語，就不能有眞正的文化，也不能傳達文化。言語不只是傳達的工具；傳達知識，感情和意義，同時也能控制他人的行動。言語的特徵是社會性，藉此溝通或交換思想和感情。

壹　言語的發展

言語的使用是人類潛在天性的啓發。言語是社會交互中的產品，也是社會現象之一。一位正常的嬰兒雖不能說話，但是他有學習說話的天賦。這種天賦的完成，配合腦神經系統的成熟和外界的刺激而得來的，我們仔細的研究兒童的言語發展和社會化的程序。

第一、聲音是感情表露和需要傳達論。當我們仔細地觀察嬰兒的聲音，不外於兩種的基本原因：第一種是感情的反應而發聲的。如母親的態度、表現、餵乳等，都能刺激到嬰兒的反應，嬰兒不但用聲音反應母親的情感，同時也用手足的動作反應。雖然嬰兒不能全般地解釋父母的言語內容，但他可以瞭解言語中的感情概要。當嬰兒發出啞啞的聲音時，母親就在這種機會和他談話，表示母愛的反應。從這種母子間的交互後，嬰兒就漸漸瞭解言語是雙方傳達的程序。第二種是需要的傳達。當嬰兒感受不舒服和飢餓時，因爲生理的需要構成內在的緊張狀態，他不能明確地表現需要，所以他就用一些聲音，不論是哭聲和叫聲，表明他內在的需要。當他哭的時候，立卽獲得母親的反應，以後就連繫了聲音和需要傳達的關係。嬰兒就養成了聲音和行動的意義。

第二、聲音的社會和自我中心論。兒童心理學者皮阿責（Piaget）曾觀察嬰兒學習言語的程序，他主張，言語的社會形式方面是由刺激和反應的重複而養成的。嬰兒不斷的學習用聲音影響對象，與對象建立社會關係。自我中心的形式之意義是孩子不論對誰講話，不管他人聽或不聽，只一味地表示自己的意見和需要。因爲自我中心的言語表現是受生理需要所統配。

獲得言語後就形成概念。概念是人類傳達意義、感情、意志等的象徵工具。概念是社會的和共同的交通橋樑。它本身代表實體或意義的象徵。

貳　言語的功能

言語的學習程序是一般人所周知的知識。心理學者曾搜集觀察的資料做統計上的研究後指出，嬰兒到十二個月時只能使用十九個字彙，二十一個月時可以使用二十二個字彙，三十三個月後字彙的使用忽增加到二百七十二個字彙。就上面的觀察，兒童心理學者就簡單的劃定了嬰兒對言語發展的輪廓，十八個月至三十六個月間，叫做命名時期（The naming stage）。這段時間，小孩對言語的功能的瞭解急增。並且在這時期小孩子瞭解各種東西都有它的名號。他也可以用這些名去表現他的動機和需要。這段時間也是嬰兒明顯地開始學習社會傳達的時期。

言語的功能是傳達物體的意義和內容。當小孩子瞭解並能夠叫「汽車」時，「汽車」這一句可能代表車輛，移動體或可以坐的東西。但言語所說的「汽車」不夠是實體的象徵而已，並非汽車本身。象徵和物體之間是代表關係而已，並不須要有任何關係。當小孩子瞭解「媽媽」時，他知道媽媽是供給他需要的人，與她有情感的交流。以後小孩子就用言語控制他人或他物。且用言語表示他的需要和動機。伴着言語的發展，小孩子的認知亦發展了。他所使用的字彙，與他的經驗有直接的關係。嗣後又藉着這些現用的字彙，反應他的慾望和情感。早時期使用的字彙，都帶有濃厚的動機意義。

叁　言語的傳達

第一、傳達的公式：

整個社會中的價值、規範、社會化等，個人接受的前提是經由他者的傳達而獲得的。傳達的心理因素方面，如情緒、感情、挫折、衝突、學習、社會動機、心理病態等，都是他者對個人傳達的後果。心理學上刺激和反應的原理是刺激體產生動作或意義後，傳遞到感受者的認知結構中，刺激體和感受體之間，立卽建立傳達的形式。所謂整個的社會作用是交互作用，這一句話暗示了其交互前提，是脫不了言語和行動的傳達或溝通。集體行爲中的革命、暴動和社會運動中的感情的激動都是個人與他者的言語交往後的行動共鳴。甚至今日進步的社會中，一個發生在千萬哩外的消息，立刻經新聞報導、電視、傳眞等的工具，把發生的事故傳到世界每一個角落。最小單位的家庭，夫妻感情的不和睦和衝突，其原因是由於傳達的阻塞或傳達內容的含糊。傳達的基本模型，謝論、韋把(Shannon—Weaver)曾提供傳達的型式：

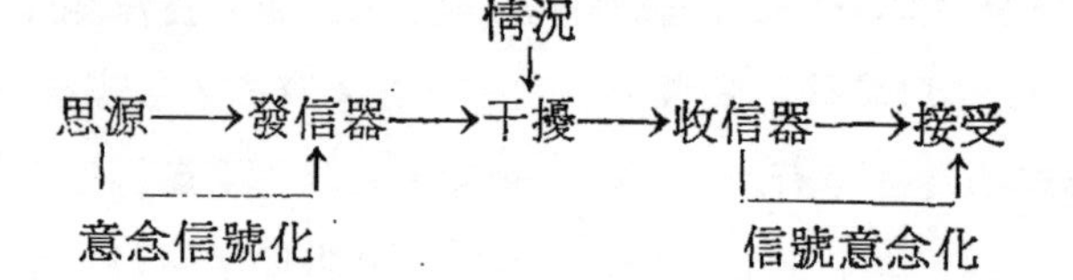

傳達的基本動態是從一個思源到接受的過程。接受者因傳達的歷程中，有情況的干擾，再加上接受者的心理選擇性，使思源的內容和接受的程度不能構成相等量。干擾和心理選擇性，是恒等公式的係數，若這兩個係數等於零時，接受者的接受材料和思源的企圖相等。但這個地方還有一個問題，思源經發信器來傳達其信息，思源本身是否清晰？同時信息表達的清晰程度也是思源的係數。著者將傳達的公式表示如下：

清晰係數(思源×發信器)＝干擾係數・心理選擇係數(收信器×接受)

以一對夫妻發生感情的糾紛爲例，兩者感情或意義的傳達，在三個係數都可能成了問題，或其中一個係數有問題時，互相的交通便陷入僵局。我們假定妻子向丈夫要錢買一件時髦的衣裳，因爲感情不佳的因素，使她意願購買衣裳的企圖，用粗糙的言語傳達。感情的不佳已經成爲思源和發信器的影響係數，使本來購衣的企圖不明顯，且使對方不甚瞭解購衣的用意。從丈夫方面講，我們假設兩個情況；妻子有外遇的情況和無外遇的情況。在這一項傳達中，當妻子有外遇時，干擾的係數增加；丈夫可能在他心中暗地想，我爲妳買新衣服讓妳去幽會妳的情人。其他一個係數是丈夫的心理選擇性，就是他按以前與妻子溝通的經驗，接受對方的傳達。社會的現象中，凡有言語交互的地方，這一個公式可以說明傳達的眞義。

第二、傳達的難題：

根據這個公式，言語的溝通有三個基本的問題：第一個應考慮的問題是象徵或符號是否正確地傳遞。社會交互中有許多問題使傳達者無法清晰地表明他的心思。比喻戀愛的本能是性衝動的動機，不論是男或女，不能向對方清楚地表示，「我追求你的目的是要獲得性的滿足」。言語的傳達首先碰到的難題是發信者的清晰係數的問題。倘若有了含糊的係數時，傳達出來的信息是曖昧的。第二個問題是傳達出來的信息，受情況的干擾到何程度。譬如日間談鬼故事和夜間談鬼故事，雖然傳達同樣的資料，因爲情況的不同，產生不同的反應。這就是說所傳遞出去的象徵：到何程度不受情況的干擾，把所要表達的眞義傳到對方。當我們聽到政府要加重房捐稅率時，同樣的一個消息，在一羣人所接受的意義完全不同。一些租房生活的人，認爲這是合該的。一羣公教人員可能認爲課稅率的增加，可以增加他們的待遇。一羣商人可能很不滿地主張增稅的不合理。第三個問題是信息意念他的問題。這是個人心理選擇性的問題，倘若發信者和情況都沒有干擾，淸楚地表示了一個信息，接受者對這個信息，依他的心理狀態仍要打折扣的。這樣一來，接受者也因為自己心理選擇性的係數所影響，整個的信息意念化的程序就偏差了。

第三、傳達的交互程序和分析：

傳達的形式在事實上不如前段所說的那麼簡單。傳達是交互的。貝爾斯 (Bales) 由小羣體傳達和交互言語中觀察後，做一個分類的體系，判斷羣體交互的情況。其分類交互略述如下：

表示團結、提高發言者格式、表示幫助、贊揚意見	
解除緊張、笑容滿足	
同意、接受、瞭解	
提供方法	
提供意見、批評和分析意見、表示意欲和感情	
提供問題、消息重複問題、澄清問題	
澄清問題、詢問消息、重複問題	
詢問意見、批評分析意見、表示感情	
詢問方法	
不同意、消極拒絕、交互和傳達的正式化	
露現緊張、退却交互	
表示反對、侮辱發言者格式、肯定自己	

1 2 3 4 5 6

貝氏分類為六種難題：(1)方向(Orientation)，(2)評價 Evaluation，(3)控制 Control)，(4)決定(Decision，

(5)處理緊張(Tension-management)，(6)協調(Integration)。處理一個難題或一個建議，必先要有他者對這難題的發問，以後就漸漸地由(1)演進到(6)的諸程序。從這個分類可以瞭解傳達和交互是相當複雜的。

傳達程序中複雜的因素甚多；個人和他人間的社會距離和互相傳達之間人數多寡的問題，以及格式高低等社會背景的因素影響了傳達和互動的程序。個人在羣體中發起問題，接受意見，拒絕提議的程序中，高格式者的發起問題率高於其他低格式的個人，但他在羣體交互中，往往不是羣體成員所喜愛的人物。

第四、傳達結構的原理：

「傳達」在社會心理學場域中，似仍未建立學理的原則，但傳達的方法和細則已有無數的研究論文指出最有效的傳達方法。傳達方面的研究似接近於交換原理(Exchange theory)的研究。當個人與他人交互傳達時，若個人發覺到這個交通的後果和報償有關係時，傳達的頻率急增，且傳達的內容也反應了對報償的知覺。在報償的條件下，兩者或一羣人交互傳達，澄淸傳達中的信息和意見，又自願地交換意見和提議。有時候順從羣體的規範也能成爲報償；在這種情形下，個人發見他者的意見，若個人的意見與他人相差甚遠時，很容易修改他本身的意見。有時候社會和情緒的需要也是傳達中的報償，有些個人藉著傳達去增加自我的身價，特別是低格式者與高格式者交通時，在第三者的觀察中，或低格式者自身的判斷中，自我意識的增加(Self-enhancement)是傳達中的報償。

另外羣體結構編制的原理也影響傳達的結構。一般來說，羣體的心理性質是由羣體的組織和編制而來的。羣體中有正式的(Formal)和非正式的(Informal)形態。這兩種形態影響了交互傳達的內容；在正式羣體中，成員間的垂直交通(Vertical communication)比較有保留的態度，因爲交通者自身帶有格式的差異。這種說法似與報償原理中的最後一項有矛盾，其實低格式者與高格式者的交互傳達中會不會帶來報償，是低格式者自身的意識問題，在兩者之間並沒有條文上的規定。在保留的狀態中，雖傳達的心理受了限制，但接受者的信號意念化的程序大量地增加。在非正式交互傳達中交互傳達的頻率顯著地增加，但接受者的信號意念化程序中，被心理選擇性的影響相當大。

第五、傳達型體：

傳達本身具有機能活動的特性。不論公務上，私生活上，娛樂上的傳達，都具有工作機能的性質。所謂工作機能並非一人的工作而是雙方或多方的交互工作。這些工作交互中必須由工作者事先之交往關係而定。如一個委員會編定預算或商討業務方策時，委員們就開始溝通意見。交互傳達的成敗必須視其信息流通的程度。有時候傳達的方式阻塞信息(Information)的流動。譬如一位總經理召集他的部屬商討公司運營的優劣點時，因爲總經理和業務員間的社會距離太遠之故，信息的流通停滯。因此交互傳達的型體，影響到羣體程序(Group process)。首先討論傳達的幾個型體及這幾個型體在傳達間之費時量。

第一型體，直線型體。所謂直線型體乃指交互傳達的成員處於一條線上的各點，信息的傳達乃經由接近者傳達的。其詳細的圖示如下：

Ⓐ——Ⓑ——Ⓒ——Ⓓ——Ⓔ

這種交互的傳達頗費時間，且在傳達程序中，錯誤信息的產生率甚高。當我們用數學方式來計算，各個人間之距離以一代表，這五個人的傳達費時量是可觀的。其公式爲：

$\Sigma dx, y$=傳達費時　　　（d 是各個人間距離，x, y 指兩人間距離）

A→B=1	B→A=1	C→A=2	D→A=3	E→A=4
A→C=2	B→C=1	C→B=1	D→B=2	E→B=3
A→D=3	B→D=2	C→D=1	D→C=1	E→C=2
A→E=4	B→E=3	C→E=2	D→E=1	E→D=1
A 到各個人=10	B 到各個人=7	C 到各個人=6	D 到各個人=7	E 到各個人=10

上面的計算指出 $\Sigma dx, y=40$. 四十乃指傳達費時量。

第二型體，圓型體。圓型體乃指各個人的交互傳達是循環式。

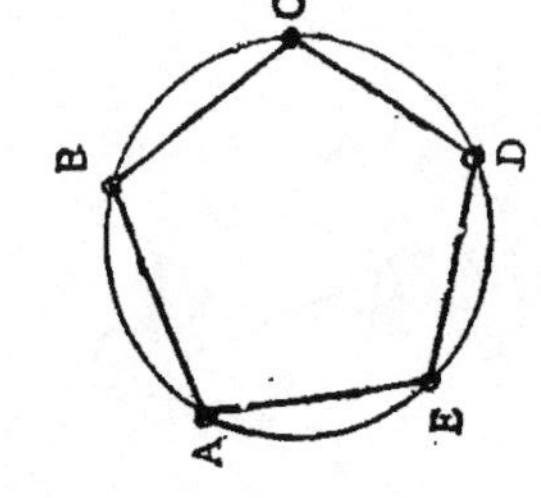

其型式列舉如下：

A 到各個人費時量=6　　D 到各個人費時量=6

B 到各個人費時量=6　　E到各個人費時量=6

C 到各個人費時量=6　　$\Sigma dx, y=30$

第三型體，專制型體。此型體的交互傳達式是一人在上，其餘在下。其型體如下：

A 到各個人費時量＝4　　D 到各個人費時量＝7

B 到各個人費時量＝7　　E 到各個人費時量＝7

C 到各個人費時量＝7　　$\Sigma dx,\ y=32$

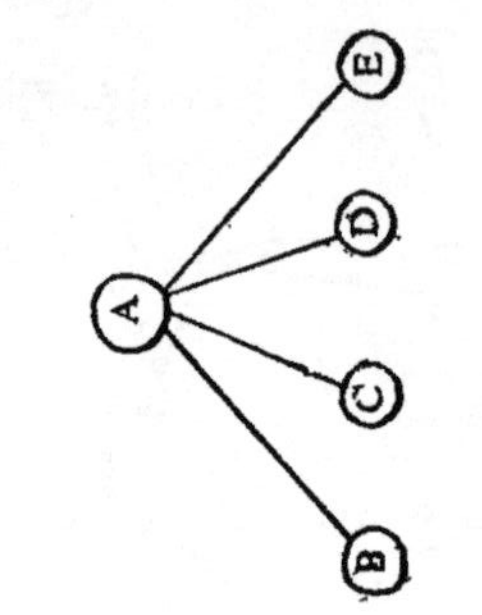

第四型體，事業型體。其型體之圖示如下：

A 到各個人費時量＝7　　D 到各個人費時量＝7

B 到各個人費時量＝4　　E 到各個人費時量＝7

C 到各個人費時量＝7　　$\Sigma dx,\ y=32$

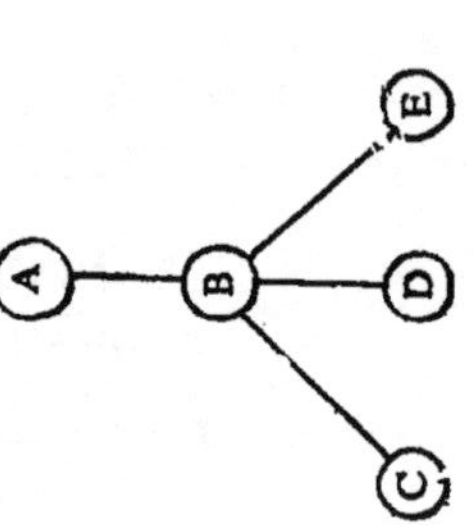

由上面四個型體的交互傳達中，第二型體的費時量最少。

再者，我們看這五個人中的價值表現：

價值表現 Expression of value$=\dfrac{\Sigma dxy}{\Sigma d\mathrm{AB}}$

直線型的　A＝4.0,　B＝5.7,　C＝6.7,　D＝5.7,　E＝4.0,

圓 型 的　A＝5.0,　B＝5.0　C＝5.0,　D＝5.0,　E＝5.0,

專制型的　A＝8,　B＝4.6,　C＝4.6,　D＝4.6,　E＝4.6,

事業型的　A＝4.6,　B＝8,　C＝4.6,　D＝4.6,　E＝4.6,

各人的交互傳值的數值，因型式的關係有了差別。數值最高者，在該羣體交互傳達中佔有領袖的地位。交互傳達的錯誤，根據實驗的結果，與數值的高低成正比例。因此傳達的型式必須減少交互間的費時量，這就是各個人交互成爲直接時，傳達趨於正確。

參考書籍

Bales, R. F. A set of categories for the analysis of small group interaction American social Rev., 1950, 15, 146–159

Cortwright, D. and A. Zander (ed.) Group Dynamics: Research and Theory, New York: Harper and Raw Pub. 1960

第十八章　領導人物

領袖人物是構成社會現象中的社會運動和集體行爲的主要因素；不論暴動、社團活動、社會運動、集體行爲、政治活動、經濟活動等，領袖的影響力和活動的後果都有莫大的關係。領袖在羣體中與羣體執行工作的關係，有相等的力量：換言之，領袖支配羣體，鼓勵羣體，使羣體完成其目標。羣體的風紀和工作的有效性，直接地和間接地牽連到領袖的作風。領袖與羣體的功能不能分開而論。早時期研究領導人物的先鋒蓼因(Lewin)和李畢特(Lippitt)揭露了領導者的重要性，他們研究同性質的數個羣體受到不同的指導者的影響，結果這些羣體的內在氣氛和工作成就完全不同。繼之，克干和卡茲(Kahn and Katz)研究領導者時，將領導者和羣體的關係下了幾個結論：第一個結論是，優良的領導者在羣體中能扮演幾個不相同的角色，使羣體完成功能的比率大於劣等的領導者。劣等的領導者多費時間於個人的計劃和思維。第二個結論是，優良領導者比劣等領導者多趨於佈署權力分層的活動方式，換言之，優良的領導者，時時爲羣體成員尋找工作的機會。第三個結論是，優良指導者對部屬的監督比率少於劣等領導者。第四個結論是，優良領導者所領導的羣體結合力(Cohesiveness)大於劣等領導者。萊卡特(Likert)的研究指出有效力的領導者能造成羣體的團結和合作的風氣，且使羣體成爲一個工作隊(A working team)。這原因乃是指有效力領導者能使每一位社員參與難題討論和決定，且使用羣體指導(Group leadership)的方式與羣體建立關係。從早時期這一羣研究領導人物的學者，就注重到兩方面的事實一領導者與羣體功能的關係。現今研究領導 (Leadership) 的學者，對領導的定義，大概有兩種看法：第一種乃指領導爲羣體的功能。第二種乃指領導爲個人的技能，且包括有個人特殊的性格。這與最早期的研究相似。早時期注重領導者本身的特性，如身體，智力，和人格特性等項目。事實上，今日的社會心理學者，乃注重領導是羣體的功能。雖然如此，亦不可忽視領導人物的個人特性。因爲今日的心理學者仍查出優良的領導者，其人格測驗所得的分數，高於劣等領導者。

壹　領導和羣體的功能

傳統上，研究領導的方法，注重個人的特性部份，這種方法，在現代社會心理學的眼光中，仍然不够深刻。爲此，有一部份新進的社會心理學者，轉移他們的興趣到羣體方面。他們特別注意到羣體的特性和情況(或處境)。當他們定了這個假設 (Hypothesis) 後，在研究假設的正確性時，發見一個新穎的觀念，這個觀念很清楚地指出領導是羣體的一種性質，並非個人執行權力的後果。領導的涵義包含了羣體會員的行動，創立羣體活動的目標，向目標推動，改進社會間之互動，建立羣體成員間的結合力，尋求羣體所需要的信息等。因此，在原則上，上列的活動可由一人或一羣人設法。可是在現代社會中，人權的意識日日增高的情形下，個人專權的方法，似不迎合民主的精神，並且埋沒了個人潛在的能力，因此社會心理學者做了一個大膽的假設，就是讓羣體中成員的潛在能力充分地運用和發揮以後，定能產生比較大的羣體動能。實驗的結果，也肯定了羣體確實有這種功能。

貳　領導者的功能

羣體的功能若充分的利用和發揮以後，即能成爲領導上的最好功能。領導羣體目標的成就(Achievement of group goal)若能平衡領導者與其成員的能力時，兩者對於目標的活動是一致的。不論由一人或一羣人領導，都須要將領導和羣體成就對照而論。克雷志和克拉輝(Krech and Krutchfield)列出領導者的功能列爲：執行、計劃、訂政策、熟練、對外的代表，控制內部的關係，懲罰和報償，模範者，羣體的象徵，個人責任的代理者，理想者，父型作風等。但這些觀念仍不能包含領導者的全部功能。從上面提出的項目，我們可歸納爲二項對領導者的新知識：第一是，每一社員若能推動羣體的功能，成就羣體的目標，都有可能成爲領導者。第二種觀念是羣體既定的功能和目標，可由許多不同的協調行爲來完成。

羣體功能的特性是依照羣體的目的而活動；這目的包含成就目標的活動和維持或加强羣體本身的結構，使它成爲向目標活動的機體。目標的成就不在一個人的力量範圍內可以獲得的。一位明智的領導者，他可以善用和發揮羣體成員的力量，開拓羣體的目標。若要達到目標的境地時，領導者必須激發全體成員成爲工作羣體和行動羣體，使社員將注意或關心常常移到目標之上。爲要達到這個目的，領導者必須常常澄淸目標的核心，發展一套獲得目標的程序的藍圖，評價羣體行動後的成就，以及供給與目標有關的信息。至於維持或加强羣體本身的內容，領導者必須關心到保持社員間情緒上的愉快關係，提供資料，鼓勵團結，且顧及全體的動態以及少數孤離份子的心理內容，激發社員有自我發足的工作精神，和增强社員間的互依性。倘若羣體的目標成就和維持羣體自身的兩種意識佔據了社員的心理狀態時，羣體的功能是顯著的。在這兩種羣體功能和羣體目標的原則下，貝爾和施拉達（Bales and Slater）主張羣體功能和羣體目標的表現是互相有關連的，兩者的完成須有領導人去維持社會情緒的和協。以家庭爲例，父親是工作完成者，母親爲社會和情緒需要的供應者。領導機能的預備和心理因素的供給是領導者必須的性格。這兩種性格也是羣體功能實現的重要原則。

叁　領導者和權力

論及領導者時，自然會牽涉到權力的問題。領導者是權力的保持者和執行者。在許多民主國家裏，很不耐煩聽到個人持有特別的權力。在許多社團中，儘量地分配權力於成員身上。不論如何，權力和指導彷彿是一銅幣的兩面。假如要完成羣體功能，必須靠着領導者的權力去推動羣體的活動。而羣體功能的完成也必藉著成員在羣體中的協調，遵守規範，促進動機的完成等許多重要的因素。這許多方面之羣體活動的機能因素須要權力去維持。假如領導者只顧及到權力的行使，忽疏了社會和情緒因素的供給時，成員就意識了權力的壓力，開始逃避權力或反抗權力。所以明智的領導者能適當地配合權力和社會情緒的比例，使權力在社會和情緒的兩個因素中行使。

權力的種類，可分爲如前述五種。第一種是報償權力；這種權力來自權力的對象，並非權力者自身持有的權力。比喻甲認爲他與乙之來往能帶來益處時，乙就產生了權力。第二種權力的類型是強迫權力；就是恐懼不服從後的刑罰。第三種權力是熟練權力；就是權力者本身持有某種特殊的能力或智識的來源，被他者承認這種能力或知識時，就產生權力。第四類型是合法權力；此乃指衆人公認的權力，如選擧中的縣市長等之人民代表。第五種是參照權力；此權力乃指一羣人特別喜好，尊敬，摹擬，或認同某一位有權威的人士後，這位有權力人士就獲得了參考權力。由以上五種權力的類型供行使權力者具有正確的認識他所持有的權力來源，和繼續維持領導權的穩定。這樣才能充分地發揮他的權力。權力的行使假如不能獲得合理的基礎及他者的支持時，行使出來的權力，在其影響的範圍內，就變成爲挑戰或妄動。一位明智的領導者必須顧及到他的權力的基礎，且與權力基礎的人羣建立社會和情緒上的關係，始能保持權力的基礎，且行使出來的權力在該社團中才不致被誤會爲濫用權力。比方一位天主教的神父，他在所管理的教區中，受到教友特別的尊敬，但不一定在該教區內受到任何人的尊敬；該區域中的佛教徒可能會反對他，因爲這位神父的權力與佛教徒之間，缺乏上述五種權力類型的關係。不但如此，他們可能會挑戰他，因爲神父可能向這羣人的本地宗教挑戰。可是該區域內的天主教徒對這位神父是尊敬的，因爲他具備有某種能力和信息，修養和人格，安慰和幫助，所以這位神父從教友的判斷中，他具有熟練的宗教知識和精神鼓勵的能力，他們之間建立了熟練權力的關係。假如這位神父管理的教區中，從事分配救濟物資給一些貧民，他們雖不是天主教徒，但可由天主教神父受惠，他們之間就建立了強迫權力的類型。 假如這位神父具有高深的哲學修養，或拉丁文的閱讀能力時，有一位大學生企圖學習西洋古典文學或哲學，需要他的幫助，他們之間便建立了報償權力的關係。他們共同學習了一段時間後，這位神父請他參加彌撒。這位大學生基於學習上有利的關係，不管他對天主教有否興趣，他參加了天主教的宗教活動。他們兩方之間的權力類型是强迫權力的型態。因此權力的類型建立以後，可能由某一種類型。演變到他種類型演變的原因基於目標的獲得和需要的滿足來的。

肆　成員的機能分配──群體領導

權力，一方面是一個人或一羣人把持的特性，另一方面是權力基礎的問題。所謂權力基礎乃指支持權力者的羣衆而言。現在社會心理學者的領導觀念漸漸由個人權力轉移到羣體權力的問題上。領導的觀念已經不甚適合於個人把握或操縱大權的觀念。在下一段裏，我們要討論羣體領導的動力。

羣體領導的基礎原則有兩個先要的條件。第一個條件是羣體功能 (group function) 的必要性。第二條件是羣體意識到他本身有充足的能力去應付或執行問題。假如我們邀請一羣大學生助選某一位政界的候選人時，這羣政治學系的大學生可能不會接受這個提議。不接受的原因是缺乏了羣體領導的基礎原則中的第二條件。這羣學生雖然具有豐富的政治學知識和實行的理論，但缺乏了他們與選民之間的社會關係或權力關係。假如這羣學生接受這個意見時，宣傳和拉票的工作可能陷入僵局。羣體領導的原則，乃基於羣體的需要。社會心理學者反對個人領導的原因之一，乃個人的領導往往會疏忽羣體中的成員需要。當羣體成爲領導單位時，羣體需要和羣體間的距離比羣體需要和個人領導者間之距離爲短，所以羣體領導的力量遠比個人的領導爲强。當羣體負有領導權，而企圖達到目標時，又加上目標的重要性時，成員的活躍性增强。根據伯比東（Pepitone）的研究指出，羣體接受被指定的工作的推行力和合作力之强度，與羣體對該項工作的重要性之認識程度成正比例。換言之，羣體自認從事於重要的工作時，推行力和合作力增强。這個原因可以從心理學上的原理得到解答。當個人或羣體接受重要的工作時，自我意識的心理特性增强，個人的身價亦提高，因此增加工作效率的預備性和潛能。同樣地，從這個原理推測個人領導時，個人的領導往往會疏忽各個社員之自我意識中的價值，社員自然會意識到被拒絕或不被重視的感覺。因此，個人領導下的羣體的工作效率和能力運用，較遜於羣體的領導。

從動機方面觀察之，若個人使用權力的動機符合於羣體的動機時，個人領導者履行任務的能力，等於羣體的能力。事實上，社團中的活動，羣體動機和個人領導者的動機並不能完全相符合。兩者之間的差異往往是顯著的。這就是說個人領導者在羣體中領導的基礎開始動搖，他是否值得做成員的摹擬者，及熟練的信息和技術提供者，以及個人所須有的權力等是否列於合法系統中的諸問題便開始被懷疑。因限於個人能力的有限，個人的領導往往不能達到羣體寄望的標準。因此，消滅了羣體成員的動機，毀壞羣體的工作熱情，風紀和創造性。羣體間的衝突因之爆發，領導者和成員間的敵對態度因此產生。

羣體領導的用意並不是摒棄羣體中個人領導。羣體領導的意義仍不可疏忽個人的領導。事實上，羣體領導和個人領導不同的地方，羣體領導仍須個人的領導，但個人領導只限於執行羣體的決定和協調羣體成員間的社會和心理關係。所以羣體領導中的個人領導方式與個人把握權力的領導方式完全不同。羣體領導中的個人領導法，乃注重到工作的計劃，提供資料和協調的工作，將責任和決定歸咎於羣體裁決。這就是說羣體領導中的個人領導權是羣體成員共同分享，共同負担責任，使羣體意識了決定權和執行權是屬於羣體自身的。這種領導法是民主政體的基本藍圖。

伍　領導行爲和社員的反應

領導者行爲的研究已廣濶地搜集資料；其範圍擴展到政治上，工業上，社團上等實際的領導方面。大多數的研究結果指出領導者的行爲和成員的社會和心理反應具有統計上的顯著性。一般的學者將領導者的行爲歸納爲三種型態：君主型態(Autocracy)，民主型態(Democracy)和放任型態(Laissez faire)。現在我們假設同一種命令，經由三種領導者傳達時所產生的反應，略述如下：

君主型態的指導方式的特性是發佈命令，且這命令帶有不可議論的餘地。一般的觀察，君主型態的領導者，將百分之四十五的時間，從事於命令的發佈和監督命令的執行。懷特和呂畢特(White and Lippitt)將幾個領導者的變素比較如下

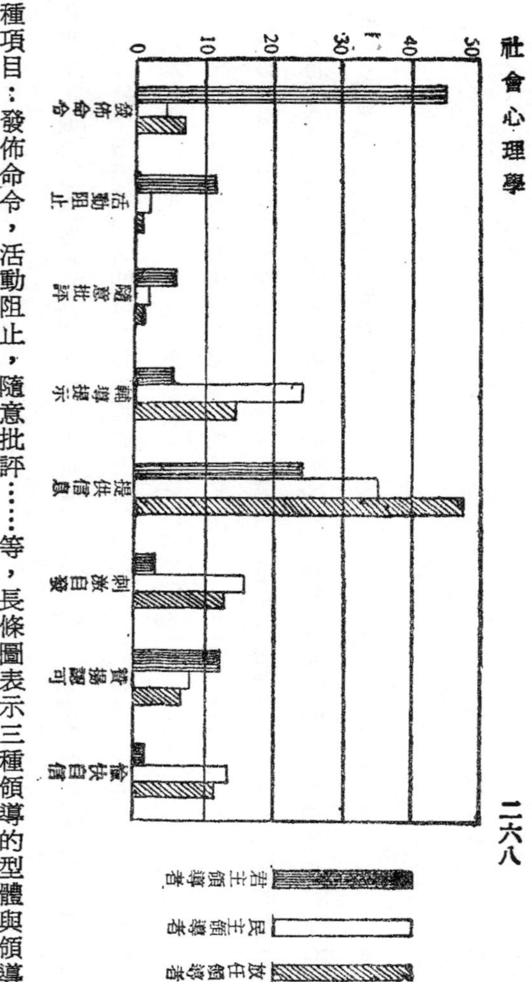

以上八種項目：發佈命令，活動阻止，隨意批評……等，長條圖表示三種領導的型體與領導行爲的關係的比較。發佈命令是君主型領導者的特色，又發佈命令主要的目的乃是要求達到較高的目標和控制成員的方法。活動阻止是領導者隨意如阻止成員現時的活動，更改其活動的方向。這一方面君主型的領導者仍比其他兩種領導型更高。隨意批評即指無目的的批評，不指出成員或員工錯誤中應改進的地方和改進的步驟。輔導提示是民主型領導者的特色，其目的乃是提供解決難題的線索。提供信息是放任領導者的特性。提供信息與君主型的發佈命令和民主型的輔導提示不同的地方是不主張社會影響和社會壓力於羣體成員身上。刺激自發是民主型領導者的特性，這種方法乃使羣體依賴本身的思考解決難題，不必依賴他人的命令或指示。贊揚認可在君主型領導者中，往往根據他自己的規範，贊揚他人。但民主型領導者卻用工作原則和工作批價做贊揚和認可的標準，且包括有教育的意義。愉快自信即指成員對領導者之心理反應，一般地說民主型領導者給社員的愉快和自信是最高的。

君主型領導者大部份的領導是靠著自我中心的能力，經驗，判斷等指導羣體的活動。這種方法爲領導者的獨斷以及缺乏領導者對其成員的尊重。民主型領導者以平等主義爲基礎，且尊重成員的不同天資和能力，不關心領導者自身的格式和特權，雖然他們不關心自己的格式，且不濫用特權，但他們由成員所受的尊敬反應是相當高的。

這三種類型的領導方式或領導者的，皆作風能造成羣體三種不同的社會空氣（Social climates）和工作的成果。放任型領導者所領導的成員，對工作效率和成果比起民主型和君主型的領導方式都有殊異的差別。從工作精神上觀察之，民主型羣體常常孕育著一種從領導者和成員互相互動間來得的心理鼓勵和自信，因此民主羣體常常將成員間的交互時間包含在工作情況中。放任型羣體的成員，若是解決難題時，常常陷入錯的方向，而造成組織的解體和秩序的混亂等，是一個很明顯的現象。放任羣體互相交互時，常常消耗時間於不關重要的工作事宜上的比率，比民主型羣體多二倍半。

民主領導者所領導的羣體，其工作效率最爲顯著。君主型羣體常常注意到工作目標，而放任型羣體注重到社交目標。民主型的羣體心理狀態，工作興趣及生產量等，遠比君主型羣體爲佳。君主型領導的羣體最容易產生成員間互相的敵對，侵略、和不平的狀態，且這些心理現象，常常轉移到他者

或他事上 (Against scape goats)。不但如此，君主羣體的成員常常表現極高的依賴性，損失個人性。相反地，民主型的羣體有顯著的羣體團結心和友善的態度。當我們比較君主型羣體和民主型羣體的成員，在言語交互中，使用代名詞的第一人稱「我」和「我們」的單數和複數時，君主型羣體使用「我」與「我們」的比例爲百分之八十二，民主型羣體使用百分之六十四。民主羣體使用「我們」的詞句多於「我」的使用。顯然地領導者對羣體的社會和心理空氣影響甚大，且影響到羣體的生產率。

參考書籍

Krech, D., & Crutchfield, R. Theory and problems of social psychology, New York: McGraw Hill, 1948

Bales, R., and P. Slate. Role differentiation in small decision-making groups. In T. parsons, et al (eds.) Family, socialization and interaction process. Glencoe, Ill: Free Press, 1955

Pepitone, E. Responsibility to the group and its effects on the performance of members, Unpublished doc. diss., University of Michigan. 1952

White, R. and Ronald Lippit, Leader behavior and member reaction in three "social climates", Cartwright and zander (eds.)Group dynamics. 1960, p. 527-553

Cartwright, D. and A. zander, Group Dynamics: Research and Theory, New York: Harper and Raw, pub. 1960

第十九章　社會傳達——輿論

個人或羣體在社會交互程序中，不斷地受了各種心理因素的影響而造成集體的心理現象。社會傳達往往受個人和羣體心理因素的影響，構成社會傳達的各種難題。因爲個人與他人間，個人與社團間，社團與他社團間，不斷地溝通信息和感情。有時候社團或個人表現意見後，構成其他的人的心理反應。本段的中心乃研究輿論以及與輿論有關的諸問題。

壹　輿論的原理和影響

輿論是公衆的意見 (Public opinion)。事實上，輿論是由某人或某社團發出來的信息，經過他人之心理或社會反應後始能成爲輿論。由心理學上的觀點來看，輿論是全體或大多數人的共同信念和情操，也可以說是意見交互的共鳴。個人在社會中遇到情況的刺激後，產生各種不相同的主觀反應。當這些主觀反應滙集以後，經過集體的交互，使原來個人主觀的認知和意見，歸納於相同的看法。所以輿論也可以說是畸形的社會傳達。輿論的原型是個人對社會現象的判斷程序中的不安定或不確實意見，這些意見經過他者之支持和證實後，成爲個人的態度。因此輿論是藉著個人的態度得到他的力量。

輿論乃是指有關於影響社會現象的集體意見。輿論是有關社會問題的一些不同的見解，信念，成見，期望和想像的綜合物。所以輿論的構成原因相當複雜，本來個人主觀的心理意見，與他者交互後，得到綜合和澄清而產生某種見解，或數種互相關聯的見解，然後經過公衆的支持而產生輿論的力量。

從社會學上的見解，輿論是羣體對某一種社會情況的集體判斷的反應，也是判斷的交互影響的成果。社會學者對輿論此事比心理學者，或政治學者的看法更爲同情，也更信任。社會學者不但認爲輿論是多數人的意見，或一位特殊個人的意見，而主張輿論代表了大衆全體的一般傾向和綜合意見。不論輿論是否眞實，它已暗示了社會潮流中的個人，對某一些現象的不滿意反應。比喩賦稅增加的輿論裏，暗示了個人經濟的不安現象。輿論往往是缺乏邏輯上的基礎，但它是社會難題的假設結論或轉移結論。

社會心理學者也肯定輿論的心理因素。因爲輿論的成立和傳達帶有濃厚的情緒作用。情緒的激昂是無法抑壓的，情緒激昂後，表現於個人的態度，意見和信念。雖然輿論含有個人主觀的色彩，事實上輿論有許多不可理解的客觀的社會因素。以下我們討論輿論的特徵，藉此我們可以瞭解輿論的性質。

輿論的盛行和容易擴傳的原因是社會中的各個人已經有了心理準備的基礎，忽然遇到他人的意見，而不加思索地接受爲本人的意見。假如個人在社會上沒有挫折的經驗時，輿論不容易傳開。個人的生活中有了挫折和困難，並且不能解決挫折時，最容易接受輿論和傳播輿論。因爲輿論是一般人贊同的意見，且能傾向於支持這個意見，雖然不必人人都發表他們是否贊成，但人人的心中表示默契的贊同。當個人對他人的意見，能得到互相支持且有利地反應他人的意見的前提，是個人首先壓抑了社會交互中的某一種挫折或衝突，無處可發洩，現在藉著他人的意見去發洩內在的抑壓資料。

輿論是意見交互的產品。交互中推理的因素不亞於感情因素；但推理因素多偏於個人主觀中的利益方面。輿論的確立和個人現在的慾望有密切的關係。如民衆對提高賦稅的輿論，徵兵的輿論都是代表社會中的實況和個人的願望有密切關係。假如個人的願望與輿論的提供相接近時，輿論傳達的廣度是不可預料的。倘若兩者相違時，個人就會因反對而發出意見或對他人的意見不加以反應。輿論不是政府當局的意見，是一般人對某一情況的共同反應。在民主的社團或國家裏，輿論的影響力相當大。當輿論發出之後，社團當局或政府當局，不予理會或考慮時，民衆的反感和冷漠的心理先後產生。

輿論能影響社團或國家的政策，因爲它代表了人羣共同的意見。當然輿論產生後對衆人所議論的事態的演變和領導者的方策，具有相當的影響力。若是當局和領導者無視輿論時，當局和領導者與民衆間的社會距離就會增長。因此輿論具有轉變社會潮流和政策的力量。輿論最大的影響是政治上的影響，民主國家的政策，不斷地要考慮輿論，接納輿論，這種輿論最典型的是報刋和雜誌。它們雖然代表了個人的意見，但閱讀者自然地吸成而收爲自己的意見，進而產生態度和意念的共鳴。它們應當是民衆喉舌；民衆的需要，報紙代爲說明。民衆的利益，報紙代爲保護。民衆的痛苦，報紙代爲陳訴，社會中發生的現象，報紙代爲判斷。因此報紙的力量具有領導性和代表性。

輿論不但對社團或政府發生福利性的效用，它對社會中的個人影響甚大。從積極方面來說，它可指示個人行爲的方向。因爲個人在社會中，具有順從大衆的預向。輿論既然代表共同贊同的意見，個人順從輿論的心理是自然的。所以輿論能產生强大的社會力量，對個人的行爲的影響不可忽視。輿論不但可以影響個人，且能團結社會，阻止淫汚的不道德行爲。但它也有他的短處，卽被一些故意作弄事端的人士所操縱。

貳　衡量輿論的方法

衡量輿論是民主政治中，社會心理學者所重視的題目之一。輿論既是社會上大家贊同的意見，它的範圍擴展到社會的每一角落。因此輿論的研究者對範圍之廣大，莫不感覺到研究上的困難。茲列困難的各點列舉如下：

第一個困難問題是搜集樣本。因爲輿論的範圍之廣泛，研究者不能一一調查各個人的反應。若抽樣時，代表性的可靠程度便被懷疑。並且社會的輿論帶有變動的性質，所以抽樣的時間，往往跟不上社會的輿論傳播。輿論的廣濶性和變動性，使研究上受到更多的干擾。但自一九二四年文學摘要（Literary Digest）研究幾次美國總統的候選人，均獲得輿論研究上的可靠性。從那時候起，研究的方法就被一般的研究者接受了。雖然這一種研究法被接受，但不可以說現行輿論的研究法之絕對可靠和信任。對輿論的研究，心理學者始終抱著懷疑的態度，其原因是這些輿論的研究，若是經驗傳播後可能會增强原來輿論的可能性。譬如某一總統候選人可能當選的輿論流行時，研究的結果證實了這輿論潮流的同時，也是加强了原來的輿論。爲了彌補這缺點，心理學者會提出可能性原理（Possibility

Theory)，就是抽樣的適當設計。這個設計必須預先計算整個的人口和抽樣比例的適當性 。當抽樣的百分比增加，樣本和人口的各種社會變素的比例亦適當時，可靠性自然增加。另外要考慮的問題是當抽樣設計後，這些被指定者是否願意合作，或故意玩弄研究者：一般的心理測驗指出，被測驗者之願意和不願意對測驗的結果影響甚大。

第二個難題是訪問及其有關的問題。訪問的程序中，被訪問者是否願意地，自然地，誠實地尋找意見的核心。不但被訪問者的難題，訪問者本身的態度，如何對付被訪問者，也能構成與論的正確或不正確。希律但和布倫 (Hildum and Brawn)對訪問者偏見的研究時，警告社會心理學者對於使用訪問搜集資料的方法。他們指出訪問者的語氣手勢和態度影響了被訪問者的反應。為了補救這個問題，克漢和甘尼勵 (Kahn and Cantrell) 指出三個重要的訪問中必須考慮的因素：第一是訪問者和被訪者的背景特性；包括年齡、教育，社會，經濟，格式，宗教，性別等的對稱。第二是訪問者和被訪者的心理因素；包括認知，態度，期待和動機的對稱。第三是訪問者和被訪問者的行為因素；包括問題發問的錯誤和反應，紀錄的錯誤等。因此訪問方法必注意到兩者的偏見。

第三個難題是材料的編排有關的問題。訪問中的項目和被訪者所發表的意見，往往造成訪問後編排材料的困難。訪問的項目必先有標準化的結構 (Standarizing structured) 。從訪問資料編成圖表的基本方法，以下列圖表為例。

圖表1　賦稅和九年義務教育實施的滿意關係

對九年義務教育之實施，增加教育捐的態度	滿意程度：滿意(%)(兩項)	滿意程度：平常(%)(一項滿意)	滿意程度：不滿意(%)(兩項)	總計(%)
滿足的表示	12	10	8	11
平常的表示	73	48	25	50
不滿意的表示	8	22	30	21
避免回答的表示	7	14	13	13
反對的表示	0	6	24	5
	100	100	100	100
樣本比率	20	72	8	100

上面的圖表是將九年的義務教育的實施和增加教育捐的輿論調查法。這個調查包括兩項重要的因素和幾種可能的反應。在滿意程度一欄中，被調查者的反應趨勢有三方面。第一方面是個人的態度對義務教育的延長和賦稅之提高的反應程度。第二方面是延長義務教育的合理的和提高賦稅是不合理的反應。第三方面是對延長義務教育和提高賦稅的消極反應。這種調查若使用訪問法時，心理觀察是最主要的部份。上列圖表可淸晰地表示意見的心理位置。

參考書籍

Hildum, D. C., & Brown, R. W. Verbal reinforcement and interviewer bias J. abnorna soc. psychol. 1956, 53, 108–111

Kahn, R. I., & Cannell, C. F., The dynamics of interview, New York: Wiley, 1957

Gardner Lindzey (ed.) Handpook of Social Psychology: Special Field and Application, Vol. II, 1962

附錄：人名漢譯索引

Ackerman 愛克曼
Ach 愛克
Allport 歐爾波特
Asch 愛修
Atkinson 愛底振遜
Back 巴克
Backman 巴克蔓
Bagchot 白芝浩
Baldwin 巴爾威
Bales 貝爾
Beam 畢門
Bechterew 墨克達流
Bentham 便參
Binet 拜尼特
Bion 拜翁
Blum 布倫
Bogardus 鮑格達
Brim 霧林
Broderick 布羅達利克
Brown 布朗
Brunner 布倫那
Burchard 巴查特
Cantril 甘勵
Cartwright 卡特萊特
Cohn 康因
Cooley 柯勵
Cottrell 柯特勵
Crutchfield 克拉輝
Deutsch 杜伊兹
Dewey 杜威
Dodd 杜德
Dunker 段卡
Eriksen 愛力克遜
Exline 愛克蘭
Faris 法麗斯
Fearing 惠亞鄰
Feshback 惠斯巴克
Festinger 惠斯丁嘉
Fiedler 惠拉
Fisher 惠下
French 弗聯志
Galton 卡爾頓
Gilbert 基爾巴特
Gold 高爾
Goldstain 高爾斯登
Goodman 克特曼
Gullup 卡爾拉布
Guthrie 葛斯勵
Hastorf 哈兹托夫
Heider 海他
Hoe 何益
Holt 何爾特
Hollander 何蘭達
Homans 何蔓斯

Honey　何尼
Hovland　何霧蘭
Hull　哈爾
James　詹姆
Johnson　詹森
Jenis　詹爾斯
Jennings　詹玲
Judd　尤特
Kahn　克干
Katz　卡玆
Kelly　克勵
Kelman　克勵曼
Kropotkin　克羅波金
Kubany　克巴尼
Lange　蘭格
LeBon　李蒙
Lecky　李克
Leeper　李白
Levine　婁巴因
Lewin　婁因
Likert　賴卡特
Lippitt　李畢特
Loewenstein　羅威斯丁
MacLeod　馬克利奧
Martin　馬丁
Mazelis　馬志勵斯
Maxwell　馬克斯威爾
McCleiland　馬克勵蘭
McDougall　馬克杜嘉
McGinnies　馬克基尼斯
Mead　米特
Michotte　梅可提
Miller　梅拉
Moede　摩勵
Moreno　毛勵哪
Morgan　摩振
Mowrer　毛娃
Munsterherg　文斯達巴
Murrdy　馬雷
Murphy　馬惠
Mussen　彌森
Newcomb　牛卡姆
Park　巴克
Parsono　巴遜
Pavlov　巴夫洛夫
Pearson　貝阿遜
Pepitone　伯比東
Peterson　彼得遜
Piaget　皮阿責
Postman　波斯蔓
Quetelet　柯提烈特
Raven　藍面
Riley　賴雷
Ribot　賴波特
Rosen　羅森
Rosemberg　羅森堡
Ross　羅斯
Sarbin　沙敏

Schachter 謝克達
Scadel 施高德
Sears 施阿士
Secord 施肯
Shils 謝爾
Smith 士密司
Solomon 所羅門
Stanford 司但福
Starbuck 施達巴克
Stern 司但
Stevens 史蒂芬
Stine 史達因
Stogdill 史托勵
Stotland 史托蘭
Sulivan 沙勵蔓
Thormas 多馬斯
Thorndike 桑代克
Thlrstone 沙士頓
Titchener 鐵特克那
Tolman 杜魯曼
Triplett 杜立布德
Tunner 達納
Vernon 巴龍
Wallis 華麗斯
Watson 華特遜
White 懷特
Whiting 威丁
Winch 威積
Wundt 隱特
Young 楊格
Zeigarnik 蔡卡尼克
Ziller 熱拉
Znanieki 齊拿尼基

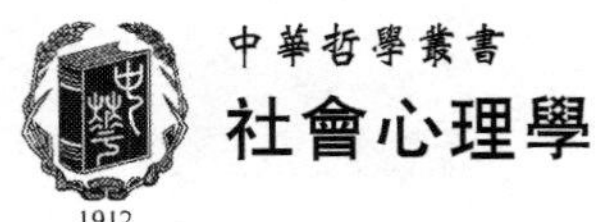

中華哲學叢書

社會心理學

作　　者／李長貴　編著
主　　編／劉郁君
美術編輯／中華書局編輯部

出 版 者／中華書局
發 行 人／張敏君
行銷經理／王新君
地　　址／11494 台北市內湖區舊宗路二段181巷8號5樓
客服專線／02-8797-8396　　傳　　真／02-8797-8909
網　　址／www.chunghwabook.wordpress.com
匯款帳號／兆豐國際商業銀行　東內湖分行
067-09-036932　台灣中華書局股份有限公司

法律顧問／安侯法律事務所
印刷公司／百通科技股份有限公司　海瑞印刷品有限公司
製　　版／秀威資訊科技股份有限公司
出版日期／2015年7月四版
版本備註／據1973年9月三版復刻重製
定　　價／NTD 330

國家圖書館出版品預行編目（CIP）資料

社會心理學 / 李長貴編著. — 四版. — 台北市 : 中華書局, 2015.07
面 ; 公分. — (中華哲學叢書)
ISBN 978-957-43-2547-4(平裝)

1.社會心理學

541.7　　104010322

NO.B1003
ISBN 978-957-43-2547-4（平裝）
本書如有缺頁、破損、裝訂錯誤請寄回本公司更換。